LE QUOTIENT POLITIQUE VRAI

Vincent LEMIEUX

LE QUOTIENT
POLITIQUE VRAI

Le vote provincial et fédéral
au Québec

LES PRESSES DE L'UNIVERSITÉ LAVAL

QUÉBEC, 1973

© 1973 Les Presses de l'université Laval

Tous droits réservés. Imprimé au Canada.

Dépôt légal (Québec), 4e trimestre 1973

ISBN 0-7746-6675-7

Contre les passions et leur emploi politique par les meneurs de jeu dissimulés, qu'est-ce que la réduction au quotient vrai, par le jeu du plus grand nombre convenablement instruit, sinon l'appel au bon sens, la chose du monde la mieux partagée, comme le disait héroïquement Descartes.

Paul Mus

AVANT-PROPOS

Ce livre est fait d'une série de textes dont certains ont déjà été publiés, mais dont près de la moitié est inédite.

Si l'ensemble répond à des préoccupations constantes dégagées en introduction, le regroupement des études sous quatre thèmes correspond ou bien à des suites de travaux concentrés dans le temps, ou bien à des récurrences dans la démarche analytique. Sous le thème, «Le national et le social», on trouvera des études qui ont été écrites principalement à la fin des années 60; les textes regroupés sous le troisième thème, «Le phénomène créditiste», ont été rédigés de 1962 à 1965. Les deux autres thèmes réunissent des études qui sont plutôt apparentées par leur démarche analytique : «Le langage électoral» étudie les significations de ce langage, et «Nouvelles voies d'analyse» où les voies proposées sont davantage qualitatives que quantitatives. La conclusion traite du problème de la réforme électorale, en le reliant à la problématique exposée dans l'introduction. En appendice, on trouvera un texte sur «Les avantages d'une représentation proportionnelle modérée».

Pour l'auteur, ce livre marque la fin d'une longue étape, commencée en 1955 sous la direction de Jean-Charles Bonenfant et de Fernand Dumont. D'autres champs de recherche le retiennent désormais, et c'est à de plus jeunes chercheurs de prendre la relève. Ce livre leur est dédié, ainsi qu'à leurs étudiants, pour qu'ils travaillent avec lui ou contre lui, peu *importe. Ce qui importe, c'est que les études électorales sur le Québec dépassent les premiers efforts.*

Nous voulons remercier les éditeurs et les revues qui suivent d'avoir permis la reproduction totale ou partielle de textes d'abord publiés grâce à eux :

Prentice-Hall of Canada ;
La Revue d'Histoire de l'Amérique française ;
Recherches sociographiques ;
Cité Libre ;
Interprétation ;
University of Toronto Press ;
La Revue canadienne de Science politique.

V. L.

décembre 1972

Introduction

Élection et société politique

Dans l'étude des élections la plupart des observateurs et des chercheurs se divisent en deux écoles, selon qu'ils estiment que les partis manipulent les électeurs, ou que les électeurs font un sort aux partis. L'école intermédiaire a bien ses tenants, mais sa position mitigée, selon laquelle les partis et les électeurs ne se dominent pas entièrement les uns les autres, a beaucoup moins d'attraits. Contrairement aux deux autres elle manque d'une doctrine ou d'une théorie qui aide à sa diffusion. On a pourtant le sentiment que la vérité, là comme ailleurs, a plus de chances de se trouver en cette position moyenne qu'aux positions extrêmes.

Les positions extrêmes reposent en dernière analyse sur des vues également simplistes de la distribution du pouvoir dans nos sociétés politiques. Ceux qui croient à la théorie démocratique du gouvernement par le peuple, ou à sa variante polyarchique du gouvernement par des coalitions dont aucune n'est toujours dominante, sont portés à voir dans les élections le moment par excellence de la domination du plus grand nombre sur le plus petit nombre. Ceux qui ne voient dans ces théories que des utopies sans fondement réel considèrent plutôt que les partis et les intérêts qu'ils recouvrent ont toutes les ressources nécessaires pour imposer leurs choix aux électeurs. L'élection d'un parti plutôt que celle d'un autre peut bien faire une différence, mais parce que les partis puissants ne sont pas démocratiques, c'est toujours le petit nombre qui domine.

Ces thèses simplistes ont un grand pouvoir de séduction, tant qu'on ne leur oppose pas une thèse également claire, mais qui permet de dépasser les insuffisances des positions extrêmes. On peut distinguer pour cela deux logiques concurrentes dans nos sociétés politiques : celle de la *communauté*, qui impose ses préférences, ou devrait les imposer, dans les luttes *électorales* ; et celle du *gouvernement*, qui impose les siennes, ou celles des intérêts qui le dominent, dans les batailles de la *cité*. La première est une logique de l'*équivalence* des richesses, des statuts ou des pouvoirs, alors que la seconde est une logique de la *prévalence*. Sans analyser dans le détail comment se produisent l'équivalence ou la prévalence des richesses, des statuts et des pouvoirs — ou si l'on préfère des ressources, des postes et des pouvoirs[1] — nous tenterons de démontrer que, si l'on observe la société politique à la lumière de ces deux logiques, on peut comprendre le conflit permanent entre le gouvernement et la communauté, et le sens des élections, au cœur de ce conflit.

Le gouvernement et la communauté

Nos sociétés politiques sont faites d'une communauté englobant des groupes divers, et d'une organisation gouvernementale qui coordonne cette communauté. Il n'est pas nécessaire

---

[1] On pourra lire à ce sujet notre essai, *Une polito-logique des organisations*, Cahier n° 4 de la Société canadienne de Science politique, 1972.

qu'il en soit ainsi. L'anthropologie nous enseigne qu'il a existé des sociétés sans gouvernement, où la coordination dans la communauté était suffisante pour permettre l'économie d'une organisation gouvernementale, chargée plus spécialement de cette coordination[2]. Dans nos sociétés complexes cette « économie » n'est évidemment plus possible. Laissée à elle-même la communauté n'arriverait pas à se coordonner. Un appareil gouvernemental, dont la loi est celle de la hiérarchie, ou plus généralement de la prévalence, se superpose à une communauté où domine, idéologiquement tout au moins, l'idéal de l'égalité ou mieux de l'équivalence. Ici encore il faut prendre garde d'étendre cet idéal à toutes les communautés politiques. Louis Dumont a montré que certaines d'entre elles étaient mues plutôt par un idéal de la prévalence, ce qui l'amène à voir dans la politique une catégorie historique, qui n'apparaît que dans les sociétés où l'État est chargé de la coordination de l'ensemble[3]. Il identifie ainsi la politique au gouvernement, alors qu'il nous semble plus fécond de l'identifier à la coordination, gouvernementale ou non, qui obéit à des lois de connexité et de cohésion nécessaires pour que la société tienne ensemble. Par connexité nous entendons la possibilité qu'un ordre, issu d'un poste de la société, s'applique à l'ensemble des autres postes, et par cohésion, la possibilité que la société forme ou bien une grande coalition, ou bien un ensemble de coalitions opposées sans équivoque les unes aux autres[4].

En Occident, c'est l'idéal de l'équivalence qui oriente la distribution des richesses, des statuts et des pouvoirs dans la communauté. Le gouvernement doit normalement s'y soumettre, mais comme il obéit en son organisation même au principe de la prévalence, une contradiction fondamentale s'installe au sein même de la société politique entre l'objectif d'équivalence, recherché pour la communauté, et le moyen gouvernemental d'y arriver, qui appartient à la logique de la prévalence. Et comme on n'arrive jamais à faire une communauté parfaitement équivalente — ou qu'on s'arrange pour ne jamais y arriver — le gouvernement se maintient, avec en lui sa logique

---

[2] Voir en particulier le livre de John MIDDLETON et David TAIT (éds), *Tribes without Rulers*, Londres, Routledge and Kegan Paul, 1958.

[3] Louis DUMONT, *Homo hierarchicus*, Paris, Gallimard, 1966.

[4] À ce sujet, voir *Une Polito-logique des organisations, loco cit.*

de la prévalence qui contredit l'objectif d'équivalence pour-
suivi par la communauté. La réflexion de Rousseau, de Marx et
de bien d'autres philosophes politiques a buté sur ce problème, sans solution tant qu'on ne l'étale pas dans le temps :
comment briser cette contradiction d'une communauté à la
recherche de l'équivalence par le moyen d'un gouvernement
qui la nie, en son principe même qui est celui de la prévalence.
Marx a fait le rêve, que tout est venu démentir après lui, du
dépérissement de l'État, à mesure que serait atteinte l'équivalence. Il n'avait pas prévu que l'appareil gouvernemental très
lourd établi pour cela survivrait à l'égalisation dans la communauté. Rousseau, quant à lui, proposait que la minorité,
consciente de son erreur, se rallie à la majorité, et qu'ainsi tout
le peuple gouverne. Mais nos sociétés politiques n'arrivent pas
à fonctionner ainsi.

Il nous semble que cette réconciliation, qui ne pourra jamais
être totalement atteinte, d'une communauté qui deviendrait
de plus en plus équivalente, alors même que son gouvernement deviendrait de moins en moins prévalent, ne peut être
pensée que par phasage. Toute communauté un peu complexe
sécrète la prévalence des uns sur les autres, surtout quand elle
cherche à rendre sa production maximale et non plus suffisante. Que le gouvernement soit aux mains des intérêts les plus
puissants, ou qu'il oppose sa propre force à celle de ces
intérêts, la compétition politique prend toujours la forme de la
prévalence des uns sur les autres. Que ce soit dans la communauté, dans le gouvernement, ou dans les deux, la prévalence
triomphe. L'élection peut alors servir à reproduire ce jeu de
forces, ou à le nier. Dès le moment où l'universalité et l'égalité
du droit de suffrage sont acquises, un ferment d'équivalence
est introduit dans la politique par la réduction de toutes les
puissances à ce que Paul Mus appelait le *quotient politique
vrai* [5]. Mais ce ferment risque sans cesse d'être étouffé par le jeu
plus constant de la prévalence.

Le moment de l'élection dans les sociétés politiques apparaît
alors comme celui où toutes les prévalences doivent se soumettre à l'idéal et à la pratique de l'équivalence, c'est-à-dire être
réduites au quotient politique vrai. Ce temps de l'équivalence
triomphante ne peut pas se prolonger entièrement dans les

---

[5] « Le métier de Cassandre », *Les Cahiers de la République*, n° 1, 1956, pp. 8–17.

périodes qui vont d'une élection à l'autre, et il sécrète lui-même des prévalences de certains partis sur d'autres, qui seront plus ou moins accentuées selon les systèmes électoraux. Mais il doit être organisé de façon à ce que soient remises en question les prévalences inutiles du gouvernement sur la communauté, ou dans la communauté même. Au terme des périodes électorales, des prévalences sont produites par des équivalences, alors que dans les périodes inter-électorales des équivalences requièrent d'être produites par des prévalences. C'est dans cette alternance que nos sociétés tentent de régler la contradiction fondamentale entre le gouvernement et la communauté.

Au Québec comme ailleurs les voix du peuple, quand on les entend bien, disent bien haut la volonté d'équivalence de la majorité des électeurs, et leur volonté d'un gouvernement qui y travaille ou qui n'impose pas une prévalence excessive par rapport à l'équivalence à réaliser ou à maintenir dans la communauté. On peut lire ce message, nous semble-t-il, dans les résultats des élections fédérales et provinciales au Québec, depuis quinze ou vingt ans.

Les élections fédérales et provinciales depuis le milieu des années cinquante

Le rapport du gouvernement à la communauté semble se présenter différemment au Québec, selon qu'il s'agit de politique fédérale ou de politique provinciale. Non seulement le gouvernement d'Ottawa apparaît plus lointain que celui de Québec, mais il est celui d'un pays où les Canadiens français sont en minorité. Les électeurs francophones du Québec ne craignent pas seulement du gouvernement central qu'il intervienne trop ou pas assez à l'intérieur du Québec, mais aussi qu'il agisse ou n'agisse pas, à leurs dépens, sur les relations entre Canadiens français et Canadiens anglais au Canada. Le gouvernement qui leur offre les meilleures garanties à ce point de vue est celui où les Canadiens français du Québec sont bien représentés. L'enjeu des relations entre le gouvernement et la communauté est tout autant symbolique qu'instrumental. Ce n'est pas seulement le degré plus ou moins fort de prévalence du gouvernement sur la communauté qui est en cause, mais

aussi le degré d'identification symbolique que le gouvernement et les partis (qui y aspirent) réussissent à établir avec la
communauté canadienne-française.

Or, depuis la fin du dix-neuvième siècle, un des partis
traditionnels, le Parti Libéral, a beaucoup mieux réussi cette
identification que l'autre. Non seulement il n'a pas été associé,
comme le Parti Conservateur, à des mesures contraires aux
intérêts des Canadiens français, mais il a eu à sa tête trois chefs,
Laurier, Saint-Laurent et Trudeau et au moins un second
prestigieux, Lapointe, qui ont suscité une forte identification
des électeurs canadiens-français du Québec. Il n'est arrivé
qu'une fois, depuis 1896, que le Parti Libéral a recueilli au
Québec moins de votes qu'un autre parti. C'était en 1958, au
moment, notons-le, où Pearson venait de succéder à Saint-
Laurent, sans qu'aucun second prestigieux ne vienne alimenter
l'identification des Canadiens français du Québec au Parti
Libéral. Cette situation a d'ailleurs duré jusqu'en 1968, et c'est
au milieu de cette période que le Parti Libéral a atteint un
plancher de 31 p. cent du vote des inscrits, le plus bas au cours
du vingtième siècle.

Par contraste le Parti Conservateur — si on prend 1957
comme point de départ — est tombé, en 1972, aussi bas que 13
p. cent du vote des inscrits. Le Crédit Social, depuis qu'il est
devenu en 1962 un véritable parti, n'est pas tombé plus bas qu'à
12 p. cent du vote (en 1965 et 1968). La pire année du NPD a été
1962, où il n'a obtenu que 3 p. cent du vote des inscrits.

Si, faute de mieux, on considère ces planchers comme des
indications du pourcentage de fidèles partisans que compte
chacun des quatre partis, on arrive à la conclusion que le Parti
Libéral a à lui seul un peu plus de partisans que les trois autres
partis mis ensemble. Quand il maintient une bonne identification au groupe ethnique canadien-français, par contraste avec
les autres partis, l'aspiration à l'équivalence à l'intérieur de la
communauté québécoise, ou du gouvernement à la communauté, est plus ou moins neutralisée. Il suffit que l'équivalence
avec les Canadiens anglais, symbolisée par les leaders du Parti
Libéral, semble assurée.

On peut expliquer ainsi que le Québec soit resté fidèle à
Saint-Laurent, en 1957, malgré un taux de chômage qui
augmentait (il est passé de 6.0 à 8.9, au Québec, de 1957 à 1958)

et malgré l'attrait qu'exerçait ailleurs au Canada la forte personnalité du chef conservateur Diefenbaker. Aux élections de 1958, le Parti Conservateur obtient 39 p. cent des inscrits, contre 36 p. cent au Parti Libéral, sans doute parce que Pearson a succédé à Saint-Laurent et que le charisme de Diefenbaker a finalement gagné le Québec. Mais le gouvernement Diefenbaker allait rater son identification aux Canadiens français du Québec. Plus que le Parti Libéral, toujours à la recherche de leaders prestigieux du Québec, il allait s'effondrer en 1962, au profit d'un parti bien canadien-français, le Crédit Social.

En plus d'offrir de bonnes garanties ethniques, le Crédit Social arrivait au moment où l'absence de crédibilité ethnique des deux principaux partis laissait pour une fois le champ libre à des préoccupations d'équivalence interne à la société québécoise. L'impact de la révolution tranquille donnait plus de poids à ces préoccupations. Dès ce moment les créditistes apparaissent toutefois comme un parti tiraillé entre une volonté d'équivalence sociétale, qui exige un gouvernement fort et une redistribution du pouvoir dans la société, et une volonté d'équivalence plus étroitement économique, qui s'en tient à la doctrine créditiste de l'augmentation de la richesse au profit des gens défavorisés, grâce à un État avant tout monnayeur, donc peu inquiétant dans sa prévalence.

La conjoncture difficile et changeante de l'époque portait cette double revendication, d'autant mieux qu'était neutralisé par défaut l'enjeu symbolique, d'ordre ethnique, fort important en politique fédérale. En novembre 1965, dans une conjoncture améliorée (de 1963 à 1965, le taux de chômage est passé, au Québec, de 7.5 à 4.7), les créditistes sont tombés à 12 p. cent du vote des inscrits, contre 21 p. cent en 1963. En juin 1968 la situation économique était à nouveau moins bonne, mais le Parti Libéral avait retrouvé, avec Trudeau à sa tête, une forte identification au groupe ethnique canadien-français. Cette situation dure en 1972, mais parce que les problèmes économiques sont plus graves et plus ressentis, le Crédit Social retrouve un pourcentage des inscrits qui est presque aussi élevé qu'en 1962. C'est lui, parce que fortement identifié au groupe canadien-français, qui profite des revendications économiques contre le gouvernement Trudeau, alors que les deux autres partis d'opposition, le Parti Conservateur et le N.P.D., souffrent toujours de leur défaut d'identification à la collectivité ethnique majoritaire du Québec.

Ajoutons que parce qu'il domine nettement chez les électeurs partisans, le Parti Libéral a d'autant plus de succès que le taux d'abstention est élevé. C'est ce que montre le tableau 1.

Tableau 1
Rapport entre le pourcentage de la participation aux élections fédérales et la force du Parti Libéral, de 1957 à 1972

	1957	1958	1962	1963	1965	1968	1972
% de la participation électorale	74	79	78	76	71	72	71*
% du vote libéral	45	36	31	34	32	38	35*
% du vote aux autres partis et candidats	29	43	47	42	39	34	36*

* Pourcentage provisoire

Quand le Parti Libéral n'est pas identifié fortement, en la personne de ses leaders, au groupe ethnique canadien-français, et qu'une situation économique difficile est exploitée par un ou des partis qui apparaissent aussi canadiens-français que le Parti Libéral, la participation augmente et les votants se répartissent plus également entre les partis. C'est l'interprétation qu'on peut donner du résultat des élections de 1958, 1962 et 1963. En 1972, la conjoncture économique est difficile, mais avec Trudeau à la tête du Parti Libéral, les partis d'opposition, à l'exception du Crédit Social, n'arrivent pas à tirer profit de cette situation[6]. À nouveau le pourcentage du vote libéral par rapport à celui des autres partis est meilleur que dans la période 1958–1965.

---

[6] Les conditions très exigeantes, pour que les élections fédérales au Québec s'éloignent du «vote normal», expliquent sans doute que les traditions partisanes ont plus de poids qu'aux élections provinciales, comme nous avons tenté de le montrer dans «Les élections fédérales au Québec, de 1957 à 1965 : une réinterprétation», *Revue canadienne de Science politique*, sept. 1971, pp. 395–398.

En politique provinciale l'enjeu principal des élections semble tenir, depuis 1956 tout au moins, au degré réel d'intervention du gouvernement dans la communauté, et à la plus ou
moins grande équivalence qu'il y produit. Les électeurs se
préoccuperaient davantage du rapport pratique ou instrumental du gouvernement et de la communauté, que de leur rapport
symbolique.

Jusqu'en 1970 tout au moins, il semble aussi que les partisans
fidèles des deux principaux partis se divisent beaucoup plus
également entre eux qu'au niveau fédéral. Les deux partis
atteignent leur plancher en 1966, alors que le Parti Libéral n'a
que 34 p. cent du vote des inscrits, et l'Union Nationale 29 p.
cent. Si l'on remonte à 1936, année de création véritable de
l'Union Nationale, les deux partis ont des planchers de 27 p.
cent. L'Union Nationale descend à ce pourcentage en 1944, et
le Parti Libéral en 1948. Une technique un peu plus raffinée
permet d'établir à 25 p. cent dans les deux cas la base partisane
des deux partis, de 1944 à 1966[7].

Contrairement à ce qui se passe au niveau fédéral, un taux
relativement élevé de participation profite plutôt au Parti
Libéral, comme le montre le tableau 2. Évidemment le 45 p.
cent du vote qu'il a obtenu en 1970 doit être comparé, pour sa
juste compréhension, au 20 p. cent de l'Union Nationale, et
surtout au 24 p. cent du Parti Québécois.

Tableau 2
**Rapport entre le pourcentage de la participation aux élections provinciales
et la force du Parti Libéral, de 1956 à 1970**

	1956	1960	1962	1966	1970
% de la participation électorale	77	80	78	71	85
% du vote libéral	35	42	44	34	37
% du vote aux autres partis et candidats	42	38	34	37	48

[7] Voir à ce sujet, V. LEMIEUX, M. GILBERT et A. BLAIS, *Une élection de
réalignement*, Montréal, Éditions du Jour, 1970, pp. 34-39.

Notre interprétation serait la suivante. En politique provinciale les électeurs partisans se partageaient à peu près également, de 1944 à 1966, entre ceux d'un gouvernement qui devait user peu de sa prévalence, parce qu'il avait peu à changer selon eux dans les équivalences à court rayon qu'ils valorisaient dans la communauté québécoise ; et ceux d'un gouvernement plus interventionniste, donc plus prévalent, qui devait non seulement rattraper certains retards dans l'équivalence de la collectivité québécoise par rapport à d'autres, mais aussi établir à l'intérieur même de cette collectivité de nouvelles équivalences entre groupes ou individus, maintenant entraînés à se mesurer l'un par l'autre. Les premiers inclinaient vers l'Union Nationale, les seconds vers le Parti Libéral. Quant aux quelque 30 p. cent d'autres votants habituels, plus indécis face aux partis, ils inclinaient vers l'un ou l'autre des partis selon que la conjoncture leur semblait nécessiter un gouvernement peu interventionniste ou un gouvernement plus interventionniste. À cet égard, tout comme au niveau fédéral, une relation assez étroite apparaît entre le taux de chômage et le taux de participation aux élections.

De 1956 à 1960, le taux de chômage passe de 5.0 à 9.1 au Québec, et la participation de 77 p. cent à 80 p. cent. Un gouvernement libéral, qui s'était mis à parler dès le début des années cinquante de retard du Québec et de justice sociale, succède au gouvernement peu interventionniste de l'Union Nationale. À la fin de 1962, le taux de chômage a baissé à 7.5. Les premières mesures prises par le gouvernement Lesage et la promesse de la nationalisation de l'électricité font sentir que la prévalence encore supportable du gouvernement est source d'équivalence dans la communauté. La participation tombe à 78 p. cent, mais le Parti Libéral n'en augmente pas moins son pourcentage de votes.

Ce résultat comparé à celui des élections générales de 1966 semble indiquer qu'il faut un taux de participation relativement élevé et une situation économique difficile pour que la majorité des électeurs non partisans appuient le parti le plus interventionniste. On peut le comprendre : quand la situation économique n'est pas trop bonne, le manque d'équivalence dans la communauté est plus ressenti et les électeurs non partisans ont tendance à se tourner vers le parti le plus interventionniste, espérant que par son action gouvernementale il produira plus d'équivalence dans la communauté.

Le recul important du Parti Libéral en 1966 peut s'expliquer ainsi. Depuis 1962 le taux de chômage a baissé de 7.5 à moins de 5.0 (le taux annuel est de 4.7 pour 1966, le plus bas depuis les années cinquante). Il s'ensuit une faible participation de 71 p. cent des électeurs. Dans certains domaines, comme celui de l'éducation, on s'interroge sur les plus grandes équivalences qu'a voulu produire un gouvernement de plus en plus prévalent [8], tandis qu'une fraction extrémiste trouve dans le R.I.N. la promesse d'un gouvernement encore plus prévalent qui, en réalisant l'indépendance du Québec, fera enfin l'équivalence entre la société québécoise et ce qui restera de la société canadienne.

En 1970, avec un taux de chômage qui est remonté à plus de 7.0 (il est de 7.9 pour l'année 1970) et avec deux partis, le Parti Libéral et le Parti Québécois, qui mènent une campagne très stimulante, la participation monte à 85 p. cent. Déjà, par contraste avec le Parti Québécois, le Parti Libéral apparaît comme un parti moins interventionniste, tandis que le Ralliement Créditiste, plus encore que l'Union Nationale, réagit contre la trop grande prévalence du gouvernement dont l'action a contribué à effacer les équivalences traditionnelles. Un réalignement se produit dans les identifications partisanes.

Présentation des études

Sous le thème, « Le national et le social », sont regroupés trois textes qui traitent explicitement de l'équivalence et de la prévalence dans la société politique québécoise, saisie à travers ses élections. « Les élections provinciales au Québec de 1936 à 1970 » montre, après une brève introduction historique, les différences entre les clientèles des partis depuis 1936, et tout spécialement depuis 1956. Le réalignement des clientèles électorales en 1970 reçoit une attention toute spéciale. Ce réalignement est finalement interprété comme la réaction des électeurs à ce que la révolution tranquille a changé de

---

[8] « Les partis et leurs contradictions », dans J. L. MIGUÉ (dir.), *le Québec d'aujourd'hui*, Montréal, Éditions HMH, 1971, pp. 153–171.

l'intervention du gouvernement dans la communauté, et des relations à l'intérieur de cette même communauté.

Dans « Les partis et le nationalisme », l'enquête porte plus précisément sur l'impact qu'ont eu auprès des électeurs les positions nationalistes des partis. À cette fin une typologie est construite, qui insiste tout particulièrement sur le caractère égalisateur ou non égalisateur des positions des partis. Cette typologie permet de voir les positions nationalistes des partis dans un contexte plus large que celui où on les voit généralement.

Un troisième article, « La gauche : rétrospective et prospective », utilise encore plus précisément la grande opposition entre l'équivalence et la prévalence, en distinguant quatre dimensions où peuvent être évaluées la gauche et la droite, ou si l'on préfère la volonté d'équivalence et la volonté de prévalence : une dimension sociale, une dimension économique, une dimension culturelle, et une dimension plus proprement politique. Cette dernière dimension renvoie aux relations entre le gouvernement et la communauté, alors que les trois autres renvoient à des relations internes à la communauté.

« Le langage électoral », sous ce deuxième thème sont réunies des études sur le discours que les partis tiennent aux électeurs. Le premier article, « Le législateur et le médiateur », oppose deux conceptions du député, dans ses rapports avec la communauté. Le législateur est un gouvernant qui s'occupe de sélection politique, sans trop se soucier de faire la médiation vers la communauté des mesures politiques adoptées, tandis que le médiateur se préoccupe d'abord de cette médiation en ménageant une espèce d'équivalence toute paternaliste entre le gouvernement et la communauté.

« Deux langages qui retardent » est une brève réflexion sur la campagne électorale qui a précédé l'élection provinciale de 1962, au Québec. Il est montré que le discours des partis retarde sur un état de société qui s'éloigne de la communauté atomisée dont parle l'Union Nationale et du gouvernement mystificateur présenté par le Parti Libéral.

Les ambitions analytiques du dernier article de cette série, « Rires et applaudissements », sont plus grandes. Les discours électoraux de cette même campagne de 1962, dans l'Île d'Orléans, déclenchent des rires ou des applaudissements que l'on suppose significatifs. Des passages dont on rit ou qu'on applaudit l'analyse retient ce qu'ils disent des attributs des chefs, des candidats, des partis et de la population, que ces attributs soient utilisés comme instruments, qu'ils soient transmis comme prestations, ou qu'ils renvoient à l'exercice même du pouvoir. Il s'en dégage une image statistique des relations entre les agents partisans du gouvernement et les électeurs dans la communauté, où sont valorisés le pouvoir et les instruments symboliques des agents partisans, ainsi que les prestations matérielles qu'ils accordent aux électeurs.

Un troisième groupe d'études porte sur «Le phénomène créditiste». Une première étude monographique, faite dans l'Île d'Orléans («L'élection fédérale de 1962 dans l'Île d'Orléans»), compare les organisateurs créditistes aux organisateurs des autres partis, puis tente d'expliquer les résultats électoraux dans les six paroisses de l'Île.

Si cette première étude du phénomène créditiste ne se rattache pas explicitement à la problématique du gouvernement et de la communauté, et à celle de la prévalence et de l'équivalence, la deuxième, «L'élection fédérale de 1962 dans la circonscription de Lévis», le fait plus nettement. Après avoir cherché une explication générale, puis une explication plus particulière des succès créditistes dans Lévis, on arrive à la conclusion que le Crédit Social présente une double nature. Il y aurait un créditisme urbain et un créditisme rural, ou mieux un créditisme sociétal et un créditisme qui n'est qu'économique. Le premier porte comme le second une revendication d'ordre économique, pour que soient égalisés les rapports sociaux dans la communauté, mais il se double d'une revendication politique qui touche les relations de pouvoir dans la communauté, entre la communauté et le gouvernement, ainsi qu'entre la collectivité canadienne-française et la collectivité canadienne-anglaise.

Un dernier texte, «Les dimensions sociologiques du vote créditiste au Québec», étend à l'ensemble du Québec des hypothèses qui ont été dégagées dans les deux études précédentes. La distinction entre le créditisme économique et le créditisme sociétal est généralisée et on arrive à des conclusions nouvelles sur la dimension partisane et la dimension proprement politique du vote créditiste. Cette étude propose plus systématiquement que les deux précédentes un schéma d'analyse des résultats électoraux, fait de quatre dimensions reliées entre elles.

Les études réunies sous le quatrième thème suggèrent quelques « Nouvelles voies d'analyse » des phénomènes électoraux. Dans « L'analyse hiérarchique des résultats électoraux », la technique de l'analyse hiérarchique est appliquée aux résultats, par circonscriptions, des élections provinciales de 1936 à 1966 au Québec. De l'échelle ainsi établie se dégage une stabilité relativement forte des traditions partisanes durant cette période où les deux principaux partis ont adopté des positions assez stables sur les rapports entre le gouvernement et la communauté. Aux élections précédentes les positions des partis sont différentes, et en 1970 elles se compliquent, ce qui les rend peu « scalables » par rapport à celles qui vont de 1936 à 1966.

Le texte suivant, « La composition des préférences partisanes », est l'analyse des ordres de préférences d'un échantillon d'électeurs de deux circonscriptions fédérales (Langelier et Louis-Hébert), en 1968. Les ordres de préférences portent sur différents niveaux d'évaluation (les programmes, les chefs, etc.). Elles varient de façon assez nette selon ces niveaux. Deux ordres « objectifs » sont dégagés qui semblent motiver la plupart des choix individuels : un ordre socio-politique et un ordre ethnique. Le premier renvoie à l'échelonnement des partis de la gauche à la droite, soit du N.P.D. au Crédit Social en passant par le Parti Libéral et le Parti Conservateur. Il s'agit ici, semble-t-il, du degré d'intervention du gouvernement dans la communauté, plutôt que d'équivalence dans la communauté. Le deuxième ordre se rapporte plutôt à l'identification ethnique des partis à la collectivité canadienne-française. Le parti du Crédit Social apparaît comme celui dont l'identification est la plus forte, suivi du Parti Libéral, du Parti Conservateur et du N.P.D.

Enfin, dans la dernière étude, « Les positions des partis », une méthode un peu semblable est appliquée à l'analyse des ordres dans lesquels se sont classés les partis, en 1970, dans les 108 circonscriptions provinciales. Les axes (ou ordres objectifs) explicatifs ne sont plus constitués par une disposition des partis entre deux extrêmes, mais plutôt par une opposition modale, au centre de l'axe, entre les deux partis les plus forts, et des oppositions marginales entre ces partis et les autres. Là encore deux types d'axes se dégagent : deux axes socio-politiques, selon que l'Union Nationale ou le Ralliement Créditiste est en opposition modale avec le Parti Libéral ; et un axe constitutionnel où l'opposition modale existe entre le Parti Libéral et le Parti Québécois.

La conclusion tente d'éclairer le problème ou plutôt les multiples problèmes de la réforme électorale par un recours aux notions de mécanismes de la cité et de mécanismes de l'élection, de prévalence et d'équivalence. Trois principes guident la discussion des réformes à faire : la logique de l'élection doit en être une d'équivalence radicale ; les mécanismes de l'élection doivent être isolés le plus possible des mécanismes de la cité ; quand cet isolement n'est pas possible la logique de l'élection doit être tempérée par celle de la cité, de façon à donner le plus de chances possible à l'équivalence dans la société. Ces principes sont appliqués à trois domaines de règles électorales : celles qui touchent les participants et les relations entre eux, celles qui guident le découpage de la carte électorale, et celles qui définissent le mode de scrutin.

À la suite de cette conclusion, un mode de scrutin dit de proportionnelle modérée est présenté en appendice.

Le national
et le social

Les élections provinciales
au Québec
de 1936 à 1970*
(1972)

Le trait le plus constant du système des partis provinciaux, au Québec, fut longtemps le bipartisme. À différents moments de l'Histoire, des tiers partis, ou encore des factions internes aux grands partis, ont menacé de briser la vieille opposition dualiste des conservateurs et des libéraux, puis des unionistes et des libéraux, mais sans vraiment y parvenir avant 1970. La menace la plus sérieuse vint sans doute, dans les années 30, de l'Action Libérale Nationale, cette aile dissidente du Parti Libéral qui

---

* Version française partielle et mise à jour d'une étude publiée sous le titre de « Quebec — Heaven is blue and Hell is Red », dans M. Robin (éd.), *Canadian Provincial Politics*, Scarborough, Prentice-Hall of Canada, 1972, pp. 262–289.

allait se coaliser avec les conservateurs avant de former avec eux, en 1936, le Parti de l'Union Nationale. Le député conservateur de Trois-Rivières, Maurice Duplessis, devenait alors chef de ce nouveau parti qu'il devait diriger jusqu'à sa mort en 1959. Puis, tour à tour le parti nationaliste du Bloc Populaire, le parti créditiste de l'Union des Électeurs, et les partis indépendantistes du Rassemblement pour l'Indépendance Nationale et du Ralliement National allaient tenter sans succès de faire une trouée au Parlement de Québec. Le Bloc Populaire ne faisait élire que 4 députés sur 91, en 1944, tandis que les créditistes, en 1948, et les indépendantistes, en 1966, n'en faisaient élire aucun. Mais en 1970, 12 députés du Ralliement Créditiste et 7 du Parti Québécois entraient au Parlement. Ensemble, ils étaient deux de plus que ceux de l'Union Nationale.

On discerne dans l'idéologie et dans la politique des deux partis traditionnels des différences réelles, plus ou moins permanentes à travers l'Histoire. Nous pouvons distinguer à cet égard trois grandes périodes depuis 1867 [1]. Dans une première période qui va jusqu'à la victoire de Laurier, en 1896, les deux grands partis provinciaux s'affrontent surtout sur le plan religieux et sur le plan nationaliste. Au début de cette période les conservateurs sont au Québec, comme dans l'ensemble du Canada, le parti de la Confédération, tandis qu'une aile extrémiste du Parti Libéral s'y oppose. Cette divergence sera souvent étouffée sous le bruit des querelles religieuses, mais il demeure que durant toute cette période les libéraux du Québec, étroitement solidaires de ceux d'Ottawa, se montreront plus provincialistes que les conservateurs. L'exécution de Riel et l'accession au pouvoir du «parti national» de Mercier, en 1886, marquent le moment de la période où cette opposition est la plus vive. Mercier avait regroupé, autour des libéraux, des conservateurs nationaux et des ultramontains. Ces

---

[1] On trouvera une division à peu près semblable en trois périodes, ainsi qu'un examen plus détaillé des faits que nous rapportons ici, dans Jean HAMELIN, Jacques LETARTE et Marcel HAMELIN, «Les élections provinciales dans le Québec», *Cahiers de Géographie de Québec*, oct. 1959–mars 1960, pp. 5–207. Voir également Herbert F. QUINN, *The Union Nationale. A Study in Quebec Nationalism*, Toronto, University of Toronto Press, 1963.

derniers, qui prônent une alliance de l'Église et de l'État, où la première domine, se sont toujours retrouvés dans les rangs du Parti Conservateur jusqu'à ce jour, et leurs luttes contre les « rouges » du Parti Libéral ont empli de leurs clameurs l'arène politique au Québec durant la deuxième partie du dix-neuvième siècle.

Qu'ils se retrouvent avec les libéraux de Mercier est un signe des temps. Mercier sera battu par les conservateurs en 1892, mais ce sera là la dernière victoire de ce parti aux élections provinciales du Québec. Dès 1897, au lendemain de la victoire de Laurier sur la scène canadienne, les libéraux provinciaux s'empareront du gouvernement, et s'y maintiendront jusqu'en 1936. Cette longue domination constitue la deuxième période de la politique provinciale au Québec. Durant toute cette période les électeurs québécois ont toujours préféré les libéraux aux conservateurs sur le plan fédéral. Ottawa devient la norme du vote provincial, et les conservateurs provinciaux souffrent des positions prises par les conservateurs fédéraux, qui déchaînent contre eux les sentiments nationalistes des électeurs du Québec. Les querelles religieuses du dix-neuvième siècle sont bien éteintes ; de plus, les deux partis se distinguent à peine sur le plan économique et social, du moins jusqu'à ce que Taschereau devienne premier ministre, en 1920. Son gouvernement encourage de façon systématique l'industrialisation du Québec par l'entreprise privée. L'opposition à cette politique vient bien plus des milieux nationalistes que du Parti Conservateur, qui ne dispose d'aucune base d'où il pourrait mener une offensive efficace contre les libéraux.

Il faudra l'odeur de corruption qui se dégage d'un régime qui a duré trop longtemps, et surtout la crise économique des années 30, pour que tombe finalement, en 1936, le gouvernement libéral. Le coup de grâce lui est surtout porté par son aile dissidente, l'Action Libérale Nationale, qui, alliée aux conservateurs, ne laisse qu'une majorité de six sièges (sur 90) aux libéraux, en 1935. Les deux partis d'opposition forment alors le parti de l'Union Nationale, qui écrase les libéraux l'année suivante. La conjoncture de l'époque avait fait des questions économiques et sociales des thèmes aussi importants sinon plus que la question nationale, dans la lutte des forces de l'opposition contre les libéraux. Dès 1939, toutefois, les libéraux reprennent le pouvoir, à la faveur de la guerre. Les ministres fédéraux du Québec interviennent avec force dans la campagne, menaçant de démissionner de leur poste si l'Union Nationale est réélue, démission qui, disent-ils, laisserait le champ libre aux impérialistes conscriptionnistes. On sait que les libéraux d'Ottawa firent voter quand même la conscription, et portèrent l'odieux, aux yeux des électeurs du Québec, d'un renforcement du pouvoir central durant les années de guerre. L'Union Nationale en profita pour se faire élire de justesse, en 1944, et pour ensuite perpétuer son règne jusqu'en 1960, en menant toutes ses campagnes contre les libéraux d'Ottawa, auxquels ceux du Québec étaient assimilés. Ceux-ci se rabattirent peu à peu sur des politiques économiques et sociales, et profitèrent des morts successives de Duplessis et de Sauvé, ainsi que de la fin du règne libéral à Ottawa, pour l'emporter finalement en 1960. Ils allaient goûter à une autre victoire en 1962, avant de connaître une défaite amère, en 1966, aux mains d'une Union Nationale qui n'obtenait que 40 p. cent des votes contre 47 p. cent aux libéraux, mais qui s'assurait quand même une petite majorité de sièges. En 1970 l'Union Nationale tombait à 20 p. cent du vote exprimé et ne conservait que 17 députés. Les libéraux en faisaient élire 72, avec 45 p. cent du vote. Deux nouveaux partis, le Parti Québécois et le Ralliement Créditiste, obtenaient ensemble plus du tiers des votes, ce qui mettait fin au quasi-monopole qu'avaient maintenu jusque-là les deux partis traditionnels.

Si 1936, année de création de l'Union Nationale, marque un tournant important de la politique provinciale au Québec, 1970 ouvre sans doute une ère nouvelle. En effet, une brève étude de la période 1936–1966 nous permettra de voir en quoi les élections générales de 1970 se situent dans le prolongement de cette période, tout en rompant avec elle.

Les clientèles des partis de 1936 à 1966

À bien des égards les clientèles électorales des deux grands partis provinciaux du Québec ont toujours été assez différentes l'une de l'autre, de 1936 à 1966. Ces différences se situent à deux niveaux : dans l'espace, puis selon le lieu de résidence des électeurs. Il faut noter, à ce propos, l'effet de déformation de la carte électorale. À ces différences s'ajoutent d'autres caractéristiques socio-économiques des clientèles électorales dont nous devons tenir compte. Après avoir considéré tous ces éléments, nous serons en mesure de faire une brève étude de l'évolution dans le temps des clientèles électorales.

Les assises territoriales de chacun des partis

Si l'on divise le Québec en dix grandes régions électorales, qui correspondent à peu près à celles de la carte administrative de la province, on note des différences assez remarquables entre ces régions quant au soutien qu'elles ont accordé aux deux grands partis provinciaux, de 1936 à 1966. Nous avons inscrit dans le tableau 1 le nombre de fois où les libéraux ont été victorieux dans les circonscriptions d'une région, sur le nombre total de cas. La proportion des victoires libérales qui se trouve établie par ce rapport permet de ranger les régions de la plus libérale à la moins libérale.

Tableau 1
Proportion des victoires libérales dans dix régions du Québec, de 1936 à 1966

Région	Nombre de victoires libérales	Nombre total de cas	Proportion
Côte-Nord	6	9	.67
Métropolitaine (Montréal)	98	149	.66
Nord-Ouest	19	41	.46
Bas-Saint-Laurent – Gaspésie	25	63	.40
Montréal (Nord et Sud de l'Île)	74	198	.37
Cantons de l'Est	23	63	.37
Québec	58	170	.34
Saguenay– Lac-Saint-Jean	9	32	.28
Trois-Rivières	17	81	.21
Outaouais	7	36	.19
Total	336	842	.40

Sources : *Rapports du président général des élections* et *Guide parlementaire.*

On voit que de 1935 à 1966, les libéraux ont trouvé leur plus ferme appui dans la région métropolitaine de Montréal, ainsi que dans trois régions périphériques du Québec : la Côte-Nord, le Nord-Ouest, le Bas-Saint-Laurent et la Gaspésie. Les deux premières de ces régions périphériques sont d'un peuplement relativement récent. Inversement l'Union Nationale a ses plus fortes assises dans des régions où le peuplement est plus ancien et où la progression de la population a été relativement faible depuis 50 ans.

A cause surtout de sa très grande force dans la région métropolitaine de Montréal, qui est de loin la plus populeuse de la province, le Parti Libéral a toujours reçu, depuis 1939, une plus forte proportion du vote urbain que du vote rural.

Cette proposition peut être vérifiée non seulement à l'échelle des régions, mais aussi à l'échelle des circonscriptions, des localités, ou des individus.

Jean Hamelin, Jacques Letarte et Marcel Hamelin [2], ainsi que Paul Cliche [3], ont montré dans leurs études sur les élections provinciales que de 1944 à 1956 les libéraux avaient mieux résisté à l'Union Nationale dans les circonscriptions urbaines que dans les circonscriptions rurales. Cette tendance est un peu moins nette en 1960. Tout de même les libéraux remportent cette année-là 29 des 48 circonscriptions où les urbains constituent plus de 60 p. cent de la population, et seulement 22 des 47 circonscriptions où les urbains sont moins de 60 p. cent de la population. En 1962, les libéraux remportent 37 des 48 circonscriptions les plus urbaines, et seulement 26 des 47 circonscriptions les moins urbaines. Et encore en 1966 l'Union Nationale ne remportait qu'une circonscription sur trois parmi les 39 qui sont formées de plus de 80 p. cent d'urbains ; par contre elle obtenait la victoire dans 42 des 69 autres circonscriptions, soit dans deux sur trois [4].

Dans la plupart des études ayant porté sur une circonscription provinciale du Québec, ou sur un groupe de circonscrip-

---

[2] « Les élections provinciales dans le Québec », *loco cit.*

[3] « Les élections provinciales dans le Québec, de 1927 à 1956 », *Recherches sociographiques*, vol. II, nos 3-4, juillet-déc. 1961, pp. 343–365.

[4] Dans le cas des trois élections (1960, 1962 et 1966), les pourcentages d'urbains, par circonscription, ont été établis à partir des chiffres du recensement de 1961.

tions, on a constaté le même phénomène : les localités rurales sont généralement plus unionistes que les localités urbaines, et à l'inverse les libéraux ont de plus fermes appuis dans les localités urbaines que dans les localités rurales[5].

Enfin, des sondages faits avant les élections de 1960, 1962 et 1966 sont venus confirmer cette différence à l'échelle des individus. Dans les trois cas, sauf peut-être en 1960, il y a une relation très nette entre le degré d'urbanisation du lieu de résidence et une attitude favorable au Parti Libéral. C'est ce que montre bien, par exemple, le tableau 2, qui contient des chiffres tirés des résultats d'un sondage fait avant l'élection de 1962.

Tableau 2
Attitude favorable au gouvernement libéral selon le degré d'urbanisation du lieu de résidence, en 1962

	Lieu de résidence			
	Montréal	Autres cités	Villes	Municipalités rurales
Pourcentage d'électeurs favorables au gouvernement libéral	62%	57%	56%	35%
Nombre total de cas	299	273	95	80

SOURCE : GROUPE DE RECHERCHES SOCIALES, *les Préférences politiques des électeurs québécois en 1962*, Montréal, 1964.

L'effet déformant de la carte électorale

Notons ici qu'à cause de la grande inégalité dans la population électorale des circonscriptions provinciales, l'Union Nationale a toujours été favorisée depuis 1939 par la carte électorale. Il est même arrivé deux fois, en 1944 et en 1966, qu'avec un pourcentage de votants inférieur à celui des libéraux, elle a remporté plus de sièges qu'eux.

---

[5] Voir, par exemple, le chapitre de Michel CHALOULT, « Les études locales et régionales », dans Vincent LEMIEUX (dir.), *Quatre élections provinciales au Québec : 1956-1966*, Québec, Les Presses de l'université Laval, 1969.

Les élections de 1952, de 1956 et de 1960 fournissent une bonne illustration de cet effet déformant de la carte sur les résultats électoraux. À peu de chose près les libéraux obtiennent, en 1960, le pourcentage de votes que l'Union Nationale avait obtenu en 1952 et en 1956, et inversement celle-ci obtient à peu près le pourcentage des libéraux à ces deux élections. Pourtant, tandis que l'Union Nationale avait remporté, en 1952 et en 1956, 68 et 72 sièges respectivement, contre 23 et 20 remportés par les libéraux, ceux-ci n'obtiennent, en 1960, que 51 sièges contre 43 à l'Union Nationale.

L'exemple le plus flagrant du caractère inéquitable de la carte électorale demeure toutefois l'élection de 1966, où avec 47 p. cent du vote exprimé les libéraux ne remportent que 51 sièges, tandis que l'Union Nationale, qui n'obtient que 40 p. cent du vote exprimé, remporte 55 sièges. En plus de l'effet de nuisance des tiers partis, qui touche les libéraux plus que l'Union Nationale, c'est évidemment la détérioration de la carte électorale qui explique ces résultats aberrants. On peut s'en faire une idée si l'on note que l'Union Nationale a été victorieuse dans 20 des 30 circonscriptions de moins de 20,000 électeurs, et dans 27 des 49 circonscriptions où l'on comptait de 20,000 à 40,000 électeurs, mais dans 8 circonscriptions seulement parmi les 29 où se trouvaient plus de 40,000 électeurs[6].

Autres caractéristiques socio-économiques des clientèles électorales

L'analyse précise des caractéristiques socio-économiques des clientèles électorales nécessiterait de minutieuses études statistiques et des sondages d'opinion répétés, ce qui malheureusement n'a pas été fait pour la période 1936–1966. Nous devons donc nous limiter aux élections provinciales de 1956, 1960, 1962 et 1966, à propos desquelles les données sont un peu plus abondantes.

On a d'abord dans le tableau 3 quelques relations, à l'échelle des circonscriptions, entre les résultats obtenus par les libéraux, en 1956, 1960, 1962 et 1966, et certaines données du recensement de 1961.

---

[6] À ce sujet, voir notre étude, «Les effets imprévus de la loi et de la carte électorales nouvelles», *Socialisme 66*, octobre-décembre 1966, pp. 107–118.

Tableau 3
Relations entre certaines caractéristiques socio-économiques des
circonscriptions électorales et les victoires libérales dans ces circonscriptions,
de 1956 à 1966

	1956	1960	1962	1966
Proportion des victoires libérales dans l'ensemble des circonscriptions	.22 (20/93)	.54 (51/95)	.66 (63/95)	.47 (51/108)
Proportion des victoires libérales là où les non-Canadiens français sont plus de 20 p. cent	.43 (10/23)	.58 (14/24)	.75 (18/24)	.84 (26/31)
Proportion des victoires libérales là où la population scolarisée au niveau secondaire et au niveau universitaire représente plus de 40 p. cent de l'ensemble	.47 (9/19)	.65 (13/20)	.95 (19/20)	.77 (24/31)
Proportion des victoires libérales là où les professionnels, administrateurs et techniciens sont plus de 15 p. cent de la main-d'œuvre	.29 (12/42)	.60 (25/42)	.86 (36/42)	.56 (30/54)
Proportion des victoires libérales là où le salaire moyen des hommes est supérieur à $3,000	.26 (11/43)	.62 (28/45)	.84 (38/45)	.57 (34/60)

SOURCES : *Recensement du Canada, 1961, Rapports du Président général des élections* et *Guide parlementaire.*

Notons d'abord qu'on observe une relation positive entre chacune des quatre variables que nous avons retenues et les victoires libérales de 1956 à 1966. Qu'il s'agisse du nombre relatif de ceux qui ne sont pas Canadiens français, des années de scolarité, des occupations supérieures ou des salaires moyens, toujours les libéraux remportent proportionnellement plus de victoires dans les circonscriptions où ces variables sont élevées que dans l'ensemble de la province.

De ces quatre variables, c'est la scolarisation qui semble

entretenir la relation positive la plus forte avec les victoires libérales. Trois fois sur quatre, soit en 1956, en 1960 et en 1962, c'est la variable qui vient au premier rang. En 1966, on la trouve au deuxième rang, derrière la variable de l'ethnie. Cette dernière variable a ceci de remarquable qu'elle est en progression constante de 1956 à 1966, à la différence des trois autres qui régressent en 1966, après une progression régulière de 1956 à 1962.

On voit qu'en 1956 les variables de l'ethnie et de la scolarisation semblent jouer plus fortement que les deux autres. En 1960, les quatre variables ont à peu près la même importance. En 1962, c'est la scolarisation qui domine, tandis qu'en 1966, comme en 1956, ce sont les variables de l'ethnie et de la scolarisation qui semblent avoir joué le plus fortement.

Ces relations, qui apparaissent à l'échelle des circonscriptions, ont également été observées à l'échelle des électeurs individuels[7].

Commençons par la variable de l'*ethnie*. Dans une enquête faite à la veille de l'élection de 1960, alors que 43 p. cent seulement des électeurs de Montréal avaient l'intention de voter pour le Parti Libéral, 50 p. cent de ceux qui n'étaient pas Canadiens français avaient l'intention d'appuyer ce parti. À la veille de l'élection de 1962, 78 p. cent des électeurs canadiens-anglais de Montréal se disaient favorables au gouvernement libéral, contre 58 p. cent seulement des électeurs canadiens-français. En dehors de Montréal, ces pourcentages étaient de 55 p. cent chez les Canadiens anglais et de 53 p. cent chez les Canadiens français.

La probabilité qu'il appuie le Parti Libéral est encore plus forte, si le degré de *scolarisation* d'un électeur est élevé. Dans un sondage fait à la veille de l'élection de 1960, 33 p. cent des électeurs qui avaient fait moins de 9 ans d'études se proposaient de voter pour le Parti Libéral, contre 37 p. cent des

---

[7] Dans tous les développements qui vont suivre, nous utilisons les résultats de trois sondages faits pour le compte du Parti Libéral du Québec, avant les élections de 1960, 1962 et 1966. Les données de ces sondages sont contenues dans les rapports suivants : GROUPE DE RECHERCHES SOCIALES, *les électeurs québécois, Attitudes et opinions à la veille des élections de 1960*, Montréal, 1960 ; ID., *les Préférences politiques des électeurs québécois en 1962*, Montréal, 1964 ; SOCIÉTÉ DE MATHÉMATIQUE APPLIQUÉE INC., *Évolution du Québec*, Montréal, 1966 (confidentiel).

électeurs qui avaient fait plus de 9 ans d'études. Les chiffres de 1962 sont plus éloquents (Voir le tableau 4).

Tableau 4
Proportion de gens favorables au gouvernement libéral, selon le nombre d'années d'études, en 1962

	de 0 à 4 ans	de 5 à 8 ans	de 9 à 12 ans	13 ans et plus
Proportion de gens favorables	46%	52%	58%	72%
Nombre de cas	76	372	276	90

SOURCE : GROUPE DE RECHERCHES SOCIALES, *les Préférences politiques des électeurs québécois en 1962*, Montréal, 1964.

À propos des occupations, les sondages dont nous disposons montrent qu'à la veille des élections de 1960, 41 p. cent des professionnels et propriétaires préféraient le Parti Libéral à l'Union Nationale. Ce pourcentage était de 34 p. cent chez les ouvriers spécialisés. Dans l'ensemble de la province 35 p. cent des électeurs du sondage de 1960 préféraient le Parti Libéral. À la veille de l'élection de 1962 un sondage montrait que 58 p. cent des électeurs étaient satisfaits du gouvernement libéral : cette proportion atteignait 76 p. cent chez les professionnels et les techniciens hautement spécialisés, 67 p. cent chez les commis de bureau et les vendeurs, et 65 p. cent chez les administrateurs salariés. Elle n'était par contre que de 43 p. cent chez les journaliers et les domestiques ; de 49 p. cent chez les ouvriers spécialisés ; et de 51 p. cent chez les petits propriétaires et les petits commerçants. Encore en 1966, selon un sondage qui accordait 57 p. cent du vote au Parti Libéral, trois collets blancs sur quatre ayant exprimé leur préférence pour l'un des partis se proposaient de voter pour le Parti Libéral, contre 50 p. cent seulement des journaliers.

Enfin, il apparaît évident dans les résultats des sondages que nous utilisons, que la probabilité est plus forte qu'on appuie le Parti Libéral lorsqu'on dispose d'un revenu élevé. Dans le sondage de 1962, alors que 58 p. cent des électeurs étaient satisfaits du gouvernement libéral, cette proportion n'était que de 46 p. cent chez les gens dont le revenu net déclaré n'excédait pas $3,000, tandis qu'elle était de 65 p. cent chez ceux dont le revenu net déclaré dépassait $5,000. Dans le sondage de 1966, plus de 90 p. cent des électeurs disposant d'un revenu de plus de $8,000 se proposaient de voter pour les libéraux, contre 50 p. cent seulement de ceux dont le revenu ne dépassait pas $3,000.

On peut donc conclure que, aussi bien à l'échelle des circonscriptions qu'à celle des électeurs, il y a, depuis 1956 tout au moins, une assez forte relation entre l'appartenance ethnique, la scolarisation, l'occupation et le revenu d'une part, et le vote accordé aux deux grands partis provinciaux du Québec d'autre part. De façon générale, l'appui électoral au Parti Libéral a d'autant plus de chances de se produire que l'électeur ou la circonscription occupent un rang élevé dans la hiérarchie de la scolarisation, des occupations et des revenus. Il en est de même de l'appartenance de l'électeur ou d'une proportion relativement forte d'électeurs à des groupes ethniques autres que celui des Canadiens français.

Stabilité et instabilité des clientèles électorales de 1936 à 1966

Nous avons montré plus haut que depuis 1939 le Parti Libéral recevait un plus fort appui des milieux urbains que des milieux ruraux, et que c'était l'inverse pour l'Union Nationale. Avant 1939, au contraire, le Parti Libéral avait fait durer sa très longue domination grâce surtout à l'appui massif des milieux ruraux, tandis que le Parti Conservateur se maintenait beaucoup mieux dans les villes que dans les campagnes.

De ce point de vue, les élections de 1935, 1936, 1939 et 1944 apparaissent comme des élections de réalignement dans plusieurs circonscriptions urbaines ou rurales du Québec. D'une part, plusieurs circonscriptions de l'Île de Montréal, qui furent jusqu'en 1939 des châteaux forts conservateurs, se tournent, à l'occasion de l'élection de 1939, vers le Parti Libéral, auquel elles demeurent fidèles par la suite. C'est le cas, par exemple, des circonscriptions très cossues et très anglophones de Notre-Dame-de-Grâce, d'Outremont et de Westmount. D'autre part, des circonscriptions rurales, autour de Montréal et de Québec surtout, qui demeurent fidèles aux libéraux jusqu'en 1939 ou 1944, passent ensuite aux mains de l'Union Nationale, qui y maintiendra son emprise de façon quasi constante jusqu'en 1966 [8].

En 1944 et en 1948, deux tiers partis importants viennent affecter par leur présence le vote aux deux grands partis. Le Bloc Populaire, un parti nationaliste, présente, en 1944, des candidats dans les 91 circonscriptions. Il obtient 15 p. cent du vote et fait élire 4 députés, dont son chef André Laurendeau. En 1948, l'Union des Électeurs, un parti créditiste, a des candidats dans les 92 circonscriptions. Il obtient 9 p. cent du vote, mais aucun de ses candidats n'est élu. La clientèle électorale de ce parti préfigure, toutes proportions gardées, celle du Crédit Social dans les années 60. Ses plus fortes concentrations se trouvent dans la ville et dans la région de Québec, ainsi que dans les Cantons de l'Est, le Nord-Ouest et le Saguenay–Lac-Saint-Jean [9]. Au contraire, le Bloc Populaire est avant tout un parti montréalais, beaucoup plus urbain que l'Union des Électeurs.

En 1948, les libéraux qui ne sauvent que 8 circonscriptions sur 92, sont confinés, ou presque, à l'Île de Montréal. En 1952, à la suite de ses positions antisyndicales au moment de la grève d'Asbestos, l'Union Nationale perd aux mains des libéraux quelques circonscriptions, où les travailleurs syndiqués sont relativement nombreux. La plupart de ces circonscriptions seront reprises par l'Union Nationale, en 1956. Elle perdra toutefois, cette année-là, quelques circonscriptions de l'Abitibi et du Bas-Saint-Laurent, ainsi que quelques circonscriptions rurales où les anglophones sont relativement nombreux.

La victoire des libéraux, en 1960, est due en partie à la faveur regagnée des circonscriptions rurales, et tout particulièrement des circonscriptions rurales pauvres où les agriculteurs sont relativement nombreux. Nous avons vu déjà que la polarisation des clientèles partisanes, sur le plan de l'habitat et du lieu de résidence, est moins nette en 1960 qu'aux élections précéden-

---

[8] Pour des données plus précises sur ce phénomène, voir, dans cet ouvrage, l'article «L'analyse hiérarchique des résultats électoraux».

[9] À ce sujet voir, dans cet ouvrage, «Les dimensions sociologiques du vote créditiste au Québec».

tes et qu'aux élections suivantes. Nous avons vu également que par rapport à 1962 et 1966, l'occupation et le revenu semblent jouer moins fortement. Tout indique donc qu'il y a bien eu, en 1960, une certaine neutralisation des différences socio-économiques entre les clientèles des partis, et en particulier un retour provisoire de plusieurs agriculteurs au Parti Libéral. Le sondage fait avant cette élection indiquait d'ailleurs que 38 p. cent des agriculteurs se proposaient de voter pour le Parti Libéral, contre 35 p. cent seulement de l'ensemble des électeurs.

En 1962 et en 1966, au contraire, le pourcentage des agriculteurs favorables au Parti Libéral est nettement inférieur au pourcentage de l'ensemble des électeurs favorables à ce parti. Ces deux pourcentages, selon les sondages commandés par les libéraux, sont de 40 p. cent et 58 p. cent respectivement, en 1962. En 1966, 57 p. cent des électeurs se proposaient de voter pour le Parti Libéral, mais cette proportion n'était que de 51 p. cent chez les cultivateurs.

Ces pourcentages et d'autres que nous avons cités indiquent combien sont grandes, en 1962, les différences entre les deux clientèles partisanes. Jamais sans doute depuis 1936, et même avant 1936, on n'observe une telle opposition entre un Parti Libéral qui est massivement le parti des milieux urbains, des minorités non francophones, des gens instruits, des strates supérieures dans la hiérarchie des occupations, et des gens à revenus élevés; et une Union Nationale qui reçoit un appui tout aussi massif des milieux ruraux, des gens peu instruits, des strates inférieures dans la hiérarchie des occupations, et des personnes à faibles revenus.

La plupart de ces oppositions seront atténuées en 1966, mais elles demeurent fortes. L'une au moins s'accentuera encore, comme le montre le tableau 3: celle entre les groupes ethniques minoritaires du Québec qui appuient le Parti Libéral, et le groupe ethnique canadien-français qui incline davantage, par rapport à 1962, vers l'Union Nationale. Deux tiers partis, l'un indépendantiste, le Rassemblement pour l'Indépendance Nationale (R.I.N.), l'autre indépendantiste et créditiste, le Ralliement National (R.N.), obtiennent respectivement 6 p. cent et 3 p. cent du vote exprimé à cette élection. Les quelques données dont on dispose sur leurs clientèles électorales tendent à montrer que celle du R.I.N. ressemble, toutes proportions gardées, à celle des libéraux, exception faite de l'appui des anglophones qui ne se retrouvent évidemment pas derrière le R.I.N. Quant à la clientèle du R.N., elle ressemblerait plutôt, toutes proportions gardées là encore, à celle de l'Union Nationale.

Dans le sondage fait avant l'élection de 1966, alors que 4 p. cent seulement des électeurs interrogés indiquaient leur intention de voter pour le R.I.N., cette proportion était de 6 p. cent chez les gens dont le revenu se situait entre $5,000 et $8,000, de 9 p. cent chez les jeunes de 18 à 24 ans, et de 25 p. cent chez les étudiants. Le R.N. pour sa part était choisi par 13 p. cent des électeurs, dont 25 p. cent des ouvriers spécialisés, 7 p. cent seulement des collets blancs et 2 p. cent seulement des gens ayant un revenu supérieur à $8,000.

On peut conclure ici que la stabilité électorale de l'Union Nationale est, de 1936 à 1966, plus grande que celle du Parti Libéral. Si l'on ne tient pas compte de l'élection de 1936, où elle obtint 57 p. cent du vote exprimé, l'Union Nationale reçoit un vote qui varie de 52 p. cent (en 1956) à 38 p. cent (en 1944). C'est là une variation de 14 p. cent seulement, contre une variation de 21 p. cent du vote au Parti Libéral durant la même période. En effet celui-ci obtint 57 p. cent du vote exprimé en 1962, mais 36 p. cent seulement en 1948. Plus récemment, soit de 1962 à 1966, tandis que le vote libéral passait de 57 à 47 p. cent, le vote unioniste ne variati que de 42 à 40 p. cent. D'ailleurs, de 1936 à 1966, le vote obtenu par les tiers partis semble avoir affecté beaucoup plus le Parti Libéral que l'Union Nationale. C'est une des raisons pour lesquelles l'instabilité électorale des libéraux est plus grande que celle des unionistes.

Le réalignement des clientèles en 1970

Cette plus grande stabilité de l'Union Nationale voile à peine un déclin électoral amorcé dès 1956, et qui allait devenir dramatique en 1970. Après avoir obtenu 52 p. cent des votes exprimés en 1956, l'Union Nationale n'en obtient plus que 47 p. cent en 1960, 42 p. cent en 1962, 40 p. cent en 1966, et 20 p. cent seulement en 1970. Sur la base des inscrits et non des votants, ces résultats sont successivement de 40 p. cent (en 1956), 38 p. cent (en 1960), 33 p. cent (en 1962), 29 p. cent (en 1966) et 16 p. cent (en 1970). En 1970, c'est l'Union Nationale et non plus le Parti Libéral qui semble la plus affectée par la montée des tiers partis. Ils viennent accélérer de façon dramatique pour elle une décadence commencée dès la fin des années 50.

La répartition territoriale des partis

En 1970, l'Union Nationale disparaît de plusieurs de nos régions du tableau 1. Elle n'obtient aucun siège dans les 3 régions les plus libérales de 1936 à 1966 : la Côte-Nord, le Montréal métropolitain, le Nord-Ouest. Si l'on prend les autres régions dans l'ordre où elles apparaissent au tableau 1, on constate que l'Union Nationale ne garde que 2 circonscriptions sur 10 (20 p. cent) dans le Bas-Saint-Laurent et la Gaspésie ; 6 sur 23 (26 p. cent) dans la grande région autour de Montréal ; 1 sur 9 (11 p. cent) dans les Cantons de l'Est ; 2 sur 16 (12.5 p. cent) dans la région de Québec ; 2 sur 5 (40 p. cent) dans le Saguenay–Lac-St-Jean ; 3 sur 7 (43 p. cent) dans la région de Trois-Rivières ; et 1 sur 4 (25 p. cent) dans l'Outaouais.

Dans l'ensemble, les résultats de l'Union Nationale suivent assez bien, à la baisse, ses lignes de force traditionnelles dans le territoire du Québec. La plupart des exceptions s'expliquent par la compétition des créditistes. Là où ils sont faibles (dans le Bas-Saint-Laurent et la Gaspésie, la région autour de Montréal, le Saguenay–Lac-St-Jean) l'Union Nationale se maintient relativement bien, mais là où ils sont forts (le Nord-Ouest où ils obtiennent 3 sièges sur 5, la région de Québec où ils en ont 7 sur 16, et les Cantons de l'Est où ils en obtiennent 2 sur 9) l'Union Nationale tombe plus bas que ne laissait prévoir sa force traditionnelle.

Quant au Parti Libéral il ressent surtout la compétition des nouveaux partis dans les 3 régions où il a montré, de 1936 à 1966, sa plus grande force. Le Parti Québécois obtient 1 siège sur 2 sur la Côte-Nord, et 6 sièges sur 27 dans la région métropolitaine. De plus le Ralliement Créditiste l'emporte 3 fois sur 5 dans la région du Nord-Ouest. Dans les sept autres régions le Parti Libéral a autant de sièges sinon plus que tout autre parti.

On voit pourquoi les tiers partis, et tout particulièrement le Ralliement Créditiste, affectent davantage l'Union Nationale que le Parti Libéral. Celui-ci subit surtout la compétition des nouveaux partis dans ses régions fortes. L'Union Nationale, au contraire, la subit surtout dans des régions où sa force n'est que moyenne : elle est donc plus susceptible d'y perdre des sièges, compte tenu de son déclin général.

Les effets des mécanismes électoraux

L'effondrement de l'Union Nationale aurait été plus grand encore, si la carte électorale ne l'avait soutenue. Le tableau 5 montre que l'Union Nationale fait aussi bien que le Parti Libéral dans les petites circonscriptions de moins de 20,000 électeurs, mais qu'elle est le parti qui obtient le moins de sièges dans les circonscriptions de plus de 20,000 électeurs. Elle n'en obtient même aucun dans les 30 plus grosses circonscriptions, celles où l'on compte plus de 40,000 électeurs.

Le tableau montre également l'effet de certains phénomènes statistiques. Dans les circonscriptions de 0 à 20,000 électeurs les résultats n'étonnent guère : il est à peu près normal en scrutin majoritaire à un tour que deux partis qui obtiennent chacun 31 p. cent du vote des inscrits, contre 15 et 9 p. cent aux deux autres partis, remportent à peu près tous les sièges. Mais les 3 sièges remportés par le Ralliement Créditiste, contre aucun par le Parti Québécois, indiquent que les votes du premier sont mieux distribués que ceux du second. Cette différence est encore plus nette dans les circonscriptions de 20,000 à 40,000 électeurs : avec 18 p. cent du vote des inscrits le Parti Québécois n'obtient que 3 sièges, tandis que le Ralliement Créditiste en obtient 8 avec seulement 12 p. cent du vote. Dans les 30 circonscriptions les plus populeuses, le Ralliement réussit à obtenir un siège avec l'appui de seulement 5 p. cent des inscrits, alors que le Parti Québécois, qui reçoit un appui cinq fois plus grand, ne fait élire que 4 de ses candidats.

Non seulement les votes reçus par le Ralliement sont plus concentrés que ceux du Parti Québécois, mais ils le sont généralement dans des circonscriptions où la lutte est vive

Tableau 5
Résultats obtenus par les quatre principaux partis dans trois catégories de circonscriptions, en 1970

	Ensemble des circonscriptions		0–20,000 inscrits		20,000–40,000 inscrits		40,000 inscrits et plus	
	N. de sièges	% des inscrits	N. de sièges	% des inscrits	N. de sièges	% des inscrits	N. de sièges	% des inscrits
Parti Libéral	72	37	13	31	34	33	25	44
Parti Québécois	7	20	0	9	3	18	4	24
Ralliement Créditiste	12	9	3	15	8	12	1	5
Union Nationale	17	16	12	31	5	19	0	10
Total	108	82	28	86	50	82	30	83

SOURCE : *Rapport du président général des élections, 1970.*

entre 3 ou même 4 partis. À l'inverse, le Parti Québécois trouve sa plus grande force dans des circonscriptions où le Parti Libéral est le seul autre parti important. Ce phénomène, ajouté aux inégalités de la carte électorale, et surtout à l'amplification par le mode de scrutin de la marge relativement considérable, en votes obtenus, qui a séparé le premier parti (le Parti Libéral) du second (le Parti Québécois), explique l'étonnante distribution de sièges qui a résulté des élections générales du 29 avril 1970.

*Les caractéristiques socio-économiques
des nouvelles clientèles
électorales*

Un trait n'a pas changé en 1970 : l'appui massif que les électeurs anglophones du Québec ont donné au Parti Libéral. Ce parti qui avait remporté, en 1966, 24 victoires dans les 31 circonscriptions où les non-Canadiens français étaient plus de 20 p. cent (voir le tableau 3), en remporte 28 sur 31 en 1970. D'après les sondages faits un peu avant les élections, de 64 à 76 p. cent des anglophones se proposaient de voter pour le Parti Libéral. Si l'on tient compte du fait que ces sondages n'accordaient que 33 à 39 p. cent du vote à ce parti, qui en fait obtient 45 p. cent des suffrages exprimés, on peut établir à 80 p. cent environ la proportion des votants anglophones qui ont appuyé le Parti Libéral le 29 avril 1970 [10].

De 1956 à 1966 les clientèles électorales des partis ne présentaient pas de caractéristiques bien précises quant à l'âge. Nous n'avons donc pas retenu cette variable dans la première partie de cette étude. Tout au plus avons-nous noté que le R.I.N. en 1966 avait trouvé une faveur relative chez les jeunes et plus spécialement chez les étudiants. De façon générale les clientèles du Parti Libéral apparaissent, au cours des années 60, un peu plus jeunes que celles de l'Union Nationale, mais la relation entre les deux phénomènes manque de netteté. En 1970 cette relation peu claire se maintient du côté des deux partis les plus fédéralistes, le Parti Libéral et le Ralliement Créditiste : leurs partisans se recrutent à peu près également dans toutes les

---

[10] À ce sujet, voir V. Lemieux, M. Gilbert et A. Blais, *Une élection de réalignement*, Montréal, Éditions du Jour, 1970, p. 60.

classes d'âge. Mais du côté des deux partis les plus nationalistes, le Parti Québécois et l'Union Nationale, le partage est beaucoup plus net. Ainsi dans le sondage de Regenstreif qui accordait 20 p. cent des votes à l'Union Nationale et 28 p. cent au Parti Québécois, 16 p. cent seulement des 18-24 ans se proposent de voter pour l'Union Nationale contre 44 p. cent qui se proposent de voter pour le P.Q. À l'inverse, 36 p. cent de ceux qui ont 65 ans ou plus ont l'intention de voter pour l'Union Nationale contre 10 p. cent seulement qui se proposent de voter pour le Parti Québécois[11].

Ces pourcentages traduisent un vieillissement évident de la clientèle électorale de l'U.N. qui semble avoir perdu aux mains du P.Q. et des deux autres partis une bonne proportion de ses électeurs jeunes de 1966. Mais plus significatifs encore nous apparaissent les choix des électeurs par rapport à leur niveau de scolarité. Ici encore deux partis ne présentent pas de traits très accusés : cette fois ce sont les deux partis traditionnels, le Parti Libéral et l'Union Nationale. Par contre une scolarité élevée augmente les chances du Parti Québécois, alors que c'est l'inverse avec le Ralliement Créditiste. Toujours dans le sondage de Regenstreif, le Ralliement Créditiste (qui est choisi par 11 p. cent de ceux qui révèlent leur choix partisan) a l'appui de 19 p. cent des électeurs qui n'ont pas terminé leurs études élémentaires, mais de 3 p. cent seulement de ceux qui ont fréquenté l'Université. Pour le Parti Québécois (qui, rappelons-le, obtient 28 p. cent des voix dans le sondage) ces deux pourcentages sont de 12 et 26 p. cent respectivement[12].

Ces quelques données nous mettent sur la piste d'une interprétation plus générale de l'élection de 1970, ainsi que de celles qui l'ont précédée. Cette interprétation peut également servir à la prospective des élections à venir.

Une interprétation générale des récentes élections provinciales au Québec

Il nous semble, en effet, que les élections provinciales au Québec, depuis celle de 1962, peuvent être interprétées

---

[11] *Une élection de réalignement, op. cit.,* pp. 61-62.
[12] *Une élection de réalignement, op. cit.,* pp. 63-64.

comme des manifestations de la réaction des partis et des électeurs aux changements apportés par la « révolution tranquille » dans la société québécoise. À un gouvernement qui agissait peu sur la communauté a succédé, en 1960, un gouvernement qui a entrepris d'intervenir davantage dans cette communauté. Les élections générales de 1962, avec le thème principal de la nationalisation de l'électricité, ont bien manifesté cette transformation. On peut cependant penser avec Maurice Pinard [13] que les électeurs n'ont pas voté sur cette question d'abord, mais plutôt sur les premières réalisations du gouvernement Lesage. D'une façon ou de l'autre le principal enjeu de ces élections est relié à la révolution tranquille.

La plupart des interprétations qui ont été données des résultats des élections provinciales de 1966 vont dans le même sens. Des réactions négatives à la révolution tranquille, dans le secteur de l'éducation surtout, expliqueraient le recul du Parti Libéral, plus grand que celui de l'Union Nationale. Comme nous l'avons noté plus haut, il ne faut pas sous-estimer l'effet de nuisance du R.I.N. auprès du Parti Libéral, et les effets de la carte électorale. Il ne faut pas oublier non plus que le taux de chômage est au plus bas depuis les années 50, ce qui se traduit par une forte abstention des électeurs, sans doute nuisible au Parti Libéral [14]. Il reste que les clientèles électorales de 1966 ressemblent à celles de 1962. Le Parti Libéral rejoint ceux qui profitent de la révolution tranquille ou qui du moins n'en sont guère inquiétés : étudiants, anglophones, gens instruits, professionnels, cadres et techniciens ; l'Union Nationale attire davantage ceux que la révolution tranquille défavorise ou inquiète.

De 1966 à 1970 le système traditionnel des partis éclate pour laisser place à une multiplicité qui illustre assez bien les principales options qui peuvent être prises par rapport à la révolution tranquille. Le Parti Québécois, fondé en 1968 après que René Lévesque eut quitté le Parti Libéral pour créer le Mouvement Souveraineté-Association, veut en quelque sorte pousser la révolution tranquille à son terme par l'indépen-

---

[13] « La rationalité de l'électorat : le cas de 1962 », étude parue dans V. LEMIEUX (dir.), *Quatre élections provinciales au Québec : 1956–1966, op. cit.*, pp. 179–195.

[14] À ce sujet, voir le texte d'introduction à cet ouvrage, « Élection et société politique ».

dance du gouvernement du Québec et par son intervention de plus en plus active dans la société. Au contraire, la venue du Ralliement Créditiste sur la scène provinciale, décidée au début de 1970, manifeste un certain refus de ce que la révolution tranquille a changé dans les relations du gouvernement et de la communauté. Le Ralliement propose un gouvernement beaucoup moins interventionniste, qui se contente surtout de mettre des ressources financières à la disposition de la communauté.

L'apparition du Parti Québécois, à la gauche du Parti Libéral, et du Ralliement Créditiste, à la droite de l'Union Nationale, explique les relations entre le vote et le degré de scolarisation. Si l'on estime que cette caractéristique est un bon indicateur de la somme d'avantages apportés par la révolution tranquille, il est compréhensible qu'un fort mouvement des gens instruits se soit produit vers le Parti Québécois, achèvement projeté de la révolution tranquille, et qu'un fort mouvement des gens moins instruits se soit porté vers le Ralliement Créditiste, antithèse du Parti Québécois à cet égard.

Il restait au Parti Libéral une position nette à tenir : celle d'un parti interventionniste mais à l'intérieur d'un fédéralisme rentable, c'est-à-dire qui assure au gouvernement du Québec les ressources financières pour réaliser ses programmes envers la communauté. L'Union Nationale quant à elle s'est retrouvée dans une position doublement ambiguë. À une tendance non interventionniste, nette sous Duplessis, s'était substituée chez elle une tendance un peu plus interventionniste, annoncée déjà par Paul Sauvé, exercée par Daniel Johnson, et plus ou moins subie par Jean-Jacques Bertrand. Aux prises, à sa gauche et à sa droite, avec deux partis fédéralistes, elle pouvait difficilement aller jusqu'à proposer l'indépendance, qui exigerait sans doute, une fois qu'elle serait déclarée, un gouvernement très interventionniste. L'Union Nationale crut s'en tirer en proposant de donner une dernière chance — de quatre ans — au fédéralisme. Elle se présentait en quelque sorte devant les électeurs comme un parti fédéraliste et indépendantiste, non interventionniste et interventionniste à la fois. Le moins qu'on puisse dire de cette position, c'est qu'elle manquait de netteté.

En somme, on peut expliquer les préférences des différentes classes d'électeurs selon ce que signifiait pour elles, en 1970, la révolution tranquille et la perspective de l'indépendance du Québec, ou inversement le maintien du Québec à l'intérieur de la fédération canadienne. Si pour simplifier on regroupe, selon leur attitude à cet égard, les électeurs en trois catégories : *favorables* (+), *indécis* (±) et *défavorables* (−), on peut faire les hypothèses suivantes :

1) Le Parti Québécois attirera surtout à lui les électeurs *favorables* (+) à la révolution tranquille, et *favorables* (+) également à l'indépendance du Québec.

2) Le Parti Libéral attirera surtout les électeurs *favorables* (+) à la révolution tranquille, et *défavorables* (−) à l'indépendance du Québec.

3) L'Union Nationale, à cause de ses positions ambiguës, attirera les électeurs *indécis* (±) vis-à-vis la révolution tranquille, et *indécis* (±) également vis-à-vis l'indépendance du Québec.

4) Enfin le Ralliement Créditiste aura surtout l'appui des électeurs *défavorables* (−) à la révolution tranquille, et *défavorables* (−) à l'indépendance du Québec.

Ces hypothèses peuvent recevoir un début de vérification dans les résultats des sondages pré-électoraux de 1970[15]. Si l'on s'en tient aux classes d'électeurs dont l'appui à un parti s'éloigne le plus nettement de l'appui donné à ce parti par l'ensemble des électeurs, on peut faire les quelques constatations suivantes :

— les anglophones, nous l'avons déjà dit, votent massivement pour le Parti Libéral. Ils sont très favorables au fédéralisme et se sont assez bien tirés de la révolution tranquille ;

— les jeunes favorisent le Parti Québécois beaucoup plus que l'ensemble de la population. La révolution tranquille les a bien servis, surtout s'ils sont étudiants, et l'indépendance du Québec apparaît à plusieurs comme une condition nécessaire pour obtenir des avantages qu'ils estiment ne pas pouvoir obtenir autrement ;

— les électeurs plutôt âgés penchent, au contraire, proportionnellement plus vers l'Union Nationale que vers les autres

---

[15] Ici encore nous utilisons les données qui ont été présentées dans *Une élection de réalignement, op. cit.*

partis. L'état d'indécision où ils se trouvent vis-à-vis la révolution tranquille et l'indépendance du Québec expliquerait cette attitude ;
— les électeurs plus instruits sont relativement favorables au Parti Québécois, et les électeurs peu instruits sont relativement favorables au Ralliement Créditiste ; nous avons déjà noté que cela tient à l'impact de la révolution tranquille qui a servi les uns et desservi les autres ;
— les classes d'occupation les plus favorables au Parti Libéral viennent des milieux d'affaires (grosses et moyennes entreprises). Il est évident que ces gens qui se sont relativement bien tirés de la révolution tranquille voient par contre une menace dans l'indépendance du Québec, telle que préconisée par le Parti Québécois ;
— le Parti Québécois est favorisé par les professionnels, enseignants, employés du secteur public, étudiants. Tous ont largement profité de la révolution tranquille[16] et voient dans l'indépendance la suite logique de ce mouvement ;
— les ouvriers spécialisés, hors de Montréal, appuient le Ralliement Créditiste, beaucoup plus que ne le fait l'ensemble du corps électoral. Ils avaient de bonnes raisons de croire, en 1970, que la révolution tranquille s'est faite sur leur dos et que l'indépendance du Québec les menacerait encore plus ;
— l'Union Nationale, enfin, attire à elle une proportion relativement forte de cultivateurs, d'artisans et de commerçants. Ces gens dont la situation s'est détériorée depuis 1960 savent pourtant que seule l'intervention de l'État peut améliorer leur sort, d'où sans doute leur attitude ambiguë vis-à-vis l'interventionnisme apporté par la révolution tranquille et qui risquerait de s'accroître avec l'indépendance politique du Québec.

Ajoutons pour finir que les positions des partis, ainsi que les attitudes des électeurs vis-à-vis la révolution tranquille et l'indépendance du Québec pourront fort bien changer avant les prochaines élections provinciales. Il est prévisible que le Parti Libéral deviendra un parti de moins en moins interventionniste, en rupture avec celui qui anima la révolution

---

[16] Pour quelques données à ce sujet, voir notre étude « Les partis et leurs contradictions », dans J. L. Migué (dir.), le Québec d'aujourd'hui, Montréal, Hurtubise HMH, 1971, pp. 163–165.

tranquille ; que le Parti Québécois dérivera vers des positions moins marquées aussi bien sur l'indépendance du Québec que sur le degré d'intervention du gouvernement dans la communauté ; que l'Union Nationale se définira de plus en plus comme un parti centriste offrant une solution de rechange au Parti Libéral ; et que le Ralliement Créditiste succédera à l'Union Nationale dans sa tendance populiste. Il se peut également que sous le coup des événements certaines classes d'occupation en viennent à évaluer autrement les conséquences pour elles de la révolution tranquille ou de l'indépendance du Québec. Le recul actuel (à la fin de 1972...) des forces radicales semble indiquer un reflux de la population vers des positions moins avancées, mais il n'est pas dit que si la situation économique et sociale se dégrade à nouveau, l'indépendance du Québec n'apparaîtra pas au plus grand nombre comme la seule solution possible qui reste à explorer.

Ce jeu des positions des partis et des attitudes des électeurs, et leur signification par rapport à la révolution tranquille et à l'indépendance (ou au fédéralisme), — les positions et les attitudes s'ajustant plus ou moins bien les unes aux autres, sous l'impact des événements — nous semble offrir une des meilleures prises qui soient à l'interprétation des élections provinciales au cours des années 60 et 70.

Les partis
et le nationalisme *
(1969)

Si le nationalisme officiel n'a professé que du mépris vis-à-vis les partis et la politique, on ne peut pas dire la même chose des partis vis-à-vis le nationalisme. Ceux-ci n'ont pu ignorer les courants nationalistes et les idées qui s'y sont exprimées. D'ailleurs, certains observateurs de la politique au Québec ont même proposé des interprétations des victoires et des défaites de nos partis qui ne tiennent compte, ou presque, que de leurs positions nationalistes ou antinationalistes[1].

---

* Deuxième partie, quelque peu modifiée, d'un article écrit conjointement avec André J. Bélanger et publié sous le titre de : « Le Nationalisme et les partis politiques », dans *Revue d'Histoire de l'Amérique française*, vol. XXII, n° 4, mars 1969, pp. 551-563.

[1] On pense en particulier à Herbert F. Quinn dans son livre, *The Union Nationale*, Toronto, University of Toronto Press, 1963.

C'est ainsi que les libéraux fédéraux auraient toujours dominé au Québec depuis 1896, à l'exception de 1958, parce que des deux grands partis ce serait celui qui s'est toujours montré le plus favorable aux Canadiens français. De même, l'Union Nationale aurait supplanté les libéraux, en 1936, parce qu'elle serait alors apparue plus nationaliste qu'eux. L'intermède libéral de 1960 à 1966 s'expliquerait également par la conversion de ce parti à un certain nationalisme, après vingt années passées à endosser les politiques centralisatrices des libéraux d'Ottawa.

Ces interprétations contiennent une part de vérité, mais elles ne suffisent pas à expliquer tout à fait certains phénomènes comme la victoire des conservateurs au Québec en 1958, les succès créditistes depuis 1962, ou encore la victoire des libéraux provinciaux en 1960, puis leur défaite en 1966. Ce n'est qu'en situant les positions nationalistes des partis du Québec dans un ensemble plus vaste qu'on pourra les caractériser et donner une juste évaluation de l'importance qu'elles ont eue pour eux, et plus particulièrement pour les publics électoraux qui déterminent finalement le sort des partis.

Une typologie des positions des partis

Afin d'éclairer notre lanterne, nous allons distinguer les positions prises par les partis du Québec, au cours des campagnes électorales ou dans l'action gouvernementale, selon trois critères, ou mieux trois traits pertinents. Ces positions peuvent d'abord concerner la société québécoise elle-même, ou bien les relations de cette société ou de certains groupes de cette société avec l'extérieur, c'est-à-dire le gouvernement fédéral, les pays sous-développés, etc. Nous parlerons alors de positions *internes* ou *externes* que peuvent prendre les partis politiques. Il faut noter tout de suite que les positions nationalistes sont toujours, par définition, des positions externes avant tout, au sens où nous venons de les définir. Dans la mesure, en effet, où le nationalisme privilégie la nation dans son ensemble, plutôt que les différents groupes ou les différentes classes qui la composent, il subordonne nécessairement l'interne à l'externe. Ce n'est pas dire qu'on doit se refuser à parler de positions nationalistes internes, mais ces positions, quand elles existent, sont toujours subordonnées aux positions externes.

Deuxièmement, les positions prises par les partis, qu'elles soient internes ou externes, peuvent être divisées, de façon très générale, en positions *socio-économiques* et en positions *politiques*. Nous entendons par position socio-économique tout ce qui concerne une société donnée ou encore les relations entre sociétés, à l'exclusion de l'appareil et des mécanismes gouvernementaux qui régissent cette société ou qui contribuent à aménager la coopération ou le conflit entre sociétés distinctes. Les positions politiques sont celles qui renvoient à cet appareil et à ces mécanismes. On aura ainsi des positions internes d'ordre socio-économique (la réforme de l'éducation, par exemple), et des positions internes d'ordre politique (la réforme de la loi électorale, par exemple). On aura également des positions externes d'ordre socio-économique (la nationalisation de l'électricité, par exemple, dans la mesure où elle vise des intérêts étrangers), et des positions externes d'ordre politique (l'indépendance politique du Québec, par exemple). On comprendra que cette distinction, comme toute distinction d'ordre analytique, ne partage pas la réalité en deux sous-ensembles parfaitement imperméables l'un à l'autre. Elle nous semble, toutefois, suffisamment précise pour être utilisée avec profit dans les développements qui vont suivre.

Enfin, nous voudrions proposer un troisième trait pertinent, qui est peut-être plus risqué que les deux précédents, mais qui nous semble nécessaire pour caractériser suffisamment les positions nationalistes ou autres des partis politiques. Ce trait renvoie plus ou moins à la distinction classique, mais somme toute assez obscure, entre la gauche et la droite, qu'il précise à partir d'un critère qui a le mérite d'être relativement simple. Nous dirions que les positions des partis peuvent être *égalisatrices* ou *non égalisatrices* des chances ou encore des ressources de tout ordre dont disposent les collectivités concernées, qu'il s'agisse de relations internes à une société, de relations entre des groupes appartenant à des sociétés différentes ou, encore, de relations entre sociétés différentes — ou qu'on estime différentes.

Davantage que pour les autres traits distinctifs, on doit noter ici qu'une même mesure, et donc une même position prise par un parti, peut fort bien être égalisatrice à certains égards et non égalisatrice à d'autres égards. C'est le cas de la réforme de l'éducation en milieu rural. Cette réforme peut être considérée comme égalisatrice pour les ruraux dans la mesure où elle diminue l'écart entre les chances respectives d'un jeune urbain et d'un jeune rural d'atteindre un niveau de scolarité supérieur au secondaire. Mais, à cause des longues périodes de transport en autobus que cette égalisation des chances entraîne, elle peut fort bien être considérée par les parents du milieu rural comme non égalisatrice et même inégalisatrice par rapport au milieu urbain. De même, une certaine déconfessionnalisation entraînée par cette réforme, dans la mesure où elle correspond à une perte de privilèges pour la majorité catholique, peut apparaître aux yeux de cette majorité comme égalisatrice, mais à ses dépens. On voit donc que cette notion de position égalisatrice ou non égalisatrice est assez complexe, et qu'elle exige d'être appliquée avec précaution. À cette condition, elle est toutefois fort utile pour caractériser les positions nationalistes ou autres des partis.

Les positions internes ou externes, qu'elles soient d'ordre socio-économique ou d'ordre politique, peuvent donc être égalisatrices ou non égalisatrices, ce qui nous donne au total huit types possibles de positions (voir le graphique 1).

On pourrait évidemment ajouter d'autres traits distinctifs de nature dichotomique, dont chacun multiplierait par deux le nombre déjà atteint de types possibles. Ce serait toutefois introduire une trop grande complexité, qui n'est d'ailleurs pas exigée par les fins de cette analyse.

Trois propositions

À l'aide de ces distinctions et des types qu'elles définissent, il est possible de tenter une interprétation, moins simpliste que celles que nous avons évoquées plus haut, de l'utilisation que les partis fédéraux et provinciaux du Québec ont faite du nationalisme depuis 1935. À une revue historique de cette utilisation, nous avons préféré avancer un certain nombre de propositions que nous tenterons de vérifier au moyen des données historiques dont nous disposons.

Graphique 1
Huit types différents de positions qui peuvent être prises
par un parti politique

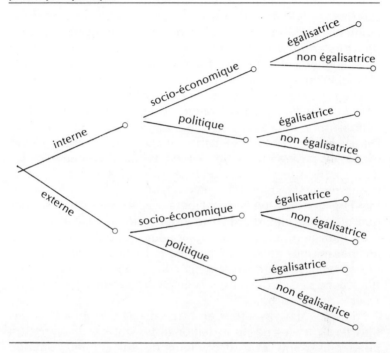

1) Il nous apparaît d'abord, comme nous l'avons d'ailleurs laissé entendre plus haut, que la plupart des grands déplacements électoraux qui se sont produits depuis 1935 ne s'expliquent pas principalement par les positions nationalistes des partis. Nous incluons parmi les grands déplacements électoraux, ceux qui se sont produits aux élections provinciales de 1936 et de 1939, ainsi qu'aux élections fédérales de 1958 et 1962[2].

Les positions nationalistes de l'Union Nationale ne sont pas étrangères à sa victoire de 1936, mais ses positions internes

---

[2] Ce sont les seuls cas où les déplacements qui affectent les deux principaux partis sont, par rapport à l'élection précédente, d'au moins 20 p. cent des votants.

socio-économiques et surtout politiques l'expliquent davantage. Notons d'abord que l'Union Nationale ne jouit d'aucun avantage sur les libéraux en ce qui concerne les positions externes politiques : le Parti Libéral apparaît encore à ce moment comme un parti autonomiste, donc égalisateur des pouvoirs entre Ottawa et Québec. D'ailleurs la campagne de 1936, comme celle de 1935, porte assez peu sur ce thème. Par contre, l'Union Nationale, encore plus en 1935 qu'en 1936, se veut égalisatrice dans l'ordre socio-économique externe. Ses positions contre les trusts étrangers s'inspirent évidemment du nationalisme de l'époque. Mais à y voir de plus près, un Duplessis apparaît moins égalisateur qu'un T. D. Bouchard par exemple [3], si bien que la différence n'est pas si grande entre les deux partis sur ce point. Par ses positions internes socio-économiques, l'Union Nationale apparaît toutefois plus nettement égalisatrice que le Parti Libéral. Mais c'est surtout sur des questions internes d'ordre politique que se joue l'élection. C'est l'image d'un parti non égalisateur, qui utilise à son profit les mécanismes gouvernementaux, le parti de la loi Dillon et des scandales révélés au fameux comité des comptes publics, qui amène sans doute plusieurs électeurs à abandonner le Parti Libéral.

Pourquoi alors le retour en force du Parti Libéral trois ans plus tard ? Ici les positions nationalistes ont certainement un poids plus grand, et c'est d'ailleurs devenu un lieu commun d'expliquer la remontée libérale par l'intervention des ministres libéraux d'Ottawa, agitant le spectre de la conscription. Les libéraux provinciaux n'apparaissent pas encore comme centralisateurs, donc non égalisateurs, en politique externe et, surtout, ils apparaissent comme des alliés plus sûrs que l'Union Nationale pour épauler les libéraux d'Ottawa contre les conservateurs dont le passé «impérialiste» et «conscriptionniste» continue de faire peur aux électeurs du Québec. Les libéraux, répète-t-on, sont le seul rempart contre la conscription. L'Union Nationale a beau s'affirmer elle aussi comme un parti autonomiste, les électeurs n'en semblent pas convaincus. Les

---

[3] C'est du moins ce qui se dégage de la thèse de maîtrise de Claude BOILEAU, *les Partis politiques provinciaux du Québec et le problème de la nationalisation de l'électricité*, Québec, Faculté des Sciences sociales, Université Laval, 1966.

thèmes nationalistes dominent cette élection, mais il ne faudrait pas négliger pour autant les thèmes internes socio-économiques et politiques. Les libéraux de Godbout mettent à profit une certaine incapacité du parti de Duplessis à réaliser dans l'ordre interne des mesures socio-économiques et politiques qui égalisent les chances des groupes sociaux. La rupture avec Duplessis des principaux leaders de l'Action Libérale Nationale donne d'ailleurs beaucoup de publicité à cette incapacité, qui semble avoir été surtout ressentie dans les milieux urbains, les mêmes qui avaient appuyé massivement l'Action Libérale Nationale en 1935[4].

Enfin les deux grands déplacements électoraux successifs de 1958 et de 1962, au fédéral, ne peuvent être expliqués si l'on ne tient compte que des positions nationalistes des partis. Dans les deux cas, c'est surtout l'impact des positions internes, socio-économiques ou politiques, prises par les conservateurs puis par les créditistes, qui semble avoir déclenché les deux déplacements massifs des électeurs québécois. Dans les deux cas également, ces positions se voulaient plus égalisatrices que non égalisatrices : les conservateurs ont insisté sur le caractère dictatorial du gouvernement libéral et les créditistes sur la déchéance des vieux partis, trop éloignés du peuple. Mais la victoire des conservateurs au Québec ne se serait peut-être pas produite sans le retrait de Louis Saint-Laurent, qui symbolisait pour les électeurs une certaine garantie de la présence du Québec à la direction du pays. Ce retrait a eu pour effet de neutraliser la dimension externe des positions partisanes, permettant ainsi aux positions internes de faire toute la différence. De même les succès créditistes de 1962, s'ils se fondent très partiellement sur des positions socio-économiques externes non égalisatrices (comme, par exemple, le thème de l'aide qui doit être apportée aux gens de chez nous plutôt qu'aux pays sous-développés), s'expliquent davantage par les positions internes politiques que nous avons déjà évoquées et surtout par des positions socio-économiques également internes, et égalisatrices elles aussi. Mais encore là l'absence de leaders canadiens-français prestigieux, à la tête du

---

[4] On peut tirer cette interprétation des analyses de Paul CLICHE sur ce sujet. Voir son article « Les élections provinciales dans le Québec, de 1927 à 1956 », *Recherches sociographiques*, vol. II, n°s 3-4, juillet-déc. 1961, pp. 343-365.

Parti Libéral, neutralisait la dimension externe politique, généralement favorable aux libéraux.

2) Par contre dans les périodes plus stables, où l'on n'assiste pas à des déplacements électoraux massifs, les positions nationalistes des partis sont généralement plus contrastées que leurs positions internes et peuvent expliquer davantage les résultats électoraux.

Sur le plan fédéral, la période qui va de 1935 à 1957 illustre cette proposition. Sauf en 1935, les problèmes internes, socio-économiques ou politiques, ne prennent pas beaucoup de relief. Aussi, les libéraux dont les positions politiques externes, concernant les relations Québec-Ottawa, apparaissent plus rassurantes et plus prévisibles que celles des conservateurs jouissent toujours au Québec d'un avantage électoral considérable. La prospérité économique n'incite d'ailleurs pas à des déplacements électoraux importants.

Au provincial, l'effet des positions nationalistes contrastées des libéraux et des unionistes durant la période qui va de 1944 à 1960 est bien connu. Ce contraste joue d'autant plus en faveur de l'Union Nationale que la prospérité économique neutralise l'effet des positions internes de plus en plus contrastées que prennent les libéraux. C'est d'ailleurs sur le plan politique que les libéraux finiront par exploiter avec succès les scandales et la corruption du gouvernement unioniste. Il ne faudrait toutefois pas négliger l'impact auprès des milieux agricoles de leurs positions socio-économiques plus égalisatrices. De plus la présence à Ottawa d'un gouvernement conservateur neutralise en leur faveur la dimension externe d'ordre politique. L'Union Nationale, en 1960 comme en 1962, ne peut plus identifier les libéraux de Québec aux centralisateurs d'Ottawa, maintenant que Diefenbaker dirige le gouvernement central. Ce qui nous amène d'ailleurs à une troisième proposition, complémentaire de la deuxième.

3) Comme on l'a souvent indiqué, les positions autonomistes des gouvernements provinciaux semblent avoir d'autant mieux réussi que les deux gouvernements, provincial et fédéral, n'étaient pas de même «couleur». Du moins depuis 1936[5]. La

---

[5] De 1896 à 1936, au contraire, Ottawa est plutôt la norme du vote provincial, comme l'ont montré J. HAMELIN, J. LETARTE et M. HAMELIN dans leur étude : «Les élections provinciales dans le Québec», *Cahiers de Géographie de Québec*, oct. 1959–mars 1960, pp. 5–207.

présence des libéraux au gouvernement fédéral semble avoir précipité la défaite de l'Union Nationale en 1939, plutôt que de lui fournir une arme pour sa réélection. Mais de 1944 à 1956, les positions autonomistes de l'Union Nationale n'auraient pas eu autant de succès sans la présence des libéraux au gouvernement d'Ottawa. Elles ont eu moins d'effets en 1960 et en 1962 du fait de la présence des conservateurs au gouvernement fédéral. On est tenté d'ajouter que les libéraux provinciaux, qui sont redevenus autonomistes de 1960 à 1966, se sont trouvés à leur tour défavorisés, en 1966, parce que leurs amis d'Ottawa avaient repris le pouvoir en 1963.

Une hypothèse générale

On doit alors se demander pourquoi les électeurs du Québec ont continué durant toute cette période, à la seule exception de 1958, d'envoyer à Ottawa une majorité de députés libéraux. Comment a-t-on pu s'opposer indirectement aux libéraux fédéraux à chacune des élections provinciales, de 1944 à 1956, pour leur donner au moment des élections fédérales d'écrasantes majorités? Il nous semble trop facile de parler de désintéressement, ou encore comme on l'a suggéré parfois d'une espèce de psychologie élémentaire de l'électeur qui s'amuserait à opposer les « rouges » et les « bleus » aux deux paliers de gouvernement, votant « rouge » à Ottawa quand il a voté « bleu » à Québec, et vice versa.

Nous voudrions suggérer une explication un peu moins naïve, qui renvoie aux catégories que nous avons définies au début et à l'application que nous en avons faite dans la suite.

Si l'on peut parler de telle chose que des électeurs du Québec, ils nous semblent se caractériser avant tout par leur volonté d'égalisation qui se manifeste, selon la conjoncture, sur l'un ou l'autre des quatre plans que nous avons distingués : socio-économique interne, politique interne, socio-économique externe et politique externe.

Cette hypothèse générale exige quelques précisions. Notons d'abord que dans les périodes stables les partis sont plus ou moins maîtres de la définition de la situation, c'est-à-dire du ou des plans où ils formulent leur volonté d'égalisation. Généralement le plan choisi par le parti gouvernemental ne sera pas le même que celui que choisira le parti d'opposition. Dans les périodes de crise toutefois, les partis sont beaucoup moins libres de définir la situation comme ils l'entendent bien. C'est ainsi, par exemple, que l'Union Nationale a pu pendant longtemps faire oublier ses mesures non égalisatrices en politique interne par l'exploitation qu'elle faisait du plan de la politique externe, entendons les relations Québec-Ottawa, où elle s'affirmait autonomiste, c'est-à-dire égalisatrice. Mais les morts successives de Duplessis et de Sauvé, le scandale du gaz naturel ainsi que des présomptions d'autres scandales ont fini par créer une situation de crise où les positions égalisatrices des libéraux en politique interne ont finalement retenu l'attention.

On peut ajouter que les problèmes externes, parce que plus éloignés des électeurs, permettent sans doute mieux que les problèmes internes une exploitation par les partis qui ne corresponde pas nécessairement à ce qu'ils ont fait, à ce qu'ils font, ou à ce qu'ils se proposent de faire. C'est pourquoi l'exploitation nationaliste de ces problèmes externes a été tellement pratiquée par les partis fédéraux et provinciaux du Québec.

Il reste à voir comment cette hypothèse générale sur la volonté d'égalisation des électeurs québécois s'applique à notre période.

Nous avons montré plus haut que le résultat des deux seules élections fédérales où se produisent des déplacements importants, celles de 1958 et de 1962, s'explique assez bien par les positions égalisatrices des conservateurs, puis des créditistes. Avant 1958, il n'y a que les problèmes politiques externes (relations Ottawa-Québec) qui éveillent un quelconque intérêt au Québec, la prospérité neutralisant le reste. Sur ce plan les libéraux apparaissent toujours plus égalisateurs que les conservateurs. De 1962 à 1968, la division des votes qui s'est produite en 1962 demeure assez stable, les créditistes profitant surtout de leurs positions égalisatrices dans l'ordre interne, et les libéraux profitant surtout de leurs positions égalisatrices dans l'ordre externe.

De même, la victoire unioniste de 1936 s'explique aisément au moyen de notre hypothèse. Il en est de même à bien y regarder de la victoire libérale de 1939 : l'Union Nationale n'a pas rempli ses promesses d'égalisation dans l'ordre interne socio-économique, et les libéraux apparaissent comme une meilleure garantie d'égalisation dans l'ordre politique externe, quant au problème de la conscription et plus généralement de la participation à la guerre. Cette garantie ne s'étant pas révélée aussi bonne qu'on l'espérait, les libéraux de Godbout sont défaits en 1944 devant deux partis, l'Union Nationale et le Bloc Populaire, qui insistent sur l'égalisation dans l'ordre externe. La prospérité aidant, l'Union Nationale se maintient ensuite au pouvoir jusqu'en 1960, en exploitant des positions plus égalisatrices que celles des libéraux dans l'ordre externe. C'est parce qu'ils réussissent à neutraliser les problèmes externes et à convaincre suffisamment d'électeurs que leurs positions internes, socio-économiques et surtout politiques, sont plus égalisatrices que celles de l'Union Nationale, que les libéraux l'emportent en 1960 ainsi qu'en 1962. Avec le thème de la nationalisation de l'électricité ils ajoutent à leur actif, en 1962, des positions externes socio-économiques qui apparaissent plus égalisatrices que celles de l'Union Nationale. Celle-ci toutefois reprend quelques circonscriptions grâce à des positions internes socio-économiques qui commencent à paraître plus égalisatrices. Ces positions seront mieux exploitées en 1966 et les positions égalisatrices externes du Parti Libéral du Québec seront neutralisées par le retour des libéraux au gouvernement d'Ottawa ainsi que par la présence des partis indépendantistes dans l'élection provinciale.

Cette conclusion à laquelle nous arrivons demeure évidemment très générale. Elle pose sans doute plus de problèmes qu'elle n'en résout. C'est pourquoi on ne doit la considérer que comme un point de départ vers des analyses un peu plus précises de la place tenue par les positions nationalistes dans les programmes et les réalisations des partis du Québec.

Trois questions pour finir

Si notre hypothèse est exacte, il faudrait en effet pouvoir répondre aux questions suivantes, en vue d'une vérification plus précise :
1) Qu'est-ce qui explique que les électeurs du Québec préfèrent majoritairement les positions égalisatrices aux positions non égalisatrices, qui n'ont pourtant pas que des désavantages ?

On sait, par exemple, que le progrès économique ne se passe pas de certaines mesures non égalisatrices. Il faudrait sans doute chercher la réponse du côté des traits culturels dominants de la société québécoise.

2) Si, de façon générale, les électeurs du Québec se caractérisent par leur volonté d'égalisation, cette volonté n'est-elle pas plus ou moins forte, selon les classes sociales auxquelles ils appartiennent, et surtout ne porte-t-elle pas sur des plans différents ? Il est probable, par exemple, que les cultivateurs et les ouvriers se préoccupent davantage d'égalisation interne à la société, tandis que les électeurs des classes moyennes et des classes supérieures se préoccupent davantage d'égalisation externe. C'est du moins ce qu'indiquent les quelques sondages un peu précis dont nous disposons.

3) Enfin, les différentes positions égalisatrices ne sont-elles pas plus ou moins contradictoires entre elles ? De ce point de vue, la volonté d'égalisation externe des classes supérieures et des classes moyennes ne constitue-t-elle pas pour elles un moyen de maintenir certains de leurs privilèges socio-économiques et politiques à l'intérieur de la société québécoise ? Cette dernière question, à laquelle nous ne tenterons évidemment pas de répondre ici, nous apparaît finalement la plus importante de toutes celles auxquelles mène l'examen sommaire que nous avons fait de l'utilisation du nationalisme par les partis.

La gauche : rétrospective
et prospective *
(1969)

En simplifiant un peu, on peut dire qu'en 1969 une certaine gauche populaire se trouve dans l'Union Nationale, que la gauche libérale se trouve surtout dans le Parti Libéral et que la gauche nationale se trouve surtout dans le Parti Québécois. Si bien que la gauche se trouvant partout, elle se trouve aussi nulle part.

Qu'est-ce que la gauche ?

Il y a une question préalable à mon exposé, et je n'ai pas l'intention de l'éviter. Il faut en effet se demander ce qui

---

* Extraits d'une communication inédite présentée à un colloque de la Fédération des Travailleurs du Québec et du Congrès du Travail du Canada, sur l'action politique des syndicats, à Montréal, le 18 avril 1969.

distingue une politique de gauche d'une politique de droite, ou de centre, ou de centre-gauche, comme on voudra. Étant donné qu'il règne beaucoup de confusion autour de ces notions, il est important de partir d'une définition claire, qui donne un peu de cohérence aux développements qui vont suivre.

Pour les fins de mon analyse, je définis la gauche par la volonté d'égalisation, en ajoutant tout de suite que cette égalisation peut être *radicale* ou *modérée*. La gauche radicale vise l'égalisation des chances en s'attaquant aux racines de l'inégalité, tandis que la gauche modérée s'attaque surtout aux conséquences de l'inégalité et tente de les corriger. Donnons un exemple concret, dans le domaine de la santé. L'assurance-maladie apparaît comme une politique de gauche modérée dans ce domaine, car elle tente de corriger la situation d'infériorité où se trouvent les classes les moins fortunées de la population en face des conséquences d'une mauvaise santé ; une politique de l'habitation salubre, dans la mesure où elle s'attaque aux racines mêmes du mal, peut être définie comme une politique de gauche radicale dans le domaine de la santé, car elle contribue à égaliser les chances de vivre sainement.

On utilise surtout les termes de gauche et de droite à propos de la dimension *économique* de l'activité humaine. C'est d'ailleurs à cette dimension que je viens d'emprunter mon exemple. Mais au sens très large où je l'ai définie ici, la gauche n'est pas seulement économique. Il y a aussi une gauche *sociale* qui vise à l'égalisation dans les relations entre les hommes, une gauche *culturelle* qui cherche à instaurer l'accès égal pour tous à l'éducation et à la culture, et une gauche plus proprement *politique* qui se propose de réduire au minimum l'écart entre l'appareil gouvernemental et le peuple gouverné.

Ces distinctions font apparaître certaines des contradictions qui menacent toute politique de gauche. La plus importante est sans doute celle qui existe entre la dimension politique et les autres. Que d'exemples de mesures de gauche dans les domaines économique, social ou culturel, qui, pour être réalisées, ont exigé une augmentation du poids de l'État, et donc de l'écart entre les gouvernants et les gouvernés. Il y a risque que se forme alors une bureaucratie qui utilise sa position de force pour instaurer à son profit de nouveaux écarts économiques, sociaux ou culturels.

Ici même au Québec ce sont des raisons de cet ordre qu'on évoque souvent pour rejeter le socialisme. D'où l'importance pour la gauche de donner la priorité à quelques secteurs d'intervention qui soient exempts de contradictions.

Les positions et les appuis actuels des partis

Commençons par le parti gouvernemental, celui de l'Union Nationale. De tous, c'est celui qui a la clientèle la plus susceptible de retirer des avantages d'une politique de gauche. Et pourtant, la politique de l'Union Nationale dans la plupart des secteurs de l'action gouvernementale ne peut pas être qualifiée comme étant de gauche. Tout au plus peut-on parler de gauche modérée, à propos de certaines mesures de sécurité sociale ou encore de certaines mesures fiscales, comme l'exemption d'impôt pour les individus à faibles revenus.

Ce paradoxe d'un parti qui fait une politique de droite avec une clientèle qui est en bonne partie de gauche a retenu l'attention de quelques observateurs, dont le sociologue américain S. M. Lipset, mais on n'en a jamais donné une explication convaincante. Pourtant, nous avons là une des clés de notre recherche : si l'on pouvait expliquer ce paradoxe, on saurait sans doute beaucoup mieux ce qu'il faut faire, ou ne pas faire, pour réussir une politique de gauche au Québec, que ce soit dans le cadre d'un parti existant ou dans le cadre d'un nouveau parti.

Je voudrais proposer ici une explication, qui n'est sans doute pas une explication finale, mais qui pourra nous éclairer par la suite.

Deux raisons complémentaires me semblent expliquer l'appui très important et assez constant depuis 1936 que les classes populaires ont apporté à l'Union Nationale. D'abord la volonté d'égalisation qui caractérise la gauche s'est manifestée jusqu'à maintenant, au Québec, bien plus sur le plan des relations entre les hommes que sur le plan de leurs relations avec les choses. On peut l'expliquer par la très grande importance des liens de parenté dans notre société, mais aussi par l'association de deux traits culturels. D'une part, la culture traditionnelle, sous la double influence des élites cléricales et nationalistes, a dévalorisé tout ce qui était possession des biens de ce monde : notre vocation en terre d'Amérique était plutôt d'ordre spirituel. D'autre part, la culture actuelle, fortement influencée à cet égard par les valeurs nord-américaines, valorise plus fortement les biens de ce monde — d'autant plus qu'on croit de moins en moins dans l'autre ! — mais elle fait croire à celui qui possède moins de biens que la solution réside dans le rattrapage du niveau atteint par plus riche que soi, plutôt que dans une remise en question des mécanismes mêmes du système. Il est très significatif de ce point de vue que les créditistes, par exemple, se montrent tout à fait d'accord avec une citation de Lincoln où il est dit qu'il est impossible de fortifier le faible en affaiblissant le fort, et d'aider le pauvre en détruisant le riche. Ce trait culturel s'oppose évidemment à une politique de gauche radicale dans le domaine économique. Tout au plus tolère-t-il une politique de gauche modérée.

Quoi qu'il en soit, on voit que l'association des deux traits culturels qui viennent d'être signalés neutralise fortement la force d'impact de tout projet de gauche à contenu économique. La civilisation traditionnelle, aussi bien que la civilisation nord-américaine, valorisant par contre le caractère peu hiérarchique des relations sociales, il n'est pas étonnant que les classes inférieures de la population aient largement préféré l'Union Nationale au Parti Libéral.

Cette raison se double d'une autre qui a plus précisément trait à l'action de l'État québécois, en politique interne comme en politique externe. L'Union Nationale s'est toujours montrée moins interventionniste que le Parti Libéral, et le nationalisme qu'elle a pratiqué vis-à-vis d'Ottawa a toujours été plus défensif qu'offensif. Ces positions semblent s'expliquer par une volonté plus ou moins consciente de restreindre le plus possible l'écart entre l'appareil gouvernemental et le peuple des gouvernés. À l'Union Nationale, on insiste souvent pour dire qu'on est un parti «près du peuple». Au contraire l'intervention de l'État dans de multiples secteurs, comme au temps de la révolution tranquille, et une politique agressive de négociations avec Ottawa renforcent la position des élites politiques et administratives qui, on le sait bien, appartiennent à des classes supérieures à celles qui constituent la très forte proportion de la clientèle électorale de l'Union Nationale.

Ce parti a donc, sur le plan social et politique, certaines positions plus à gauche que celles du Parti Libéral. Sur le plan politique, toutefois, certaines positions de l'Union Nationale sont nettement non égalisatrices : ce parti s'est servi pendant longtemps d'une loi électorale tout à fait inéquitable pour ses adversaires et il maintient toujours une carte électorale encore plus inéquitable, qui favorise évidemment son élection ou sa réélection. Et surtout le contenu économique et culturel des positions de l'Union Nationale apparaît comme très conservateur, même si le parti insiste pour aider ceux qui ont le plus besoin d'être aidés. Quand il le fait vraiment, il pratique une politique de gauche, mais très modérée. S'il s'attaquait à la racine des inégalités économiques et culturelles, il risquerait d'accroître les faibles écarts sociaux et politiques qui le séparent du peuple.

On voit peut-être mieux maintenant pourquoi les classes populaires au Québec se retrouvent plus nombreuses derrière l'Union Nationale que derrière les autres partis provinciaux. Pour elles, jusqu'à maintenant tout au moins, c'est l'égalisation sur le plan social, et secondairement sur le plan politique, qui a prévalu. La culture traditionnelle et la culture nord-américaine neutralisent une bonne part des aspirations de gauche sur le plan économique ; jusqu'à la récente réforme de l'éducation, des idéologies élitistes justifiaient les très grands écarts entre les gens instruits et la grande masse de la population.

Il n'est pas nécessaire de s'attarder bien longtemps sur le Parti Libéral, qui apparaît un peu comme l'envers de l'Union Nationale, sur le plan social et sur le plan politique en particulier. Parti des classes moyennes et des classes supérieures, il valorise davantage que l'Union Nationale une certaine hiérarchie des relations sociales. S'il se montre plus interventionniste dans son action gouvernementale, c'est, en partie tout au moins, sous l'impulsion d'éléments qui voient là un moyen d'exercer une influence qu'ils ne peuvent exercer dans un système économique où dominent les éléments canadiens-anglais ou américains.

Il n'en reste pas moins que le Parti Libéral s'est montré plus égalisateur, donc plus à gauche, que l'Union Nationale dans plusieurs secteurs : réforme électorale, réforme de l'éducation, nouveau code du travail, sécurité sociale, etc. Et ce malgré une clientèle qui, à première vue, peut sembler moins favorisée que celle de l'Union Nationale par l'égalisation en ces domaines. Sans nier le désintéressement réel des promoteurs de ces réformes, on peut les expliquer en bonne partie, me semble-t-il, par une vue plus globale de la société québécoise, et surtout par une vue plus relative à l'environnement canadien et nord-américain. Ce qui préoccupe plusieurs libéraux dans ces réformes, ce n'est pas tellement l'égalisation interne à la société québécoise, mais plutôt la diminution de l'écart entre l'ensemble de cette société et les collectivités voisines — ou encore les «étrangers parmi nous». Évidemment cette entreprise est ambiguë. À bien des égards, elle s'est soldée par une augmentation des écarts, à l'intérieur de la société québécoise, entre les classes supérieures et les classes inférieures de la population. C'est ainsi, pour prendre les cas les plus évidents, que les cultivateurs et les travailleurs non syndiqués sont aujourd'hui dans une position qui est, par rapport à d'autres catégories sociales, pire que celle où ils se trouvaient avant 1960.

Cette ambiguïté est illustrée plus nettement encore par le Parti Québécois. Ce parti, du moins chez ses éléments intellectuels, veut à la fois supprimer ou diminuer des écarts politiques, économiques et culturels entre la société québécoise et les autres qui l'environnent, et égaliser à l'intérieur du Québec les différents écarts entre les catégories sociales. Autrement dit on se veut à la fois souverainiste et socialiste. De plus en plus d'ailleurs, il y a des idéologues et des activistes qui prétendent que la gauche au Québec doit être nationaliste, si elle veut réussir. D'où par exemple les étonnantes conversions d'étudiants anglophones de McGill à la cause du nationalisme québécois. Cette conversion repose généralement sur une analyse qui identifie les classes exploitantes aux anglophones. Le nationalisme québécois apparaît alors comme le moyen de réduire, sinon de supprimer, les écarts de toutes sortes entre ces classes exploitantes et la population francophone du Québec.

Même si le programme actuel du Parti Québécois n'exprime pas avec autant de netteté cette position idéologique, on y décèle facilement cette double volonté de faire du Québec une société plus indépendante par rapport aux autres, et plus juste à l'intérieur d'elle-même. Mais le parti a choisi de réaliser d'abord la souveraineté du Québec, et par la force des choses il est amené de plus en plus à donner la priorité à cet objectif par rapport à l'autre. Ce qui a permis la fusion du R.N., puis du R.I.N., dans le grand tout du Parti Québécois.

Le risque d'une telle entreprise apparaît alors clairement. Je voudrais en discuter ici, non pas du point de vue de la science économique, mais du point de vue de la science politique, c'est-à-dire en tentant de prévoir la distribution du pouvoir, plutôt que les niveaux de vie, dans un Québec qui deviendrait souverain, ou presque souverain. Il me semble inévitable qu'une telle mutation, un peu comme ce fut le cas au cours de la révolution tranquille, produise un renforcement de l'État, à cause surtout des nombreuses menaces extérieures qui se feront sentir ou qui seront agitées. S'il y a une loi bien établie en science politique (Duplessis la connaissait bien), c'est que la meilleure façon d'assurer son emprise sur une société consiste à susciter, à entretenir ou à devoir affronter des menaces extérieures à cette société.

Rien ne nous autorise à croire que les dirigeants actuels du Parti Québécois souhaitent une telle situation. Au contraire, un homme comme René Lévesque ne cesse de dire qu'il souhaite le contraire. Malheureusement, ce contraire me semble utopique, les sociétés étant ce qu'elles sont. La sagesse consiste alors, si l'on veut la souveraineté avant tout et si l'on veut aussi une société plus équitable, à avoir avec soi les catégories de la population qui ont le moins avantage à un appareil gouvernemental très autoritaire, parce que leur condition de travailleurs les exclut plus ou moins des postes de direction de cet appareil.

Or le Parti Québécois ne l'a pas encore réussi. Laissé à ses étudiants, professionnels et autres « collets blancs » qui ont bien plus intérêt à la souveraineté qu'à l'égalisation interne, il risque fort de chercher à vendre l'indépendance contre l'extérieur, de telle façon qu'elle ne pourra se concrétiser — si jamais elle arrive — que par un appareil gouvernemental qui sera forcé d'établir des écarts excessifs entre ceux qui le dirigent et ceux qui le supportent.

Au terme de cet examen des positions actuelles des partis provinciaux au Québec, on peut résumer ainsi la situation. Il y a au Québec, comme ailleurs au Canada et dans le monde, des classes populaires qui sont dominées par d'autres classes, sur les plans économique, culturel, social et politique tout à la fois. Évidemment, cette domination présente au Québec une configuration particulière : c'est ainsi que la domination sociale est sans doute plus supportable chez nous qu'ailleurs. À ces classes plus ou moins dominées de la population, et qui ont tout avantage à une politique de gauche, l'Union Nationale offre surtout une certaine égalité dans les relations sociales, ainsi que des écarts politiques réduits, qui se traduisent forcément par des positions économiques et culturelles relativement conservatrices des écarts actuels dans ces deux domaines. Les libéraux ont des positions plus progressistes dans les domaines économique et culturel, mais ils visent plutôt le relèvement de l'ensemble de la société, sans se soucier suffisamment de l'égalisation interne à cette société. Sur le plan social, le Parti Libéral apparaît aussi comme assez distant des classes populaires. Enfin, le Parti Québécois voit dans la souveraineté politique la condition de toutes les égalisations futures, mais cette souveraineté risque de s'accompagner d'une adversité telle qu'elle oblige à un appareil gouvernemental très autoritaire, aux mains des classes instruites qui constituent la très forte majorité de la clientèle de ce parti.

L'avenir de la gauche au Québec

Il ne s'agit pas de professer ici un optimisme exagéré. Le plus mauvais service qu'on peut rendre à la gauche, c'est de tenter de faire croire que son avènement est inévitable, que tout concourt à cela pour qui sait déchiffrer le sens des événements.

La faveur populaire que pourrait susciter un parti regroupant les forces de gauche n'est pas assurée. Elle est toutefois possible, à condition de bien exploiter certaines situations créées par les transformations récentes au Québec, ou encore certains traits plus permanents de notre société.

La gauche devrait d'abord se donner un style simple de relations humaines et trouver quelques porte-parole qui incarnent ce style. C'est dire qu'il ne faut pas compter pour cela sur les professeurs d'université et autres intellectuels. Encore une fois nous vivons au Québec dans une société peu hiérarchique et très « familière », si on la compare à d'autres. Le plan des relations sociales est celui où notre société pratique la plus grande égalisation. Il serait malheureux que la gauche, qui travaille à l'égalisation sur tous les plans, laisse à l'Union Nationale ou au Ralliement Créditiste le soin de gagner des appuis ou des votes grâce à un style de relations humaines bien adapté aux milieux dont la promotion dépend justement d'une politique de gauche.

La réforme de l'éducation a déclenché au Québec un mouvement qui pourrait bien être décisif pour l'avenir des forces de gauche. Grâce à cette réforme, des milieux pour qui l'égalisation n'était qu'un rêve prennent conscience pour la première fois que par une scolarisation plus poussée de leurs enfants, il est maintenant possible de réduire les écarts qui les séparent des milieux plus favorisés. Bien sûr, ce mouvement risque de s'égarer sur de fausses pistes, dont celle du cours général préféré au cours professionnel. Mais il n'y a peut-être pas de tâche plus urgente pour la gauche que de s'emparer de ces aspirations et de montrer à ceux qui les ont découvertes que le mouvement, s'il veut aller jusqu'à son terme, exige des réformes radicales du système économique et du système politique. Il y a là une position forte que les groupes de gauche sont les seuls à pouvoir exploiter et qu'ils ne devraient pas négliger plus longtemps.

Je ne me risquerai pas dans le champ périlleux de l'économique. Sur ce plan, je voudrais tout simplement dire mon accord avec un article récent de Charles Taylor publié dans le numéro de février 1969 de *Canadian Dimension* (« Socialism for the 1970's »). Une idée suggérée dans cet article me semble particulièrement appropriée à l'évolution récente du Québec. Comme le propose Taylor, les syndicalistes et les autres forces organisées de gauche devraient former avec les milieux populaires encore peu organisés, si ce n'est sur le plan local, une coalition où ils mettraient au service de ceux qui sont plus défavorisés les moyens qu'ils ont forgés dans leurs combats et les avantages qu'ils y ont gagnés. Des émissions de télévision et quelques manifestations nous ont montré la colère qui monte du prolétariat urbain de Montréal ou de Québec. De toutes les forces organisées ce sont certainement les syndicats et les autres groupes de gauche qui sont les plus aptes à canaliser cette colère. Là encore la gauche peut trouver sa chance, si elle la saisit bien.

Voilà quelques-uns des faits qui font croire que la gauche a un avenir au Québec, à condition qu'elle se donne une politique articulée et cohérente. Il faudrait être naïf pour croire que le succès viendra demain. Mais si on insiste avec patience sur quelques thèmes nécessaires dans une société qui aspire plus consciemment qu'avant à l'égalisation économique et culturelle, la gauche ne pourra manquer de constituer une force, peut-être restreinte, mais au moins démystificatrice de toutes ces entreprises menées au nom du peuple, et qui contribuent bien souvent à l'asservir un peu plus qu'avant. À l'heure où les partis, les vieux comme les plus jeunes, risquent fort de nous entraîner sur des voies qui ne profiteront finalement qu'aux nouvelles élites, il est urgent qu'une force de gauche rappelle à tous que les seules aventures politiques valables sont celles qui donnent un peu plus de chances aux plus misérables des hommes. Pour ma part, je suis prêt à parier sur une force politique qui rappellerait avec compétence cette exigence toute simple, mais trop souvent oubliée dans les calculs de la politique.

Le langage
électoral

Le législateur et
le médiateur *
(1962)

Je voudrais cerner ici, par approximations successives, deux modes de représentation politique plus ou moins opposés dans notre société, et sans doute dans d'autres sociétés aussi. À cette fin, l'élection provinciale de 1956 dans une circonscription de la région de Québec et la campagne électorale qui l'a précédée sont fort instructives, puisque les deux candidats incarnent à souhait les deux modes de représentation en question. Ce sont B. du Parti Libéral, avocat d'une trentaine d'années, et S. de l'Union Nationale, voyageur de commerce approchant la

* Publié sous ce titre (avec comme sous-titre : « Analyse d'une campagne électorale ») dans *Recherches sociographiques,* vol. III, n° 3, sept.-déc. 1962, pp. 331–345.

soixantaine. Les deux hommes se sont déjà affrontés en 1952, et B. a vaincu difficilement son adversaire, député depuis 1949, par 9,725 votes valides contre 9,626. Cette répétition de l'expérience dans des conditions les unes semblables, les autres différentes, rend cette élection de 1956 encore plus intéressante de notre point de vue.

Pour dégager les diverses oppositions entre B. et S., il convient d'examiner d'abord les définitions que ces candidats ont données d'eux-mêmes et celles que leurs équipes en ont données durant la campagne électorale. Il sera ensuite possible, à partir de l'analyse de ces définitions, d'établir les deux modes de représentation politique et les mécanismes sociologiques qu'ils impliquent.

J'ai conservé de la campagne de 1956 dans la circonscription concernée des comptes rendus d'assemblées parus dans deux quotidiens de Québec (*le Soleil* et *l'Action catholique*) et dans deux hebdomadaires locaux, ainsi que quelques feuilles de propagande des deux partis. À l'époque, j'ai aussi assisté à quatre assemblées dont il me reste des notes personnelles. Ce sont là les sources, évidemment partielles, que j'utiliserai dans cet article. Les comptes rendus des journalistes, en particulier, qui sont mes sources les plus importantes, ne retiennent que quelques extraits des discours, parfois déformés. Donc, l'échantillon sur lequel je travaille est loin d'être parfait, mais je crois qu'il suffit à un premier essai d'analyse. Quand la méthode sera plus raffinée, il faudra évidemment que la matière soit plus exacte.

Les attributs qui définissent le « bon » candidat

De la documentation dont je dispose j'ai retenu, comme je l'ai dit, les définitions des candidats. Ces définitions sont en fait des *propositions*, en ce qu'elles sont constituées d'un sujet, le candidat, et d'un *prédicat* ou *attribut*, ce qu'on affirme ou ce qu'on nie de lui. Nous nous occuperons d'abord des propositions qui définissent le « bon » candidat, c'est-à-dire soi-même, si la proposition vient de B. ou de S., ou encore le candidat de son parti, si elle vient d'un partisan de l'un ou l'autre. Ainsi, de l'extrait suivant qui concerne le candidat de l'Union Nationale : « M. S. annonça à ses électeurs qu'il avait travaillé toute la semaine pour obtenir des octrois aux commissions scolaires et aux municipalités du comté...», je retiens deux propositions : S. travaille toute la semaine et S. obtient des octrois. Au total, 166 propositions concernant S. et 83 concernant B. ont été recueillies. L'écart entre les deux chiffres — l'un est le double de l'autre — tient surtout à ce que je possède une documentation plus abondante sur la campagne de l'Union Nationale que sur celle du Parti Libéral. Ajoutons à cela que la politique provinciale préoccupe davantage le candidat libéral que celui de l'Union Nationale, qui préfère, comme nous le verrons, parler de lui-même et de ses œuvres.

La liste complète des attributs qui définissent les deux candidats est donnée à la fin de cette étude (pages 84ss).

Voyons d'abord quels sont les attributs les plus fréquemment employés. Six fois B. est défini par son travail et quatre fois on dit qu'il s'est battu à l'Assemblée législative. Trois fois il est question de son honnêteté et des promesses tenues. D'autres attributs sont employés deux fois : il est intègre, il est dévoué, il est compétent, il est digne de ses électeurs, M. Lapalme (alors chef du Parti Libéral) compte sur lui, c'est un futur ministre, il a fait son devoir, etc. La distribution des attributs employés pour définir S. est assez différente. Par une coïncidence qui surprend d'abord, c'est aussi du travail de S. qu'on parle le plus souvent : vingt-trois fois on y fait allusion sous des formes diverses. Trois autres attributs sont appliqués fréquemment au candidat de l'Union Nationale : il « obtient » dix-neuf fois ; il est dévoué, quatorze fois ; et il réalise, neuf fois. Ensemble, ces attributs reviennent 65 fois sur 166, ce qui fait une proportion de 40 p. cent ou presque.

Si nous regroupons les attributs en trois catégories, les différences entre candidats apparaissent mieux. La première catégorie (A) contient les attributs se rapportant à l'homme, abstraction faite de son activité politique. Dans la deuxième catégorie (B) sont regroupés les attributs concernant le partisan, c'est-à-dire le candidat dans ses rapports avec l'un ou l'autre parti. Enfin, dans la troisième catégorie (C), on trouve les attributs qui définissent plus spécifiquement le représentant, dans ses rapports avec les citoyens et les pouvoirs publics. D'autres divisions pourraient être trouvées, mais celle-ci, bien que fort simple, suggère déjà plusieurs remarques.

Établissons d'abord la proportion de chacune des trois catégories par rapport à l'ensemble. Nous arrivons aux résultats suivants :

*B., candidat du
Parti Libéral*

A) 25 attributs sur 83
    ou 30 p. cent
B) 11 attributs sur 83
    ou 13 p. cent
C) 47 attributs sur 83
    ou 57 p. cent

*S., candidat de
l'Union Nationale*

A) 8 attributs sur 166
    ou 5 p. cent
B) 3 attributs sur 166
    ou 2 p. cent
C) 155 attributs sur 166
    ou 93 p. cent

Les résultats comparés sont révélateurs. Alors qu'on ne parle à peu près pas de l'homme S. — ceux qui en parlent sont presque toujours des orateurs secondaires — il est souvent question de l'homme B. : environ une fois sur trois.

La différence est moindre sur le plan partisan, mais on remarquera la banalité des quelques attributs concernant S., si on les compare à ceux qui définissent B. comme un des principaux lieutenants de Lapalme, un futur ministre et un ennemi redoutable pour l'Union Nationale. D'ailleurs, comme l'indiquent les attributs de cette catégorie et ceux de la catégorie suivante, B. fait une campagne tout aussi provinciale que locale. Georges-Émile Lapalme et Adélard Godbout (ancien premier ministre) viennent l'appuyer et une bonne partie de ses discours est toujours consacrée à la critique de l'Union Nationale ainsi qu'au programme du Parti Libéral. S., lui, fait une campagne strictement locale. Onésime Gagnon (ministre du cabinet Duplessis) assiste bien à la première assemblée et Émilien Rochette (candidat de l'Union Nationale) fait bien quelques discours, mais leurs interventions demeurent marginales.

Toutefois, c'est surtout dans la troisième catégorie que nous trouvons l'information la plus riche. Dans le camp de S. comme dans celui de B., les attributs de cette catégorie sont les plus nombreux, mais la différence est grande entre les 93 p. cent de l'un et les 57 p. cent de l'autre. Pourtant, il semble que sur ce troisième plan la différence est encore plus d'ordre qualitatif que d'ordre quantitatif. Soit par exemple le travail dont on loue les candidats : on a vu que c'était la mention la plus fréquente dans les deux camps, bien qu'on en fasse un usage proportionnellement plus grand du côté de S. que du côté de B. Une analyse qui ne serait qu'atomiste et quantitative pourrait en conclure à une ressemblance sur ce point entre les deux candidats. Mais si on replace ces attributs parmi les autres, on s'aperçoit qu'il s'agit de travaux bien différents. Le travail de B., c'est de se battre à l'Assemblée législative, c'est de ne pas être muet en Chambre, mais d'y défendre les intérêts de ses électeurs, etc. ; tandis que le travail de S., c'est de s'occuper des affaires de la circonscription, c'est de solliciter et d'obtenir des subventions, c'est de « réaliser »...

Ces attributs qui, comme d'autres attributs de la troisième catégorie, explicitent le travail des deux candidats, indiquent assez clairement ce qui s'est passé de 1952 à 1956. Le député B. a été très actif à l'Assemblée législative, il s'est battu dans une situation difficile, mais parce qu'il était de l'opposition il n'a rien « obtenu » pour les électeurs de sa circonscription. C'est S., le candidat battu de l'Union Nationale, qui a continué d'être le « représentant effectif » de la circonscription auprès du gouvernement et de l'administration.

Ce statut ambigu des deux hommes, de 1952 à 1956, est expliqué tant bien que mal par les orateurs des deux camps, mais sans qu'on puisse empêcher que la contradiction se présente parfois entre deux attributs qui définissent le « bon » candidat. Ainsi, il est bien dit que le député libéral a fait son devoir, ou encore qu'il n'a pas manqué à son devoir, mais à un moment B. lui-même avoue qu'on l'a empêché de faire son devoir à l'Assemblée législative. La contradiction se rencontre aussi du côté de l'Union Nationale : certains orateurs prétendent que S. était le représentant effectif de la circonscription auprès du gouvernement, mais il s'en trouve un pour dire que même s'il ne représentait pas la circonscription, il s'est dévoué, il a obtenu des sommes énormes...

Si on ne peut éviter d'un côté comme de l'autre que perce la contradiction, il faut s'attendre à ce qu'elle soit relevée et exploitée par les adversaires, et c'est ce qui se produit en effet. À preuve, la façon dont l'Union Nationale définit B. et comment les libéraux définissent S.

Les attributs qui définissent l'adversaire

Les deux listes des attributs qui définissent l'adversaire (voir page 87), sont beaucoup plus courtes que les listes que nous venons d'analyser. On remarquera que nous n'avons pas fait ici la distribution en trois catégories; les prédicats ne sont pas assez nombreux et d'ailleurs ils appartiennent à peu près tous à la troisième catégorie.

Notons d'abord le contraste suivant, d'ordre quantitatif: même si la documentation sur la campagne de S. est plus abondante que l'autre, on n'y trouve que treize propositions visant l'adversaire B., alors que dans les textes se rapportant à la campagne de B., on trouve vingt-six propositions visant S. Par un curieux hasard, c'est maintenant le nombre de propositions venant des libéraux qui se trouve être exactement le double de l'autre. Nous avons donc du côté libéral vingt-six propositions concernant l'adversaire contre quatre-vingt-trois concernant B., et les premières forment 24 p. cent de l'ensemble; du côté de l'Union Nationale treize propositions visent l'adversaire contre cent soixante-six qui concernent S., ce qui fait seulement 7 p. cent de l'ensemble. Comme un certain nombre d'affirmations conditionnelles contre S. (par exemple: «Si vous ne saviez pas telle chose, M. S., vous n'êtes pas assez intelligent pour être député») et de propositions interrogatives (par exemple: «Qui est responsable de l'émeute de 1952 qui a terni la réputation du comté de.. ?») ont été écartées de la liste, on peut conclure que les libéraux s'attaquent beaucoup plus à S. que l'Union Nationale ne s'attaque à B.

Si l'on examine maintenant le contenu des attributs qui définissent l'adversaire, on voit que S. et ses hommes reprochent surtout à B., quand ils en parlent, de ne faire que des discours ou des critiques et de ne rien obtenir pour la circonscription. Parfois, ils l'accusent aussi d'être «malpropre» : il a exécuté les œuvres sales de Lapalme, il a critiqué des membres de la famille de S. (qui, lui, «fait une lutte propre»).

Les accusations formulées contre S. par B. et les libéraux sont plus nombreuses et plus violentes. On l'accuse d'abord d'être resté muet en Chambre lorsqu'il était député, de 1949 à 1952. À cette accusation s'en rattache une deuxième, celle de ne pas parler de politique provinciale durant la campagne. Troisième accusation : avoir continué à se croire député de la circonscription après sa défaite de 1952. On se moque aussi du «patroneux», du «grand dévoué», du travailleur «acharné» et de son ignorance des fonctions attribuées aux différents ministères. Enfin, dernière accusation, la plus grave peut-être aux yeux des libéraux, celle de ne pas répondre aux questions de B.

Ces questions de B. portent surtout sur trois ordres de faits. Le candidat libéral demande d'abord à S. qui est responsable de l'annulation de 1,637 bulletins de vote, dans la circonscription, lors de l'élection de 1952 (soit 8 p. cent de l'ensemble des bulletins déposés). À certains endroits, prétend B., les enveloppes contenant ses bulletins de vote ont été ouvertes et les bulletins maculés, alors que les enveloppes contenant les votes accordés à S. étaient laissées intactes. B. veut aussi obtenir des éclaircissements sur l'émeute qui a éclaté au cœur de la ville principale de la circonscription, le soir de l'élection de 1952. Une deuxième série de questions a trait à l'activité de S. entre 1952 et 1956 : «Où est passé tel octroi que vous aviez déclaré avoir obtenu durant la campagne de 1952, pourquoi les taxes scolaires ont-elles remonté à peu près partout où vous avez «donné» des écoles, qui est M. W. et quel rôle a-t-il joué dans l'affaire de l'aqueduc de Saint-R. ?» Enfin, le candidat libéral accuse S. et ses hommes d'être responsables de certaines irrégularités qui auraient été commises lors de l'énumération électorale de 1956.

On peut donc conclure que l'attaque contre S. et son entourage politique tient une place importante dans la campagne des libéraux, tandis que l'Union Nationale a vite fait le bilan de l'activité de B., bilan qu'elle estime négatif, il va sans dire.

Le législateur contre le médiateur

L'étude des attributs assignés à nos deux candidats et les précisions supplémentaires apportées sur la campagne électorale permettent de dessiner maintenant l'opposition entre deux types de représentants politiques : le législateur et le médiateur.

Le législateur travaille à l'Assemblée législative, il propose, discute ou critique des mesures souvent abstraites pour ses électeurs et dont l'application ne touchera habituellement que certaines catégories parmi eux. Le médiateur, lui, comme le terme l'indique, est celui qui rend plus concrets le gouvernement et l'administration ; son travail consiste à établir entre eux et des individus, ou des groupes déterminés, des canaux de communication où passent subventions, contrats, emplois, etc. Donc, oppositions multiples entre les deux, mais toutes liées entre elles en une série : opposition entre la transmission de paroles et la transmission de biens ; opposition entre une activité provinciale et une activité locale ; opposition entre l'action très indirecte sur des individus et des groupes quelconques et l'action directe sur des individus et des groupes déterminés.

En un mot, c'est l'opposition entre le représentant idéal, tel que défini en bonne doctrine démocratique, et le représentant réel tel qu'il agit pour le compte de la machine politique. Comme l'écrit Merton dans une étude célèbre : « Les problèmes politiques sont abstraits et éloignés ; les problèmes privés sont extrêmement concrets et immédiats. La machine [politique] fonctionne grâce non pas à un appel généralisé aux larges préoccupations politiques, mais à des relations directes, quasi féodales entre les représentants locaux de la machine et les électeurs du quartier. Les élections se gagnent dans la section de vote [1]. »

Parmi les propositions qui définissent nos candidats, nous en trouvons qui expriment plus ou moins consciemment cette opposition. C'est ainsi qu'on dit de B. qu'il est « un homme indispensable pour le comté et la province », et qu'il « connaît

---

[1] Il s'agit de son étude des fonctions de la machine politique, dans le chapitre 3 (« L'analyse fonctionnelle en sociologie ») de ses *Éléments de méthode sociologique,* traduction française, Paris, Plon, 1953, p. 154.

les exigences du bien commun » ; alors qu'on dit de S. qu'il est « le seul qui puisse continuer à travailler comme il l'a fait jusqu'à date pour le beau comté de... (dont) il connaît tous les besoins ». Alors que B. est « un homme d'État », S. est un « excellent solliciteur ».

De plus, si on accepte de voir dans une élection un phénomène d'échange où les électeurs donnent leur vote contre les divers avantages qu'a offerts et que propose un candidat, on constate que la position de B. est tout à fait différente de celle de S.

Les libéraux n'ont à évoquer que des qualités personnelles (B. a du talent, il a des lumières sur tout, il est compétent, il est intègre, etc.) et des accomplissements un peu immatériels (il est un des meilleurs députés de l'Assemblée législative, il n'a jamais baissé pavillon devant les sarcasmes du premier ministre, il a fait son possible pour aider tout le monde, etc.). D'autre part, ce qu'ils proposent pour le futur est aussi de l'ordre du prestige et des biens immatériels et, de plus, est lié au sort du Parti Libéral (leur candidat est un des hommes politiques les plus prometteurs de la province, c'est un futur ministre du cabinet Lapalme).

Donc, au total, B. n'est pas en dette si les avantages qu'attendent les électeurs sont ceux idéalement définis en bonne doctrine démocratique, mais il l'est certainement si les avantages recherchés sont des biens concrets, matériels, qui tombent sous le sens.

Quant à S., comme le dit un orateur de l'Union Nationale à une assemblée d'électeurs : « Il a été à votre disposition, même s'il n'était pas député, en obtenant des pensions, des octrois, des positions... » Tout ce qu'il a fait est bien concret, bien visible : « Vous n'avez qu'à regarder autour de vous, citoyens de... : vous voyez ces chemins en asphalte, cette magnifique école où nous avons l'honneur de parler ce soir. Tout ceci est l'œuvre du gouvernement de l'Union Nationale et du dévouement de celui qui, le 20 juin prochain, sera votre député ». Et ce qui est proposé, ce sont les mêmes biens, encore plus abondants.

À peine quelques qualités personnelles du candidat sont signalées, et toujours par des orateurs de seconde classe : « c'est un parfait gentilhomme et un homme de cœur », « il est le père d'une nombreuse famille » — et encore là c'est une réalisation !

Malgré sa défaite, qui ne fut d'ailleurs due qu'à un « accident électoral », S. a donné abondamment et constamment, il donne encore durant la campagne, créant ainsi chez les électeurs une dette qui doit être comblée par un vote favorable : « À mes trois bureaux et chez moi jusqu'aux petites heures, bien souvent le dimanche, je me suis efforcé de recevoir tous ceux qui sont venus ».

Et encore, à quelques semaines de l'élection, S. annonce qu'il « vient de recevoir une réponse officielle pour de grands travaux qui seront exécutés dans (une localité de la circonscription) ».

Do ut des : pour S. et ses hommes la réciprocité est exigée aussi naturellement que dans les sociétés dites primitives que Mauss a étudiées dans son « Essai sur le don [2] ». « Il faut, dit-on, lui donner une petite récompense, en étant humain » — la formule est magnifique ! Ou encore : « Nous sommes persuadés que le 20 juin, à titre de reconnaissance, M. S. sera élu député ». Sinon, les années qui viennent seront pénibles pour la circonscription. S. l'explique dans un feuillet qui est distribué de porte en porte : « Je crois que nous devons en toute sincérité admettre la réélection du gouvernement de l'honorable Maurice Duplessis. Qu'adviendrait-il du comté de..., si votre vote le replongeait dans l'opposition pour le prochain terme ? »

Certaines mises en garde de S. sont des plus explicites : « L'attitude logique pour le gouvernement serait de penser que le comté de... désapprouve sa politique. Il lui faudrait penser que définitivement les électeurs n'approuvent pas le travail que j'ai fait pour eux depuis les quatre dernières années... » ; « Je n'aurais certes plus alors la même considération que j'ai actuellement auprès des différents ministères ». Et encore : « Je crois fermement que pour toutes ces considérations la nécessité est impérieuse. Il faut que le comté de... cesse d'être dans l'opposition ».

À la propagande de leurs rivaux, B. et son équipe réagissent, comme nous l'avons vu, en accusant S. d'être resté muet en Chambre, de ne pas parler de politique provinciale et d'avoir continué à faire comme s'il était député, après sa défaite en

---

[2] « Essai sur le don », dans *Sociologie et anthropologie*, Paris, Presses universitaires de France, 1950, pp. 143–279.

1952. Ils se moquent aussi des épithètes qui sont décernées au candidat de l'Union Nationale et de son ignorance de l'organisation gouvernementale. Enfin, on le dit complice, par son silence, de tous ceux qui, autour de lui, ont agi de façon condamnable depuis l'élection de 1952. On voit que ces critiques sont à peu près toutes faites à partir de la définition idéale du représentant du peuple. Les libéraux ne nient pas le travail de S., mais ils le considèrent comme illégitime, borné et vulgaire.

L'attaque qui vient de l'Union Nationale contre la propagande des libéraux se fait d'un tout autre point de vue. Elle consiste à confronter, à l'avantage total de S., les œuvres des deux candidats : « Aimez-vous mieux un homme qui va travailler pour vous, ou un autre qui fait des discours ? » ; « Il est préférable d'avoir un homme qui sollicite et obtient des demandes, que celui qui fait de grands discours et ne peut rien obtenir. » ; « Celui qui vous a apporté quelque chose, c'est S., l'autre ne vous a rien donné et ne pourra rien vous donner, car le gouvernement de l'Union Nationale reviendra au pouvoir avec une majorité accrue... »

Donc, les discours de B. ne comptent pour rien. Ne donner que des paroles, c'est ne rien donner, surtout si ces paroles viennent d'un député de l'Opposition. « Qu'est-ce que cela vous a donné les critiques de M. B. ? » demande un orateur de l'Union Nationale.

D'ailleurs ce caractère négatif est étendu à tout ce que fait B., particulièrement à ses questions et critiques : « Mon adversaire sentant sa défaite prochaine, dit S., se permet de critiquer les membres de ma famille. Pour moi, je m'en tiens à ma promesse de faire une lutte propre ».

Quant aux questions de B. : « Les électeurs, dit-on, y répondront par leur vote. »

Le résultat de l'élection

Quelle allait être cette réponse ? Qui de B., élu en 1952 et qui a fait en quatre ans de nombreux discours en Chambre, ou de S., qui malgré sa défaite a obtenu des sommes énormes pour la circonscription, allait l'emporter ?

Comme je l'ai signalé au début, le résultat est d'autant plus intéressant que l'élection présente un peu les caractères d'une expérience répétée : les deux principaux candidats[3] sont les mêmes qu'en 1952 ; l'un incarne assez bien le législateur, l'autre le médiateur. Évidemment, l'expérience ne se déroule pas en vase clos : ainsi, il faut tenir compte de la tendance provinciale qui affecte le sort des deux grands partis. Mais, en pourcentages globaux tout au moins, la variation est petite : l'Union Nationale obtient 50.2 p. cent du vote en 1952 et 51.5 p. cent en 1956, tandis que les libéraux obtiennent successivement 45.8 p. cent et 44.8 p. cent. Un autre facteur qui joue est l'organisation des partis dans la circonscription et plus particulièrement — nous sommes en 1956, ne l'oublions pas — les moyens d'influence et de corruption dont ils disposent. De ce côté, à ma connaissance, l'avantage de l'Union Nationale sur les libéraux était plus grand en 1956 qu'en 1952. On dit qu'en outre certaines allusions de B., en Chambre, dirigées contre des individus de la circonscription qui profitaient des largesses de l'Union Nationale, auraient transformé ces individus et d'autres à leur suite en d'ardents organisateurs de S. durant la campagne. Mais tous ces avantages de l'Union Nationale ne suffisent sans doute pas à expliquer la victoire non équivoque de S. sur B., par 12,220 votes contre 10,106 (soit 54 p. cent contre 46 p. cent). D'autant moins que B. avait cet avantage non négligeable de pouvoir formuler des accusations précises contre S. et ses hommes, ce que ceux-ci ne pouvaient pas lui retourner.

Je crois que nous pouvons conclure que la formule d'échange offerte par le médiateur fut préférée par un plus grand nombre d'électeurs à celle qu'offrait le législateur.

La défaite de B. n'est pas un cas unique. On a remarqué que plus d'un libéral élu pour la première fois en 1952, et qui fut actif à l'Assemblée législative durant les quatre années qui suivirent, avait été battu en 1956. On a parfois expliqué le fait en disant que ces députés, dont B., étaient «marqués» par l'Union Nationale et sa puissante caisse électorale. Sans nier l'importance de ce facteur, je crois qu'il faut aussi faire place à une explication des attributs évoqués pour définir les candidats.

---

[3] B. et S. étaient les seuls candidats en 1952. En 1956, deux candidats indépendants de l'Union Nationale et un Ouvrier-progressiste sont aussi sur les rangs, mais on peut les ignorer ici étant donné qu'ils n'ont obtenu à eux trois que 179 votes valides sur 22,505.

Joint au facteur mécanique de sous-représentation qui affecte généralement les second et tiers partis en régime de scrutin majoritaire à un tour, ainsi qu'à d'autres facteurs qu'il faudrait dégager, le facteur sociologique que je viens d'établir pourrait expliquer que le parti d'opposition ait été souvent très faible chez nous depuis plusieurs années. Mais alors que se passe-t-il quand le vent tourne ? Car S., comme bien d'autres médiateurs, a été battu en 1960 (par un autre adversaire que B., il est vrai), malgré qu'il ait, tel que promis, obtenu encore plus pour la circonscription. Je ne veux pas m'arrêter à cet important problème, mais plutôt revenir, en conclusion, sur l'analyse précédente pour voir comment on pourrait la poursuivre.

Conclusion

Ce travail repose sur une étude sémantique très sommaire. La documentation dont je disposais n'était que partielle et elle a été utilisée dans le seul but d'établir la comparaison entre la représentation du législateur et celle du médiateur. Si l'on voulait pousser plus loin l'analyse des attributs, on pourrait, il me semble, se poser les trois questions suivantes, et tenter d'y répondre au moyen de méthodes et de techniques appropriées.

Premièrement, quels sont les attributs les plus fréquemment associés entre eux, autrement dit quels sont les principaux voisinages dans le champ sémantique ? Ainsi, on constate, à première vue, que sont associés plus d'une fois le travail de S., son dévouement et tout ce qu'il obtient pour la circonscription. C'est une indication que ces attributs font partie d'un même complexe et qu'ils se précisent l'un par l'autre. Cet exemple est assez banal, mais une étude systématique des associations révélerait sans doute des connexions de sens beaucoup moins manifestes.

Deuxièmement, et de façon complémentaire, quelles sont les principales oppositions, manifestes ou latentes, dans le champ, ou plutôt entre les deux champs ? Quelques-unes de ces oppositions (et quelques-unes des associations entre attributs) ont été signalées et utilisées plus haut, mais pourraient être développées davantage. Soit la « propreté » ou la « malpropreté » attribuée à certains actes des deux candidats. Il s'agit là de valeurs et de contre-valeurs très intenses dans nos sociétés modernes. Or il est remarquable que la «propreté» de B. («c'est propre de faire de la politique avec lui») est opposée à certains agissements politiques de S. et de ses hommes : tentatives de «voler» l'élection de 1952, pratiques irrégulières de 1952 à 1956 et au moment de l'énumération électorale de 1956 ; la «propreté» de S. consiste plutôt à ne pas critiquer l'adversaire et surtout les membres de sa famille. Il s'agit donc, si on peut s'exprimer ainsi, d'une propreté «politique» chez B. et d'une propreté davantage «sociale» chez S. Les deux sont plus ou moins incompatibles entre elles, et leur étude approfondie apporterait sans doute des éléments nouveaux à l'opposition entre le législateur et le médiateur.

Enfin, il faudrait relever les termes tirés de champs lexicaux autres que le champ politique et qui sont employés, par métaphore ou par métonymie, pour définir les candidats. Si on se limite aux attributs de S. on trouve, par exemple, les expressions suivantes : il est le porte-étendard de l'Union Nationale (terme patriotique), il est un actif précieux (terme financier), il a piloté des demandes (terme marin), etc. Pourquoi ces expressions sont-elles amenées à un moment donné du discours, quel sens veulent-elles suggérer, quelles valeurs portent-elles ?

Pour répondre à ces questions, il faudrait pouvoir adopter, face à une campagne électorale et à ses diverses manifestations, l'attitude qui est celle de l'ethnologue quand il se trouve en présence de phénomènes qui lui sont tout à fait étrangers. Si l'on parvenait à ce dépaysement, certains traits qui à première vue apparaissent peu sérieux prendraient sans doute une signification toute nouvelle. Je voudrais en indiquer deux, à titre d'exemples.

Par un soir d'orage B. parle à Saint-D. «L'orage qui déferle sur la province, dit-il, est un signe que le ciel pleure de voir encore M. Duplessis au pouvoir». À ce moment éclate un coup de tonnerre, et B. enchaîne aussitôt : «Ce coup de tonnerre est semblable à celui qui écrasera le gouvernement Duplessis, le 20 juin prochain». Que le journaliste présent ait rapporté l'incident ne me semble pas fortuit. Il n'est peut-être pas sans signification, non plus, que les propagandistes de S. aient accompagné une photo montrant une belle route bien droite construite sous l'Union Nationale, et l'autre qu'elle remplaçait, du commentaire suivant : « Une partie de la nouvelle route reliant C. à B. Notez l'ancienne route toute tortueuse ».

Enfin, l'approche ethnologique qui est recommandée ici semble la plus propre à saisir et à analyser les faits d'échange entre les candidats et leurs électeurs, faits sous-jacents à la plupart des expressions électorales et qui distinguent le médiateur du législateur. On peut même se demander si la campagne électorale chez nous ne se déroulait pas et ne se déroule pas encore comme une espèce de potlatch, où des alliances sont renouvelées et des prestiges réévalués, où sont rappelées les prestations et contre-prestations échangées depuis la dernière élection et où les candidats donnent ou promettent de donner généreusement afin de créer chez l'électeur un sentiment de dette dont il se délivrera par un vote favorable.

Si l'on considère que ces phénomènes se produisent dans des circonscriptions relativement petites pour la plupart, où manquent les relais associatifs et administratifs entre les unités politiques et l'appareil étatique, et où l'intensité particulière des liens de parenté et de voisinage a habitué à l'intimité et à la réciprocité des relations sociales, on comprendra mieux l'emprise du médiateur et de son patronage dans notre société. On comprendra mieux aussi que le problème n'est pas de s'élever contre les relations intimes et réciproques, bonnes en elles-mêmes, mais de les établir, par la création des relais qui manquent, en opposition complémentaire avec des relations plus officielles et plus asymétriques qui peuvent seules fonder une authentique société politique.

Listes des attributs qui définissent le « bon » candidat

Le chiffre entre parenthèses indique la fréquence des attributs mentionnés plus d'une fois. Sont aussi mises entre parenthèses certaines variantes ou encore certaines précisions apportées à quelques-uns des attributs.

B., candidat du Parti Libéral

A) a du talent
est intègre (2)
est un avocat réputé
a le sens de la justice
a des lumières sur tout
est jeune
est dévoué (2)
est intelligent
a de l'étoffe
est un homme de valeur

est honnête (3)
est compétent (2)
est un homme de jugement
brille dans sa profession
est un homme désintéressé
est un homme de mérite
est le meilleur homme
est droit
est digne des électeurs du comté (2)

B) M. Lapalme compte sur lui (fonde de grands espoirs sur lui) (2)
ne connaissait pas, en 1952 ce qu'était l'Union Nationale
est le bras droit de M. Lapalme
est le candidat le plus craint de l'Union Nationale

est un futur ministre du cabinet (candidat sérieux au poste de ministre) (2)
sera influent dans le prochain cabinet Lapalme
se présente avec fierté sous la bannière de Lapalme
a justifié la confiance mise en lui par M. Lapalme

C) c'est propre de faire de la politique avec lui
travaille (a travaillé) (6)
est un des meilleurs députés de l'Assemblée législative
les quatre dernières années n'ont pas réussi à le terrasser
a été empêché de faire son devoir (à l'Assemblée législative)
a reçu les gens chez lui
n'a pas été muet en Chambre
est le député de tout le monde
est indispensable pour son comté et la province
est un des hommes politiques les plus prometteurs de la province

n'a jamais baissé pavillon devant les sarcasmes du premier ministre
s'est battu (à l'Assemblée législative) (4)
a fait son devoir (n'a pas manqué à son devoir) (2)
est un candidat de premier ordre
offre son dévouement et sa bonne volonté
continuera de donner le meilleur de lui-même
représentera le comté avec toute la dignité possible
a justifié la confiance mise en lui
a mérité d'être réélu
est l'homme de tout le comté

est (plus) à son aise (que
   s'il était candidat de l'U.N.)
   pour parler en milieu ouvrier
a tenu ses promesses (3)
a fait son possible
a respecté la liberté des
   citoyens de...
est un législateur
connaît les exigences (a
   le souci) du bien
   commun (2)
est un homme d'État

s'est taillé, en quatre ans,
   une réputation qui l'honore
a défendu les intérêts de
   ses électeurs en Chambre (2)
a rongé son os pendant quatre
   ans (en attendant le règlement
   des comptes) (2)
sa porte a toujours été ouverte à tous
a fait placer (avec sa voix)
   le comté de... (sur la carte)
ses quatre dernières années
   à l'Assemblée législative
   sont la garantie de l'avenir

S., candidat de l'Union Nationale

A) est le père d'une nombreuse
   famille
est un parfait gentilhomme
est un homme de cœur
a le cœur à la bonne place

est un des vôtres, travailleurs...
est énergique
est l'ami de tous
est un ami sincère et géné-
   reux

B) marche avec un chef qui veut
   le salut des Canadiens français

fait partie d'une équipe de
   patriotes
est le porte-étendard de
   l'Union Nationale

C) travaille (a travaillé)
   obtient des octrois (ce qu'on
      lui demande) (19)
   a fait un voyage fructueux
      (à Québec)
   se dévoue (est dévoué) (14)
   s'occupe de ses électeurs
   s'occupe des affaires du comté
   ne regarde (ménage) pas son
      temps
   insiste auprès des autorités
   aide (vient en aide) (5)
   ne fait pas d'éloquents dis-
      cours (il y a meilleur que lui
      pour faire des discours) (4)
   ne demande pas pour qui on a
      voté (ne s'occupe pas de la
      couleur politique) (3)
   a fait des demandes
   vient de recevoir une répon-
      se officielle pour de grands

est un bâtisseur d'écoles,
   de ponts
a donné le meilleur de lui-
   même
prendra les intérêts du comté
a rendu de bons services à
   la population
a été défait en 1952 par un
   accident électoral
a continué de se rendre au
   Parlement (malgré sa défaite)
réclame la juste part pour
   le comté
réalise (est un réalisateur) (9)

a fait son devoir
règle les problèmes de tous
   les électeurs du comté
connaît tous les besoins
   du comté

travaux
espère avoir de bonnes nouvelles
fait les recommandations nécessaires (2)
est le représentant effectif du comté (2)
est considéré auprès des différents ministères
s'intéresse à l'enfant
a été à la disposition des électeurs
a été empêché (par la maladie) de travailler constamment à sa réélection (en 1952)
son passé est garant de l'avenir
sollicite (est un excellent solliciteur) (2)
répond aux demandes
s'efforce de recevoir tout le monde
ne s'est jamais imposé aux funérailles
s'est rendu aux funérailles par sympathie
a été invité aux soirées (comme le député provincial et le député fédéral)
a porté une attention particulière à (la localité de X...)
ne force pas les employés de la province à travailler pour sa campagne
fait une lutte propre
a apporté quelque chose
a commencé une œuvre gigantesque
s'est occupé des mouvements sociaux et patriotiques
a fait ses preuves
mérite un vote de reconnaissance (2)

des octrois sont donnés par son entremise
ne fait pas de politique avec les municipalités et les commissions scolaires
n'est pas gêné de se présenter devant les ouvriers

ne fait pas de reproches
donne (de la) satisfaction
tout ce qu'il a fait... (4)
ne fait pas de promesses (impossibles à tenir) (2)
fait son possible (ne peut faire l'impossible) (3)
ne représentait pas le comté, mais...
s'est efforcé d'être utile
on peut compter sur lui
on sera bien accueilli chez lui
est un indispensable député
n'a pas fait défaut à la confiance mise en lui
a la volonté d'être le représentant de tous
a une attention constante
est un actif précieux et incomparable
donne sa coopération
a eu du succès
a piloté des demandes
a une activité débordante
souscrit généreusement à l'avenir des jeunes
a facilité aux étudiants l'obtention d'un emploi rémunérateur
n'oublie jamais les organisations méritantes
ne ménage pas son encouragement personnel
appuie les mouvements de jeunesse
donne du travail

Listes des attributs qui définissent l'adversaire

B., candidat du Parti Libéral

fait de grands (d'éloquents) discours (3)

ne peut rien obtenir

ses critiques n'ont rien donné aux gens de X...

a été l'exécuteur des œuvres sales et malpropres de Lapalme

avec lui, le comté n'a pas de député

parle de ses adversaires

n'a rien donné

sent sa défaite prochaine

critique les membres de la famille de S.

en 1944, il était du Bloc Populaire et critiquait Godbout (le chef libéral)

aujourd'hui, il critique la province de Québec et les œuvres de l'honorable premier ministre

S., candidat de l'Union Nationale

ne répond pas aux questions de B. (3)

ne connaît pas ce qui relève des différents ministères (2)

tout ce qu'il faisait en Chambre, c'était de taper sur les bureaux

ne discute pas de politique provinciale durant sa campagne (2)

son grand silence de 1949 à 1952

la politique n'est pas faite pour lui (n'a pas d'aptitudes pour la politique) (2)

se dit un (grand réalisateur) (2)

est condamné par son silence

est un candidat « acharné »

a gardé un silence non moins acharné

est un « patronneux »

a été jugé à sa juste valeur par les électeurs

ne peut pas se défendre lui-même

sa réponse aux questions de B. ressemble aux discours qu'il a prononcés en Chambre, $0 + 0 = 0$

est plein de vantardises

est un (grand dévoué)

n'aime pas les avocats (parce que ce n'est pas bon pour faire un député), mais s'entoure d'avocats

va vous promettre de l'asphalte, encore de l'asphalte, toujours de l'asphalte

a continué, une fois battu, à se faire passer pour le député du comté

s'est fait inviter à toutes les réceptions, inaugurations et même aux funérailles dans le comté

Deux langages qui
retardent *
(1962)

Dans la publicité des deux partis je ne trouve pas le langage qu'il faudrait tenir. J'y constate la méprise (et le mépris ?) de la nouvelle culture politique qui s'élabore chez nous, lentement mais inéluctablement. D'une certaine leçon créditiste ils n'ont rien compris. Peut-on le leur reprocher ? Nous sommes tellement étrangers aux attitudes politiques nouvelles de ceux que nous couvrons facilement du nom de « peuple » ou de « masse ».

Quand le Parti Libéral déclame : « Au jour d'aujourd'hui, le Québec a longuement mûri la possibilité et sa décision d'être *maître chez soi*. Le Québec voit enfin qu'il n'y a désormais ni

---

* Publié sous ce titre dans *Cité Libre*, nouvelle série, XIIIe année, nº 51, nov. 1962, pp. 22-23 (numéro spécial sur les élections provinciales du 14 novembre 1962).

avenir ni fierté à jouer l'éternel Adjoint de l'Autre, le subordonné attitré, l'exécutant mal payé» (journaux du 29 septembre) — il fait peut-être plaisir aux intellectuels nationalistes, mais pour la plupart des électeurs il est justement un Autre incompréhensible en son jargon. Quand il présente la nationalisation de l'électricité comme la lutte du «peuple contre le trust», il sait très bien qu'il emploie une formule inexacte ; il sait peut-être moins qu'une telle formule n'a plus les répercussions d'il y a vingt ou trente ans.

Quand l'Union Nationale suggère que la véritable raison de l'élection, c'est que le Trésor est vide ; quand elle demande pourquoi avec un budget deux fois plus gros que le plus gros des siens, le gouvernement actuel ne construit pas deux fois plus d'hôpitaux, de routes, de ponts, d'écoles spécialisées, et pourquoi il ne fait pas deux fois plus de travaux dans les comtés (journaux du 6 octobre) [1] — elle propose un mythe et un calcul encore rentables sur le plan électoral, mais qui seront détruits par les explications que finira bien par exiger «le peuple» tant méprisé.

Car il se produit un phénomène trop ignoré sous des formules vagues qui disent et redisent l'énorme développement des moyens de communication modernes : le monde politique qui autrefois était représenté, moralisé à l'usage du «peuple» est aujourd'hui vécu par lui de plus près et plus directement. Comme le dit Georges Lavau dans un récent et remarquable article : «L'adulte avant la «presse-en-photos», avant le cinéma, avant la télévision recevait l'information politique à travers des mots lus ou à travers des discours. Il ne voyait pas le Kaiser, Bismarck, Dreyfus ou Abdul-Hamid II, il ne voyait pas «les prolétaires», «les capitalistes», «la révolution» (ou seulement ceux et celles de son lieu d'habitation). Il devait

---

[1] La page de propagande est intitulée : «Le Peuple Veut Savoir», et le peuple est illustré par un chapelet de 14 têtes coupées dont il faudrait faire une analyse sémantique. Disons seulement que l'échantillon n'est pas très représentatif. Il n'y a que 5 femmes sur 14, dont 3 très jeunes : l'une d'elles est même assez troublante... Quant aux deux «vieilles», elles n'ont rien de la grand-mère canadienne. Parmi les hommes, aucun n'a plus de 60 ans ; 3 seulement semblent dépasser la quarantaine. Il y a un chauve, un grisonnant, deux lunettards pas intellectuels du tout, une ou deux têtes d'ouvriers. Dans l'ensemble peu de «Canayens» et de «Canayennes», mais plutôt des têtes impersonnelles comme on en voit dans la publicité des savons, pâtes dentifrices, etc.

donc, les connaissant par des mots, se les représenter. Il ne le pouvait qu'à travers un appareil de concepts, de systèmes de culture, de stéréotypes, de références morales ou idéologiques. Le réel politique était donc médiatisé par tout un contexte traditionnel, et appris, de représentations[2]. »

De même notre citoyen du Québec ne voyait pas Laurier, ou plutôt il ne le voyait que de loin sur la tribune électorale, de si loin que le grand chef n'était pas menacé de perdre son auréole et sa légende. Il ne voyait pas non plus « les socialistes » : ces méchants ne pouvaient être pour lui que ce qu'en disaient les élites, soucieuses de perpétuer une certaine image.

Aujourd'hui les hommes politiques sont vus en gros plan, aux prises avec des discours écrits ou des contradicteurs ; les socialistes et autres êtres anormaux inondent la presse, occupent la radio et la télévision, au grand malheur des anciennes élites. Et surtout par tous les moyens de communication qui le diffusent, le réel politique arrive trop complexe et trop massif pour qu'il soit toujours moralisé. Les curés, médecins, notaires, politiciens, toutes les élites de l'ancienne culture politique n'y peuvent rien : l'invasion du réel est trop forte et trop déconcertante pour que leurs vieilles interprétations puissent en rendre compte.

Seuls les spécialistes et les experts y comprennent encore quelque chose, mais dans des secteurs limités. Bien peu toutefois parviennent à se faire comprendre. Et même s'ils le réussissent, la nostalgie demeure d'une idéologie unitaire et d'un tribun qui en convainc. D'où Caouette et *son* Crédit Social. Ce qui est dit importe peu : ce qui importe c'est que la solution apparaisse comme totale et certaine et qu'elle soit chantée par un prophète inspiré. Ce dernier trait est très important : les créditistes nous disent avant tout de Caouette (ou de Réal) qu'il parle bien et qu'il a sans doute un don pour parler comme ça[3].

---

[2] « Les aspects socio-culturels de la dépolitisation », dans G. VEDEL (dir.), *la Dépolitisation*, Paris, A. Colin, 1962, p. 175.

[3] Pour bâtir une sociologie du discours, la théorie de l'information est là, à pied d'œuvre, mais il nous manque toujours une théorie de ce qu'Alain appelait si justement le langage absolu. Voir à ce sujet notre article « Signes absolus et signes relatifs », dans *Interprétation*, vol. 1, n° 3, juillet-sept. 1967, pp. 19–42.

Dans ces conditions on peut se demander si le Parti Libéral, en son langage qui intentionnellement ou non vise les anciennes élites de moins en moins entendues par « les masses », fait passer l'idée de nationalisation de l'électricité. L'Union Nationale, elle, se fait trop bien entendre. Parmi les expériences individuelles du monde politique, elle fait appel aux plus courtes, à celles qui sont enfermées dans le milieu immédiat et qui ne peuvent déboucher sur les vrais problèmes politiques, c'est-à-dire ceux qui concernent toute une société.

D'un côté et de l'autre il y a donc impasse : les libéraux ne montrent pas ce que les problèmes politiques collectifs signifient pour chaque homme de cette province, l'Union Nationale ne montre pas comment les questions très proches des hommes et très signifiantes pour eux peuvent s'intégrer en des questions collectives valables.

Ce passage dans un sens et dans l'autre me semble avoir été réussi par les créditistes. Le seul malheur, c'est que le passage était faux. Mais les techniques de la réussite n'en sont pas moins vraies. Et la principale me semble celle-ci : des militants entre les dirigeants et les électeurs, venus du parti mais aussi d'associations et de groupes non partisans, qui interprètent en un langage compréhensif le programme qui vient d'en haut à ceux qui sont en bas, et les besoins de ceux qui sont en bas à ceux qui sont en haut.

Je n'ai pas voulu juger sur le fond les positions des libéraux et celles de l'Union Nationale, même si je suis assez fermement convaincu qu'au total l'un des deux partis doit être préféré à l'autre. Je ne condamne pas non plus les politiciens et organisateurs actuels. Pour les avoir fréquentés depuis quelque temps, en travail de recherche, je ne partage pas le mépris stupide de ces gens dont se gargarisent trop d'intellectuels. Tant que des hommes de la nouvelle culture n'auront pas le courage d'aller travailler nombreux dans la tempête politique, les politiciens et organisateurs en place seront seuls à assurer, imparfaitement, j'en conviens, le maintien des quelques mesures qui nous permettent de tenir ensemble.

Rires et
applaudissements *
(1970)

Ce n'est pas sans raison qu'on a pu comparer la campagne électorale à une fête collective. Une fois terminée, il en reste le même sentiment d'irréalité, mais aussi de nostalgie pour ceux qui l'ont vécue intensément. On peut en tirer un argument pour dénoncer une fois de plus le caractère artificiel et faux de nos campagnes électorales, mais ces vues moralisatrices n'expliquent rien. Faisant suite à un article déjà publié dans cette revue [1], je voudrais montrer que le langage électoral se manifeste tout aussi bien en langage *absolu* qu'en langage *relatif*, et

* Publié sous le titre de « Le langage électoral » dans *Interprétation*, vol. 4, n° 3, juillet-sept. 1970, pp. 107–115. Le vocabulaire analytique a été quelque peu modifié.

[1] « Signes absolus et signes relatifs », *Interprétation*, vol. 1, n° 3, juillet-sept. 1967, pp. 19–42.

qu'on doit tenir compte de cette double nature dans l'interprétation des discours par lesquels il s'exprime.

Langage absolu et langage relatif

Rappelons que cette distinction vient d'Alain[2], et qu'elle renvoie fondamentalement à celle qu'on fait depuis Saussure entre le caractère *arbitraire* et le caractère *différentiel* du signifiant. Le langage absolu unit ceux qui sont solidaires d'une même convention posée en des signes arbitraires, tandis que le langage relatif est celui «par lequel nous décrivons des objets et exprimons des idées[3]», ce qui est rendu possible par le caractère différentiel des unités linguistiques.

Le discours oscille entre ces deux pôles, qui sont ceux de la convention et de l'information. Dans ses oscillations extrêmes, il sombre ou bien dans l'*in*-signifiance (par excès de langage absolu) ou bien dans la *non*-signifiance (par excès de langage relatif)[4].

Par langage électoral, on entendra ici celui que les hommes de partis tiennent aux électeurs. La campagne électorale donne lieu à des discours qui sont prononcés en assemblée, ou rapportés dans la presse écrite, à la radio ou à la télévision. Ces discours parlent du politique et tentent de convaincre les électeurs de voter pour le parti représenté par l'orateur. Pour bien définir ce qui dans ces discours tient du langage absolu et du langage relatif, il faut d'abord proposer un modèle du domaine étudié, le politique.

Ce modèle consiste à voir le politique comme une structure de jeu qui gouverne les attributs de pouvoir utilisés ou transmis par les agents sociaux dans l'attribution des enjeux de leur action. Selon ce modèle, le pouvoir réside dans la maîtrise et le contrôle de l'attribution des enjeux. Il apparaît comme la notion principale de l'analyse politique[5].

On voit comment la situation électorale peut être définie

---

[2] *Vingt leçons sur les beaux-arts*, Paris, Gallimard, 1931.

[3] ALAIN, *Vingt leçons..., op. cit.*, p. 93.

[4] «Signes absolus et signes relatifs», *loco cit.*, p. 34.

[5] Ce modèle a été exposé de façon détaillée dans «Le jeu de la communication politique», *Revue canadienne de Science politique,* sept. 1970, pp. 359–375.

dans ces termes. Les hommes de partis communiquent entre eux et avec les électeurs pour l'attribution des enjeux que sont les postes électifs de députés, et plus largement la direction de l'appareil gouvernemental. Ils utilisent pour cela les attributs de pouvoir que sont les discours électoraux. Mais ces discours parlent eux-mêmes du politique. De ce point de vue, on peut distinguer trois grandes catégories d'attributs de pouvoir, qui correspondent assez bien à la distinction entre les biens, les signes relatifs et les signes absolus[6]. Il y aurait les attributs matériels de pouvoir, les attributs informationnels, et les attributs qu'on pourrait nommer «symboliques», faute d'un meilleur terme.

Les discours électoraux parlent de ces trois catégories d'attributs, en les présentant soit comme des instruments dont se servent les agents politiques, soit comme des prestations qui sont transmises par leur action. Ils parlent en plus de l'exercice du pouvoir lui-même, abstraction faite des attributs qui sont utilisés ou transmis. Enfin, si on voulait raffiner l'analyse, il faudrait distinguer trois niveaux de la réalité politique où se situe le discours : le niveau des conduites, le niveau des institutions et le niveau des représentations.

Donnons d'abord quelques exemples qui illustrent comment se fait le décodage du langage électoral selon ces catégories théoriques. Tous ces exemples, sauf ceux qui sont marqués d'un astérique, sont tirés de discours que nous analyserons plus loin. Dans chaque cas, nous avons donné un exemple d'une allusion positive (+) et d'une allusion négative (−) : celle-ci vise l'adversaire à qui elle reproche un excès en plus ou en moins.

1) Allusion faite à un *instrument matériel* : (+) «Lesage a relevé le défi de Johnson et a trouvé où emprunter $50,000,000 à 6 p. cent»; (−) «La véritable raison de l'élection, c'est que les finances sont dans le rouge.»

2) Allusion faite à une *prestation matérielle* : (+) «Avec la nationalisation de l'électricité, Lesage veut faire 5,4 millions d'actionnaires au lieu de 30,000»; (−) «Johnson a dénationalisé le gaz naturel à son profit.»

3) Allusion faite à un *instrument informationnel* : (+) «Le Parti Libéral a décidé de nationaliser l'électricité parce qu'il n'y avait

---

[6] «Signes absolus et signes relatifs», *loco cit.*, pp. 23-24.

plus de concurrence » ; (−) « Ce sont des menteurs qui vous diront cela *. »

4) Allusion faite à une *prestation informationnelle* : (+) « Le gouvernement veut donner une meilleure information aux citoyens * » ; (−) « Mon adversaire vous a trompé en vous donnant ces chiffres *. »

5) Allusion faite à un *instrument symbolique* : (+) « Votre candidat... le député du 14 novembre prochain » ; (−) « Vous choisirez entre ce lâche qui s'attaque aux faibles, et moi. »

6) Allusion faite à une *prestation symbolique* : (+) « Faire de la province de Québec la plus belle de toutes » ; (−) « La spécialité du Parti Libéral, c'est de salir. »

7) Allusion faite à l'*exercice même du pouvoir* : (+) « Le Parti Libéral remportera au moins 65 ou 70 comtés » ; (−) « Johnson dit : je suis votre chef, il faut bien que je vous suive. »

On voit en quoi les attributs symboliques se distinguent des autres. Ils renvoient ni à des biens, ni à des informations, ni au pouvoir, mais aux agents eux-mêmes, en tant que revêtus des insignes du prestige. Évidemment, ces distinctions ne sont qu'analytiques puisque les attributs matériels et information-nels ainsi que l'exercice du pouvoir sont difficilement dissocia-bles des agents, et que les attributs symboliques, en retour, renvoient plus ou moins directement aux autres attributs et au pouvoir. Mais à la limite un agent peut disposer d'attributs symboliques par sa seule présence, ou son seul prestige, sans qu'aucun bien ou information ne soit impliqué dans la situation sociale où il se trouve, ou sans qu'il exerce du pouvoir dans cette situation.

Le signifié du signe absolu, c'est l'identité des agents par participation à une même convention[7]. Quand on dit d'un candidat qu'il deviendra le député du comté X, et que les électeurs du comté applaudissent, c'est qu'ils reconnaissent leur identification à ce candidat sans qu'il soit nécessaire pour cela que des biens ou des informations soient impliqués.

Si la « substance » d'un attribut matériel consiste dans une relation physique entre un sujet et cet attribut et la substance d'un attribut informationnel, dans la lecture par un sujet d'une relation mentale entre ce sujet et cet attribut, on pourrait dire

---

[7] « Signes absolus et signes relatifs », *loco cit.*, p. 26.

que la substance d'un attribut symbolique consiste dans l'attente par un autre sujet de la relation mentale entre un sujet et cet attribut. C'est en ce sens qu'on peut dire du signe absolu qu'il est le signe d'autrui [8].

Toutefois, l'analogie n'est qu'imparfaite entre le signe absolu et ce que nous nommons ici les attributs symboliques. Dans la mesure où ils sont des signes, tous les attributs de pouvoir participent au langage absolu et au langage relatif à la fois. La densité du langage absolu est toutefois plus grande dans les attributs symboliques, pour les raisons que nous venons de donner.

Dans la mesure où le langage électoral parle du politique, il désigne les différents attributs de pouvoir par des signes au deuxième degré, qui sont eux-mêmes plus ou moins absolus ou relatifs. On peut parler du prestige d'un candidat de façon plus ou moins «conventionnelle», de même qu'on peut parler de l'information qu'il utilise, ou transmet, avec une quantité plus ou moins grande d'information. La sémantique du langage électoral est déterminée par une culture qui comporte ses oppositions et corrélations significatives. Dans les développements qui suivent, on ne retiendra du langage électoral que ce qu'il désigne du modèle qui vient d'être présenté. Dans ce modèle, tel qu'observé dans une campagne électorale, on verra que les attributs symboliques tiennent une place importante, qui rend assez vaine une interprétation exclusivement intellectuelle ou matérialiste du langage électoral.

Analyse des rires et applaudissements

Pour donner une première mesure de la place que tiennent les attributs symboliques dans la représentation du politique produite par les discours électoraux, nous avons noté avec l'aide de Michel Chaloult toutes les propositions qui ont provoqué des rires ou des applaudissements, au cours des

---

[8] *Id.*, p. 27.

Tableau 1
Les catégories d'agents et d'attributs qui ont suscité des rires ou des applaudissements lors des assemblées électorales de 1962, dans l'Île d'Orléans (élections provinciales) *

PARTI LIBÉRAL

| Pour le P.L. | Instruments symb. | | | Exercice du pouvoir | Prestations symb. | | | Total | |
	mat.	symb.	inf.		mat.	symb.	inf.	N	%
candidat	–	8	–	1	7	–	–	16	(22.9)
chef	1	3	–	1	3	–	–	8	(11.4)
parti	–	1	2	6	13	5	–	27	(38.6)
population	–	–	–	5	–	–	–	5	(7.1)
Sous-total	1	12	2	13	23	5	–	56	(80.0)
Contre l'U.N.									
candidat	–	1	–	–	–	–	–	1	(1.4)
chef	–	2	–	4	1	–	–	7	(10.0)
parti	–	1	–	–	3	–	–	4	(5.7)
population	–	–	–	–	2	–	–	2	(2.9)
Sous-total	–	4	–	4	6	–	–	14	(20.0)
TOTAL N	1	16	2	17	29	5	–	70	(100.0)
%	(1.4)	(22.9)	(2.9)	(24.3)	(41.4)	(7.1)	–		

UNION NATIONALE

Pour l'U.N.	Instruments			Exercice du pouvoir	Prestations			Total	
	mat.	symb.	inf.		mat.	symb.	inf.	N	%
candidat	–	22	1	13	6	4	–	46	(22.0)
chef	–	1	3	2	2	–	–	8	(3.8)
parti	–	15	1	11	26	3	–	56	(26.8)
population	–	1	–	25	–	2	–	28	(13.4)
Sous-total	–	39	5	51	34	9	–	138	(66.0)
Contre le P.L.									
candidat	–	1	–	–	–	–	–	1	(0.5)
chef	1	4	–	5	3	1	–	14	(6.7)
parti	5	11	–	12	23	5	–	56	(26.8)
population	–	–	–	–	–	–	–	–	(–)
Sous-total	6	16	–	17	26	6	–	71	(34.0)
TOTAL N	6	55	5	68	60	15	–	209	
%	(2.9)	(26.3)	(2.4)	(32.5)	(28.7)	(7.2)	(–)		(100.0)

* Les orateurs déclenchent des rires ou des applaudissements *pour* leur parti ou *contre* le parti adverse : on en a tenu compte dans le tableau. Dans les catégories d'agents, celle du *parti* renvoie non seulement au Parti Libéral ou à l'Union Nationale en tant que tels, mais aussi aux anciens chefs et anciens candidats, et plus généralement à tous les agents partisans qui ne sont pas nommément le chef et le candidat de 1962. La catégorie *population* renvoie quant à elle à tous les agents qui ne sont pas partisans. Quand plus d'une catégorie d'attributs était indiquée — ce qui est relativement rare — nous n'avons retenu que celle qui nous apparaissait la plus marquée.

assemblées électorales qui ont eu lieu dans l'Île d'Orléans, à l'occasion des élections provinciales de 1962[9].

Les publics qui ont ri ou applaudi aux propositions retenues sont des publics partisans. Quant à leurs réactions, on peut les interpréter comme manifestant ce qui leur apparaît le plus « valable » ou le moins « valable » dans le jeu politique. On peut ainsi mesurer l'importance respective que les publics partisans accordent aux différents attributs de pouvoir (et à l'exercice du pouvoir lui-même), tels qu'ils sont représentés dans les discours prononcés en assemblée électorale.

Voici les résultats de notre analyse. On a fait une distinction entre les discours de l'Union Nationale et ceux du Parti Libéral, ainsi qu'entre les différentes catégories d'agents auxquels les attributs ou le pouvoir étaient assignés.

On peut d'abord faire les trois remarques suivantes sur le tableau :

1) Dans leurs discours électoraux, les orateurs de l'Union Nationale attaquent davantage leurs adversaires que ne le font les orateurs du Parti Libéral : 34 p. cent des propositions venant de l'Union Nationale concernent les adversaires, contre 20 p. cent seulement chez les libéraux. Cette différence peut être due au fait que l'Union Nationale se trouvait dans l'opposition en 1962, alors que les libéraux se trouvaient au gouvernement.

2) Le niveau du parti est toujours prédominant par rapport aux autres (candidat, chef et population), sauf dans le cas des attaques contre l'adversaire venant des orateurs libéraux. Daniel Johnson est visé plus souvent que son parti. Sachant que les libéraux l'attaquent davantage que son parti, il est doublement significatif que Johnson qui n'était pas, alors, un chef très populaire[10] soit rarement évoqué par les orateurs unionistes.

3) De façon générale, les attributs de pouvoir sont davantage signalés à titre de prestations qu'à titre d'instruments. Quant à

---

[9] L'Union Nationale a alors organisé une assemblée dans chacune des six paroisses de l'Île, tandis que le Parti Libéral n'en a organisé que dans quatre paroisses sur six, ce qui explique en partie que les rires et applaudissements ont été au total plus nombreux chez les unionistes que chez les libéraux. La plus grande éloquence du candidat unioniste est un autre facteur d'explication.

[10] C'est ce qu'a bien montré le rapport du GROUPE DE RECHERCHES SOCIALES, *les Préférences politiques des électeurs québécois en 1962*, Montréal, 1964.

l'exercice même du pouvoir, il est signalé aussi souvent que les instruments, et ce pour les deux partis. Le Parti Libéral, plus que l'Union Nationale, est défini en termes de prestations, aussi bien par ses propres orateurs que par ceux du parti adverse. Cela peut être dû, encore une fois, au fait que les libéraux se trouvaient au gouvernement.

Pour ce qui est des différentes catégories d'attributs, il apparaît très nettement que les attributs informationnels tiennent bien peu de place dans les représentations du politique que comportent les discours électoraux. L'information n'est jamais indiquée à titre de prestations, et c'est dans moins de 3 p. cent de l'ensemble des cas qu'elle est indiquée à titre d'instruments.

Du côté des prestations les attributs matériels prédominent très nettement, mais du côté des instruments ce sont les attributs symboliques qui sont signalés le plus souvent, soit 5 fois sur 6. Les agents sociaux sont donc présentés comme porteurs bien plus que comme dispensateurs des attributs symboliques propres au langage absolu.

Conclusion

En plus d'être sensibles aux propositions qui concernent l'exercice du pouvoir, les publics partisans de l'Île d'Orléans rient ou applaudissent aux instruments symboliques des agents politiques et aux prestations matérielles que comporte leur action. Ensemble, ces catégories rendent compte de 90 p. cent ou presque des propositions auxquelles on a ri ou applaudi.

Chez les partisans tout au moins, il ne suffit donc pas que les agents politiques apparaissent comme de puissants dispensateurs d'attributs matériels. Encore faut-il qu'ils apparaissent revêtus des attributs symboliques qui provoquent l'identification avec eux. Nous sommes arrivés aux mêmes conclusions par d'autres voies, au terme d'un séminaire sur les partis politiques[11], d'où la formulation d'une hypothèse : « un parti a d'autant plus de succès dans la poursuite de ses objectifs électoraux qu'il réussit à convertir les autres attributs dont il

[11] Il s'agit d'un séminaire de maîtrise et de doctorat donné au Département de science politique de l'université Laval, en 1968-1969.

dispose en attributs symboliques. » Les résultats qui ont été présentés dans le tableau 1 apportent une première confirmation — bien qu'indirecte — de cette hypothèse.

Si l'on voulait poursuivre dans cette voie, il faudrait se demander :

1) si les électeurs moins partisans sont également sensibles aux attributs symboliques des agents politiques [12] ;

2) si les électeurs de l'Île d'Orléans sont représentatifs de ceux de l'ensemble du Québec ;

3) si le langage électoral n'a pas changé depuis 1962, et tout spécialement en 1970, avec l'entrée en scène du Parti Québécois et du Ralliement Créditiste.

Sur ce dernier point, il faudrait voir en particulier si les attributs symboliques dont on revêt maintenant les agents politiques ne manifestent pas des « conventions » différentes de celles du début des années soixante. La nécessité des « insignes » demeurerait, mais ils ne seraient plus tout à fait les mêmes, parce que « les autres » ont changé, ainsi que les conventions qui sont attendues avec eux.

---

[12] Au cours de mes recherches à l'Île d'Orléans et ailleurs, j'ai souvent été étonné de constater comment les électeurs évaluaient les hommes politiques non pas tellement à partir de ce qu'ils disaient, mais selon les « conventions » qu'ils suivaient ou non pour le dire. On nous a dit, par exemple, de Daniel Johnson, au sujet du débat télévisé qui l'a opposé à Jean Lesage, en 1962, qu'il ne l'avait manifestement pas emporté, « parce qu'il mettait et enlevait ses lunettes au mauvais moment ».

Le phénomène
créditiste

*L'élection fédérale de 1962
dans l'Île d'Orléans **
(1962)

Nous tâcherons ici de préciser un peu les déterminants du comportement politique des électeurs de l'Île d'Orléans. Après avoir donné quelques informations sur les 27 organisateurs politiques que nous avons rencontrés dans les six paroisses de l'Île, nous tenterons d'expliquer les motifs du vote créditiste au moyen de divers facteurs : structures socio-économiques, situation politique, action des partis et facteurs personnels.

* Extraits d'une communication inédite, présentée conjointement avec Michel Chaloult, au 30e congrès de l'Association canadienne-française pour l'avancement des Sciences, à Montréal, le 2 novembre 1962.

Les organisateurs politiques

Dans chacune des six paroisses (Sainte-Pétronille, Saint-Pierre, Saint-Laurent, Sainte-Famille, Saint-Jean et Saint-François), nous avons rencontré au moins un organisateur politique de chaque parti. Au total, nous avons interrogé, lors d'entrevues libres, 9 créditistes, 9 libéraux et 8 conservateurs.

Aucun des organisateurs créditistes ne vit dans une maison moderne (il s'en construit un peu partout dans l'Île). Cela ne signifie pas pour autant qu'ils habitent des taudis. Il n'y a pas de taudis dans l'Île. Le phénomène s'explique plutôt par l'occupation. Alors que les créditistes se situent tous à un rang inférieur de l'échelle sociale (à l'Île d'Orléans cette infériorité demeure très relative, même si les années l'accentuent), les libéraux et les conservateurs choisissent quelques-uns de leurs dirigeants chez les professionnels et les hommes d'affaires. C'est pourquoi les créditistes habitent plus souvent que les autres dans une maison de type traditionnel.

Voici la liste des organisateurs rencontrés, par parti et par profession :

Créditistes (9)	Libéraux (9)	Conservateurs (8)
Cinq cultivateurs	Cinq cultivateurs	Trois cultivateurs
Trois commis	Deux commis	Deux commerçants
Un commerçant	Un homme d'affaires	Un entrepreneur
	Un professionnel	Un professionnel
		Un forgeron

On constate donc que les partis politiques recrutent leurs leaders parmi diverses couches de la société. Les libéraux sont le moyen terme entre les créditistes et les conservateurs quant à leur position moyenne dans l'échelle sociale.

La moyenne d'âge des organisateurs créditistes est de 40 ans environ, alors que celle des organisateurs conservateurs ou libéraux est d'environ 50 ans. Ces données confirment ce qu'on nous a souvent fait remarquer : ce sont les jeunes surtout qui ont appuyé le Crédit Social.

Dans le cas des vieux partis, on note une différence entre conservateurs et libéraux. Alors que ceux-ci répugnent à délaisser leur parti, ne serait-ce qu'une fois, ceux-là ont pris plus facilement l'habitude de trahir à une élection, pour rejoindre le bercail à la suivante. Cela, d'ailleurs, confirme l'avancé d'un de nos informateurs créditistes qui prétendait que les libéraux étaient beaucoup plus coriaces à convertir que les conservateurs. Laissons-le parler : « Moins fanatiques que leurs adversaires, les conservateurs passent plus facilement d'un parti à l'autre. À l'Île, en tout cas, les conservateurs se délogent plus facilement que les libéraux. » Notre créditiste en ignore la raison ; il a constaté le fait. « Les libéraux, dit-il, forment des cellules (environ 50 à Saint-Laurent) qu'il est difficile de pénétrer. » La continuité électorale du Parti Libéral, tant fédéral que provincial, y est sans doute pour quelque chose. D'un autre côté, la maladresse des conservateurs en 1917, suivie de la malchanceuse prise du pouvoir pendant la crise, leur a valu un certain déséquilibre électoral. En 1917, la paroisse de Saint-Pierre qui votait régulièrement à 80 p. cent pour les conservateurs, ne leur laissa qu'une seule voix. Le degré d'attachement des organisateurs à leur parti est symptomatique de ce passé électoral.

Le fanatisme des libéraux s'accuse avec évidence, en comparaison de l'opportunisme de leurs adversaires. À preuve, quatre de nos neuf organisateurs conservateurs avaient déjà voté libéral ou créditiste, alors que deux libéraux seulement s'accusaient avec repentir d'avoir dans le passé commis une telle erreur ; chacun précise qu'il ne l'a fait qu'une fois.

Autre indice : le passé politique des créditistes. Deux d'entre eux sur neuf ont déjà milité en faveur des libéraux, alors que quatre ont abandonné les rangs conservateurs. Chez les anciens bérêts-blancs, la préférence pour les conservateurs est dominante. D'ailleurs, à l'occasion des élections provinciales du 14 novembre 1962, sept des neuf organisateurs créditistes sont passés à l'Union nationale. Nous ignorons le choix des deux autres.

On a beaucoup parlé du fanatisme des créditistes. Il importe ici de distinguer parmi eux les anciens bérêts-blancs des autres. Chez les premiers tant de persévérance prolongée, tant d'échecs répétés ne pouvaient conduire qu'à la démission ou au fanatisme. Il fallait une bonne dose de fanatisme pour surmonter le ridicule dont on les couvrait. «Quand on nous jette dehors par la porte d'en avant, on revient par celle d'en arrière», déclarait un orateur créditiste. Parmi les neuf organisateurs créditistes, on compte trois anciens bérêts-blancs seulement. Les six autres resteront créditistes ou changeront de parti selon la politique qui sera adoptée par Caouette. Ils ne se gênent pas pour le dire. Il s'agit pourtant d'organisateurs, non de simples électeurs. Leur attachement au parti demeure très superficiel. Par contre, le culte du chef charismatique se retrouve davantage chez ces néophytes que chez les autres, qui ont connu la scission entre Caouette et les bérêts-blancs.

L'explication du vote

L'état des structures socio-économiques ne permet pas une explication directe des comportements électoraux, mais c'est un arrière-plan sur lequel jouent tous les autres facteurs. On ne saurait oublier que l'élection du 18 juin 1962 et la campagne qui l'a précédée se sont déroulées au Québec sur un arrière-plan de chômage et de difficultés économiques, atténué il est vrai par la belle saison. Bien que relativement prospères, les habitants de l'Île d'Orléans ont ressenti et subi cette situation. Plus d'une fois au cours de nos entrevues, on nous a signalé, par exemple, que le prix de vente des patates avait été exceptionnellement bas au printemps de 1962, et que les cultivateurs en avaient fait les frais.

Nous avons noté chez plus d'un organisateur créditiste une assez nette conscience de classe, exacerbée par cette situation économique difficile. Cette conscience de classe s'exprimait surtout chez des organisateurs de la partie ouest de l'Île, la plus proche de Québec et la moins politisée. Non seulement ils sont contre «la finance» et les hommes qui la contrôlent, mais dans les termes mêmes de l'un d'eux, président de la Coopérative agricole, «Le Crédit Social c'est la révolte de la classe moyenne contre les collets blancs». Les collets blancs, c'est-à-dire les gens instruits, les «connaissants» qui de façon ouverte ou cachée imposent leur domination bien-pensante à la masse des autres : ainsi les technocrates et les bureaucrates qui agissent derrière l'écran des parlementaires et contre lesquels les vieux partis sont le plus souvent impuissants.

Ces vieux partis, tant décriés par les créditistes, c'était aussi le parti du «vieux» à la maison, des «vieux» dans la paroisse. Il est devenu banal de constater que l'autorité de ceux-ci ne s'exerce plus avec autant de force et ne s'étend plus à autant de secteurs qu'autrefois. Dans la plupart des familles le temps est passé où le père pouvait dire à ses fils majeurs, le matin de l'élection : «les petits gars, ce matin on va voter pour un tel ou un tel.» Dans bien des cas, c'est le contraire qui se produit. Des organisateurs créditistes nous ont dit que systématiquement ils tentaient de convaincre d'abord les jeunes dans une famille, confiants que ceux-ci, une fois convertis, gagneraient ensuite les plus vieux.

Ces conversions en chaîne, et plus généralement toute la vague créditiste, ont été favorisées par la situation politique existant dans la province de Québec et dans l'Île d'Orléans. Pour un grand nombre d'habitants de l'Île, ni le Parti Conservateur, ni le Parti Libéral du Québec (l'organisation du Parti Libéral dans l'Île est la même au niveau provincial et au niveau fédéral) n'avaient, au moment de la campagne, été fidèles aux espoirs soulevés par eux en 1958 et en 1960. La politique fédérale, tellement lointaine, était surtout jugée d'après les agissements locaux du député et de ses organisateurs : ils parurent assez décevants aux insulaires. Quant à la politique provinciale des libéraux elle s'était concrétisée sous des formes traditionnelles, à Saint-Jean, grâce à la présence d'organisateurs dynamiques et au rôle de médiateur joué par un «vacancier» placé très près du premier ministre. Mais les autres localités avaient souffert de la décision prise par la direction libérale de ne plus faire de «mauvais» patronage. Représentés par un député de l'Union Nationale, les habitants de l'Île ne pouvaient pas être aussi déçus que si la circonscription avait été libérale, mais sur un plan plus général ils se montraient fort inquiets des finances de la Province. Nous avons assisté, avant le début d'une assemblée politique, à une discussion fort animée où quelques leaders d'opinion parlaient de banqueroute prochaine du gouvernement, d'ouvriers de la voirie dont on avait coupé le salaire de $0.10 l'heure et qui faisaient la grève, etc.

Donc les vieux partis, «bleu» au fédéral, «rouge» au provincial, ne paraissaient pas trop bien dans la situation politique de ce milieu d'année 1962.

L'art d'un parti consiste à exploiter à son avantage la situation constituée par les structures socio-économiques et éclairée par la situation politique. En cet art Réal Caouette est passé maître. Tous s'accordent à concéder à Caouette un rôle essentiel dans la victoire créditiste. La majorité des gens de l'Île possèdent un téléviseur et, à l'Île, on regarde régulièrement la télévision. Au début, on écoutait Caouette par curiosité, puis on en vint à l'admirer et à dire : « Cet homme parle bien. » Même ceux qui n'étaient pas d'accord ont éprouvé le sentiment de sécurité et de force qui se dégage d'un discours de Caouette. « Il nous donne confiance » disait un organisateur créditiste.

L'information par les journaux, les revues, les magazines et même la radio ne se compare en rien à celle transmise par la télévision. Même la propagande des partis atteint très peu de gens. On ne vient à peu près pas aux assemblées politiques. À peine 50 personnes assistaient à l'unique assemblée conservatrice dans l'Île. Il est vrai que le député sortant n'avait guère donné satisfaction. De plus, se sachant battu, il ne forçait pas l'allure de sa campagne. Les libéraux, de leur côté, attirèrent environ 125 personnes à Saint-Jean, leur château fort. Leur candidat, un marchand de Beauport, n'affichait pas une personnalité suffisamment forte. Les libéraux ne firent qu'une autre assemblée, à Sainte-Famille. Pendant ce temps, les créditistes multipliaient les assemblées. Leur candidat, bien connu dans le comté, jouissait d'une solide réputation, même en dehors des cercles créditistes. Pourtant aux deux assemblées créditistes (sur six) auxquelles nous avons assisté, les auditeurs étaient à peine plus nombreux que lors des assemblées des autres partis. On a prétexté que les électeurs créditistes avaient peur de se faire identifier.

Comme ailleurs, le slogan de Caouette : « Essayez les créditistes, vous n'avez rien à perdre », n'a pas manqué d'impressionner. Des organisateurs créditistes nous ont dit que des gens d'abord très hostiles, pour qui Caouette était une espèce de détraqué, finissaient par tomber d'accord sur une ou deux idées du tribun. Le lendemain, ou encore au cours de la semaine, ils avaient l'occasion d'en discuter avec des parents, des amis, des voisins, ou des compagnons de travail. Et dans ces groupes primaires, des leaders d'opinion, déjà convertis au Crédit Social, partaient des quelques idées retenues et les convainquaient de porter plus d'attention à Caouette. C'est ce qu'ils faisaient le dimanche suivant, à la suite de quoi on les «travaillait» de nouveau.

Cette propagation par les groupes primaires qui a réussi de façon étonnante, nous a-t-on dit, dans une petite industrie comme les Chantiers maritimes de Saint-Laurent (et aussi dans des milieux de travail plus importants, hors de l'Île, comme l'Anglo Pulp, les Abattoirs Legrade) explique que dans l'Île d'Orléans, tout au moins, les organisateurs créditistes n'aient pas cru nécessaire de faire le porte à porte traditionnel. Ils cherchaient plutôt à convaincre des gens déjà séduits par le Crédit Social, qui pouvaient ensuite par des communications de tête à tête dans les groupes primaires répandre comme eux la bonne nouvelle. La seule localité où l'organisateur a fait une cabale assez systématique, soit Saint-Jean, est aussi la seule où le Crédit Social n'a pas obtenu une majorité des suffrages.

À Saint-Jean et ailleurs des facteurs locaux ont joué, dont il faut tenir compte si l'on veut expliquer les différences entre les résultats électoraux dans l'Île. Parmi ces facteurs il y a en tout premier lieu les campagnes menées par les créditistes durant les années 40. Aux élections provinciales de 1944 et aux élections fédérales de 1945, c'est à Sainte-Pétronille, Saint-Pierre et Saint-Laurent que le candidat créditiste, Adélard Bélair, obtint ses meilleurs résultats. L'histoire se répète en 1962, car c'est aussi dans ces trois localités que les créditistes ont le plus de succès, obtenant plus de votes que les deux autres partis ensemble (voir le tableau 1). Par contre Bélair ne recueillait que 14 votes à Saint-Jean en 1944, et 3 seulement en 1945 ; en 1962 c'est encore à Saint-Jean que les créditistes ont le moins de succès, arrivant derrière les libéraux et même derrière les conservateurs. Les localités les moins favorables au Crédit Social, en 1944 et 1945, et encore en 1962, sont les plus politisées de l'Île, soit Saint-Jean, Sainte-Famille et Saint-François. Là où les clans politiques et le vieil esprit de parti demeurent forts, la vague créditiste a rencontré plus de résistance. D'autant plus que les organisateurs «rouges» et «bleus» y avaient plus qu'ailleurs de quoi influencer le vote de leurs gens : les localités les plus politisées de l'Île sont aussi celles où le vote s'achète et se vend le plus. C'est le cas à Saint-Jean surtout, mais aussi à Saint-François et à Sainte-Famille.

Tableau 1
**Résultats, en pourcentage de votants, des élections fédérales de 1962
dans les différentes subdivisions locales de l'Île d'Orléans**

Localité	Parti Libéral %	Parti Conservateur %	Crédit Social %	Taux de participation %
SAINTE-PÉTRONILLE	36	10	50	95
SAINT-PIERRE				
Haut de la paroisse	16	15	69	86
Bas de la paroisse	23	24	53	87
SAINT-LAURENT				
Haut de la paroisse	24	16	60	83
Bas de la paroisse	38	21	41	93
SAINTE-FAMILLE				
Haut de la paroisse	30	11	58	87
Bas de la paroisse	38	20	49	90
SAINT-JEAN				
Haut de la paroisse	33	23	43	86
Centre de la paroisse	51	25	24	88
Bas de la paroisse	38	42	20	94
SAINT-FRANÇOIS				
Sud de la paroisse	42	11	47	90
Nord de la paroisse	17	39	44	85
ÎLE D'ORLÉANS				
Total	32	20	48	88
CIRCONSCRIPTION DE QUÉBEC – MONTMORENCY				
Total	26	15	58	84

Tout compte fait, même si l'Île d'Orléans s'est montrée moins créditiste que l'ensemble de la circonscription de Qué-bec–Montmorency (une des plus créditistes au Québec) — ce qui s'explique peut-être par la prospérité relative dont il a été question plus haut — tout près de la moitié des insulaires qui se sont prévalus de leur droit de vote ont appuyé le Crédit Social. On peut se demander si ces électeurs créditistes se sont recru-tés dans les rangs conservateurs ou dans les rangs libéraux. Il ne semble pas possible de donner une réponse unique valable pour toutes les localités de l'Île. Dans le Bas de Saint-Pierre, dans le Haut et le Centre de Saint-Jean, ainsi que dans Saint-François (Nord et Sud), si on met les conservateurs et les créditistes ensemble, on arrive assez exactement aux résultats obtenus par les conservateurs en 1958. Ailleurs il ne semble pas que les déplacements d'électeurs aient été aussi simples : en plus d'anciens conservateurs un bon nombre de libéraux, restés fidèles en 1958, ont voté pour le Crédit Social en juin 1962. Le Bas de Saint-Jean fait toutefois exception : c'est la seule subdivision où un des « vieux partis » (le Parti Libéral) obtient un meilleur pourcentage qu'en 1958.

Dans bien des cas les variations dans les succès créditistes ou encore dans la résistance des « vieux partis » s'expliquent aussi par l'état et l'action des organisations locales, ou encore par le statut et la personnalité d'un organisateur. Ainsi la division qui s'est produite dans l'organisation conservatrice et qui a enlevé tout enthousiasme aux organisateurs de Saint-Pierre, frustrés dans leur tentative de centralisation et de renouvellement, explique sans doute que les pertes conservatrices aient été considérables dans cette localité traditionnellement « bleue ». Inversement, si les créditistes ont eu bien peu de succès dans Saint-Jean, c'est peut-être, en plus d'autres facteurs qui jouaient en ce sens, et comme le suggérait un organisateur de Saint-Laurent, que les deux principaux organisateurs créditistes de Saint-Jean n'avaient pas trop bonne réputation dans cette localité.

Mais de façon générale, pas plus à l'échelle des localités qu'à l'échelle des circonscriptions, le facteur personnel ne semble avoir joué un rôle décisif dans cette élection, tout au moins dans la grande région couverte par les 26 circonscriptions créditistes. Des libéraux comme Maurice Bourget, des conservateurs comme Martial Asselin ont peut-être mieux résisté que d'autres mais, étant donné l'écart qui séparait le Crédit Social des autres partis, la personnalité des candidats ne pouvait pas changer grand-chose. Le facteur personnel, en effet, joue surtout sur les petites marges, quand au moins deux partis ont de bonnes chances de l'emporter, ce qui n'était pas le cas dans les circonscriptions gagnées par les créditistes.

En résumé, la vague créditiste qui a balayé l'Île d'Orléans, moins intensément que l'ensemble de Québec–Montmorency, a été rendue possible par l'exploitation que Réal Caouette a su faire à la télévision d'une situation économique difficile et d'une situation politique peu favorable aux vieux partis. La propagation de la doctrice créditiste à partir de Caouette s'est faite, semble-t-il, beaucoup plus par les groupes primaires que par le porte à porte et les assemblées traditionnelles ; elle a rencontré plus de résistance dans les localités très politisées que dans celles qui le sont moins et où les créditistes avaient obtenu le plus de succès en 1944 et en 1945. Enfin des facteurs locaux et personnels expliquent de petites variations aberrantes d'une localité à l'autre [1].

---

[1] Pour une analyse plus systématique de cette élection et de la politique dans l'Île d'Orléans, on pourra consulter notre ouvrage, *Parenté et politique. L'organisation sociale dans l'Île d'Orléans*, Québec, Les Presses de l'université Laval, 1971.

L'élection fédérale de 1962
dans la circonscription
de Lévis *
(1964)

Nous voudrions dans cette monographie chercher une explication, la plus complète possible, aux succès du Crédit Social dans une des circonscriptions du Québec, celle de Lévis.

Plusieurs raisons nous ont incité à choisir Lévis. Cette circonscription fait partie du bloc des 26 circonscriptions remportées par le Crédit Social, en 1962 ; plus exactement elle est aux frontières de ce bloc, puisque la circonscription voisine de Lotbinière, à l'ouest, a élu un conservateur. On verra que

* Version française, légèrement révisée, d'une étude publiée sous le titre de « The Election in the Constituency of Levis », dans J. MEISEL (éd.), *Papers on the 1962 Election,* Toronto, University of Toronto Press, 1964, pp. 33-52. L'étude fut préparée en collaboration avec Michel Chaloult et André Ouellet.

Lévis est une circonscription plutôt urbaine que rurale, mais on trouve dans son arrière-pays des localités où l'agriculture prédomine encore. Dans une telle circonscription mixte, on pourra donc étudier à la fois le créditisme urbain et le créditisme rural. Autre raison : le Crédit Social trouvait sur sa route un adversaire de taille, Maurice Bourget, député de la circonscription depuis 1940, et de nouveau candidat libéral en 1962. Enfin, et ce fut peut-être la raison prédominante, nous avions déjà fait une étude des élections provinciales dans la circonscription de Lévis, de 1912 à 1960[1], ce qui nous mettait en bonne position pour aborder l'étude de l'élection fédérale de 1962.

Depuis l'élection fédérale de 1949, la circonscription de Lévis est à peu près la même au niveau fédéral et au niveau provincial. La seule différence consiste en ce que la localité de Saint-Henri, comprenant les municipalités de Saint-Henri, de Saint-Henri-de-Lauzon, et de Rivière-Boyer, se trouve dans la circonscription fédérale de Bellechasse, alors qu'elle fait partie de la circonscription provinciale de Lévis.

Dans la circonscription fédérale actuelle on peut distinguer trois zones écologiques. La première située le long du fleuve, face à la ville de Québec, comprend les deux localités urbaines les plus populeuses de la circonscription, Lévis et Lauzon. Une deuxième zone, urbaine elle aussi, va de Saint-David à Saint-Rédempteur, en passant par Saint-Télesphore, Saint-Romuald et Charny ; il faut aussi inclure dans cette zone Breakeyville, où il n'existe à peu près plus de cultivateurs. La troisième zone, qui forme, grossièrement, un demi-cercle autour des deux précédentes, est constituée de localités qui demeurent rurales, malgré une pénétration de plus en plus grande des modes de vie urbaine (Saint-Joseph, Pintendre, Saint-Jean-Chrysostome, Saint-Lambert, Saint-Étienne et Saint-Nicolas).

L'habitat est plus dispersé dans cette troisième zone que dans les deux autres. Les localités de cette zone sont aussi les seules, avec Saint-Télesphore, à avoir un taux de masculinité supérieur à 100, ce qui est un assez bon indice de leur caractère rural.

---

[1] « Les élections provinciales dans le comté de Lévis, de 1912 à 1960 », dans *Recherches sociographiques*, vol. II, nᵒˢ 3-4, juillet-déc. 1961, pp. 367–399.

Tableau 1
Population des localités de la circonscription de Lévis,
de 1941 à 1961, et taux de masculinité, en 1961

	1941	1951	1961	indice 1941/1961	taux de masculinité (1961)
Lévis	11,991	13,162	15,112	(126)	94
Lauzon	7,877	9,643	11,533	(146)	96
Total (zone 1)	19,868	22,805	26,645	(134)	95
Saint-Romuald	4,027	4,797	5,681	(141)	94
Charny	2,831	3,300	4,189	(148)	98
Saint-David	875	1,147	1,968	(225)	96
Breakeyville	1,194	1,155	1,213	(102)	96
Saint-Rédempteur	680	757	1,035	(152)	97
Saint-Télesphore	254	232	385	(152)	116
Total (zone 2)	9,861	11,388	14,471	(147)	96
Saint-Nicolas	1,738	2,036	2,384	(137)	107
Pintendre	1,063	1,267	1,465	(138)	106
Saint-Jean C.	1,238	1,469	1,471	(119)	106
Saint-Lambert	1,202	1,233	1,444	(120)	167
Saint-Étienne	682	788	868	(127)	104
Saint-Joseph	299	293	299	(100)	123
Total (zone 3)	6,222	7,086	7,931	(127)	107
Grand total (Lévis)	35,951	41,279	49,047	(136)	97

SOURCE : *Recensements du Canada.*

Depuis 1940, Maurice Bourget avait toujours été élu sans difficulté dans Lévis. Même en 1958 il recueillait près de 58 p. cent des suffrages exprimés, contre un assez faible adversaire il est vrai, ce qui était le meilleur résultat obtenu par un candidat libéral dans le Québec. Si on la compare à l'ensemble de la Province et aux deux régions plus immédiates qui l'entourent de part et d'autre du fleuve Saint-Laurent[2], la circonscription de Lévis, sous Maurice Bourget, apparaît comme très « libérale ». Le tableau 2 le montre bien.

---

[2] Nous avons inclus dans une première région, les circonscriptions de Québec et de sa banlieue, soit Québec-Est, Québec – Montmorency, Québec-Ouest et Québec-Sud ; et dans une deuxième région, les circonscriptions limitrophes de celle de Lévis, sur la rive sud du Saint-Laurent, soit celles de Bellechasse, Dorchester et Lotbinière.

Tableau 2
Pourcentage des suffrages exprimés accordés aux libéraux dans la province de Québec, dans Lévis et dans les deux régions autour de Lévis de 1940 à 1958

	1940 %	1945 %	1949 %	1953 %	1957 %	1958 %
Province de Québec	63	51	60	61	58	46
Lévis	68	71	61	72	72	58
Région au nord de Lévis (Québec-Est, Québec– Montmorency, Québec- Ouest et Québec-Sud)	66	59	68	61	63	46
Région au sud de Lévis (Bellechasse, Dorchester et Lotbinière)	64	59	54	55	56	44

SOURCE : *Rapports du directeur général des élections.*

On voit dans ce tableau que depuis 1940 Lévis est toujours plus libérale que l'ensemble de la province de Québec. Elle est toujours plus libérale également que les deux régions qui l'entourent, sauf en 1949 où les circonscriptions de Québec et de sa banlieue se montrèrent plus libérales. Cette année-là, Maurice Bourget avait comme adversaire un très fort candidat, J. Adélard Bégin, maire de Lévis, qui sous l'étiquette d'Indépendant recueillit plus de 35 p. cent des suffrages exprimés.

L'étude des élections provinciales montre le même phénomène, mais atténué : la circonscription de Lévis est généralement un peu plus libérale que l'ensemble de la Province et que les deux régions qui l'entourent, au nord et au sud.

Rappelons enfin qu'aux élections fédérales de 1945 et 1949 un candidat créditiste s'est présenté dans Lévis. En 1945 il était le seul adversaire de Bourget et obtint 29 p. cent des suffrages exprimés. En 1949, écrasé entre Bourget et Bégin, le même candidat n'obtint qu'un peu plus de 3 p. cent des votes. Un créditiste fut aussi candidat à l'élection provinciale de 1948 et obtint 18 p. cent des suffrages, c'est-à-dire seulement 11 p. cent de moins que le candidat libéral. L'année suivante, à l'occasion d'une élection partielle, un autre candidat créditiste, le même qu'aux élections fédérales de 1945 et de 1949, fut seul à s'opposer au candidat de l'Union Nationale. Il recueillait 19 p. cent des votes.

Le 18 juin 1962, le candidat créditiste J. A. Roy était élu député de la circonscription de Lévis. Le décompte exact des bulletins de vote devait lui accorder 11, 504 suffrages. Le candidat libéral Maurice Bourget recueillait 8,826 suffrages, et le candidat conservateur, Jean-Marie Morin, 3,575.

Si nous comparons le pourcentage des suffrages accordés à Maurice Bourget dans Lévis, avec les pourcentages libéraux dans l'ensemble de la Province et dans les deux régions au nord et au sud de Lévis, nous voyons que la circonscription de Lévis se montre de nouveau plus libérale que les deux régions voisines. Mais pour la première fois depuis 1940, il y a proportionnellement plus de libéraux dans l'ensemble de la Province que dans Lévis, ce qui est dû évidemment au fait que Lévis fait partie de la grande région balayée par le Crédit Social.

Tableau 3
Pourcentage des suffrages exprimés accordés aux libéraux dans la province de Québec, dans Lévis et dans les deux régions autour de Lévis, en 1957, 1958 et 1962

	1957 %	1958 %	1962 %
Province de Québec	58	46	39
Lévis	72	58	37
Région au nord de Lévis (Québec-Est, Québec–Montmorency, Québec-Ouest et Québec-Sud)	63	46	31
Région au sud de Lévis (Bellechasse, Dorchester et Lotbinière)	56	44	33

SOURCE : *Rapports du directeur général des élections.*

On remarque toutefois que par rapport à 1958, c'est dans Lévis que les pertes libérales sont, de loin, les plus considérables. Elles ne sont que de 7 points dans l'ensemble de la Province, de 11 points dans la région Sud, et de 15 points dans la région de Québec et de sa banlieue, alors qu'elles sont de 21 points dans Lévis. Des 72 votants sur 100 qui lui étaient favorables en 1957, Maurice Bourget n'en retrouve qu'un peu plus de la moitié en 1962, soit 37 sur 100.

Comme cette étude fut décidée après l'élection de juin, l'auteur et ses deux collaborateurs n'ont pas suivi avec une attention spéciale la campagne électorale dans Lévis : nous ne tenterons donc pas de la reconstituer. Nous voudrions plutôt mettre les résultats électoraux en corrélation avec toute une série de facteurs, les uns non politiques, les autres politiques. Les données requises seront tirées de documents publics (*Recensements du Canada, Rapports du directeur général des élections,* journaux, etc.), de plus de quatre-vingts entrevues faites dans Lévis durant l'été 1962 [3] et d'observations personnelles.

L'étude sera divisée en quatre parties. D'abord, une tentative d'explication générale de la vague créditiste, au niveau de la circonscription, et la recherche des facteurs plus particuliers pouvant expliquer le vote dans certains milieux, dans certaines localités. Certains de ces facteurs seront dits non politiques, d'autres seront dits politiques, et ils feront l'objet des deuxième et troisième parties de la monographie. Enfin, nous passerons de l'analyse à la synthèse et tenterons de dégager quelques dimensions d'une explication plus globale des succès créditistes dans Lévis.

Explication générale des succès créditistes dans Lévis

La vague créditiste dans Lévis et dans la région couverte par les 26 circonscriptions du Québec où le candidat créditiste fut victorieux peut être décomposée en trois séries de phénomè-

---

[3] Ont été interviewés, les trois candidats et le Président des élections dans Lévis, onze organisateurs libéraux, huit organisateurs conservateurs et treize organisateurs créditistes, ainsi que vingt électeurs de la zone 1 (Lévis et Lauzon), treize électeurs de la zone 2 (Saint-Romuald, etc.) et onze électeurs de la zone 3 (Saint-Nicolas, etc.) ; les électeurs ont été choisis au hasard sur les listes électorales. L'auteur a participé à quelques entrevues, mais la plupart furent menées par André Ouellet et Michel Chaloult.

nes différents. Une vague d'une telle ampleur n'aurait pas été possible

1) sans une situation économique qui se détériorait depuis quelques années, situation à laquelle se rattachait une situation politique peu favorable aux « vieux partis » ;

2) sans l'exploitation de cette situation économique et politique par Réal Caouette et quelques-uns de ses lieutenants à la télévision ;

3) sans la propagation qui a été faite des idées créditistes par de nombreux militants et par une organisation dont la vigueur contrastait avec celles des « vieux partis ».

Examinons brièvement chacun de ces facteurs de la vague créditiste dans la circonscription de Lévis.

Nous ne nous attarderons pas sur la situation socio-économique existant durant les mois qui précédèrent la campagne électorale. Dans la circonscription de Lévis, comme dans l'ensemble de la Province, le nombre des chômeurs avait augmenté depuis quatre ou cinq ans. Dans les localités urbaines et surtout dans les localités rurales la prospérité des années 40 et du début des années 50 avait fait place à une situation économique plus difficile, dont l'effet le plus sensible était le manque d'argent nécessaire pour se procurer des biens de consommation de plus en plus variés, rendus de plus en plus attrayants par la publicité. Les achats à crédit, payés par versements mensuels, étaient la solution artificielle à ce manque, solution à laquelle invitait cette même publicité.

Durant les années de guerre et les années qui suivirent, des cultivateurs, encouragés par la prospérité d'alors, avaient acquis un équipement agricole coûteux. Depuis quelques années leurs profits diminuaient sans cesse. Le prix des produits agricoles était stable, alors que le prix des engrais, moulées, etc., augmentait constamment. Le développement des Chantiers maritimes de Lauzon avait aussi attiré dans cette ville et dans la région d'anciens ruraux qui s'y étaient fait construire une maison. Depuis ce temps leurs charges familiales et leurs besoins avaient augmenté plus vite que leurs revenus.

Sur le plan politique la situation était peu favorable aux partis traditionnels. Le Parti Conservateur avait déçu après son éclatante victoire de 1958, et il n'avait plus derrière lui la forte organisation de l'Union Nationale. Quant aux libéraux, leur organisation locale étant la même au fédéral et au provincial, ils se trouvaient étroitement associés aux yeux de la population au gouvernement Lesage, d'autant plus qu'aucun leader fédéral ne retenait l'attention. Or, dans plusieurs milieux de la circonscription le mécontentement était grand contre le gouvernement provincial, dont la décision de ne plus faire de patronage était interprétée ou bien comme une attitude d'incompréhension des problèmes locaux, ou bien comme une manœuvre déguisée pour favoriser quelques amis[4].

Telle était donc dans ses grandes lignes la situation socio-économique et politique dans Lévis bien avant le début de la campagne électorale. L'art de Réal Caouette a consisté à exploiter cette situation à l'avantage du Crédit Social. Plusieurs organisateurs sont convaincus que les causeries hebdomadaires du leader créditiste furent une condition *sine qua non* des succès de son parti. Elles avaient lieu le dimanche soir à l'heure du souper, quand les familles sont réunies. Une émission très populaire (*l'Heure des Quilles*) précédait celle de Caouette. Et puis, comme nous le faisait remarquer un organisateur libéral, on n'avait pas la possibilité de passer à un autre canal ; celui où parlait Caouette était le seul de langue française dans la région. Le quart d'heure créditiste était aussi suivi d'une autre émission très populaire (*Robin des Bois*). On laissait l'appareil de télévision ouvert quel que soit le sentiment qu'on éprouvait pour Caouette.

Il semble que beaucoup de gens, d'abord très hostiles, pour qui Caouette était une espèce de détraqué, finirent ainsi par être d'accord avec une ou deux idées du tribun. Au cours de la semaine ils avaient l'occasion d'en discuter avec des amis, voisins ou compagnons de travail. Et dans ces groupes primaires des leaders d'opinion, déjà convertis au Crédit Social, partaient des quelques idées retenues et convainquaient ces gens de

---

[4] Dans la circonscription ce mécontentement était surtout dirigé contre le député provincial (libéral) qu'on accusait d'être malhabile et peu coopératif dans ses relations avec les organisateurs, associations et individus des diverses localités. Que ce député, qui s'y croyait obligé, fasse toute la campagne avec Maurice Bourget, devait aviver ce ressentiment. Les organisateurs des trois partis ont insisté pour dire que c'était là une des raisons principales de la défaite de Maurice Bourget, à qui on reprochait peu de choses si ce n'est d'avoir appuyé en 1960 la candidature du député provincial et de faire équipe encore une fois avec lui durant la campagne.

porter plus d'attention à Caouette. C'est ce qu'ils faisaient le dimanche suivant, ce qui les rendait encore plus réceptifs aux leaders d'opinion créditistes.

De façon plus générale, c'est un peu partout où des hommes se rassemblent et sont unis par des liens de sociabilité que s'est propagée la doctrine créditiste. Un garagiste de Saint-Jean-Chrysostome ne veut pas admettre que les gens qui passaient par son garage ont eu de l'influence sur son vote, donné au Crédit Social, mais il admet qu'ils étaient à peu près tous créditistes. Un camionneur de Lévis dit que la plupart des autres camionneurs qu'il a rencontrés durant la campagne, ainsi que les gens qu'il fréquentait au restaurant, étaient créditistes et que c'est en «jasant» avec eux qu'il s'est fait une idée. Un boucher de Saint-David, âgé de 29 ans, a discuté de politique avec ses sept frères et son père, un vieux conservateur : les sept frères ont voté pour le Crédit Social, mais ils n'ont pas pu convaincre leur père qui est demeuré conservateur. Un jeune commis de Lauzon a visiblement été influencé par les voyageurs de commerce qui passaient au magasin où il travaillait et qui étaient à peu près tous en faveur du Crédit Social. Il l'a été aussi par les jeunes gens qui fréquentaient le magasin et qui eux aussi appuyaient le Crédit Social.

Nos entrevues nous indiquent que cette propagation des idées créditistes par les groupes primaires a réussi de façon étonnante chez les ouvriers des Chantiers maritimes de Lauzon, chez les employés du C.N.R., de l'Anglo Pulp (à Québec), etc. Donnons quelques exemples significatifs. Un ouvrier des Chantiers maritimes de Lauzon, demeurant à Lévis et âgé de 45 ans environ, dit qu'on parlait beaucoup du Crédit Social aux Chantiers. Lui-même ne s'est jamais mêlé aux discussions politiques car il avoue ne pas avoir la parole facile, mais « à les entendre jaser, et à voir la télévision, je me suis convaincu que le Crédit Social était le parti de l'avenir ». Un journalier de Saint-Rédempteur, âgé de 50 ans environ et qui avait toujours voté pour le Parti Libéral, ne s'est pas mêlé aux discussions de ses camarades de travail, lui non plus, mais il admet qu'ils ont eu de l'influence sur lui ; comme eux il a voté créditiste. Toujours à Saint-Rédempteur, l'organisateur libéral est même d'avis que parmi les ouvriers des Chantiers, du C.N.R. et de l'Anglo Pulp quelques-uns seulement sont restés fidèles aux vieux partis. Il cite le témoignage du maire de la localité (qui travaille dans la cour du C.N.R. à Charny) qui a eu très tôt, au contact de ses compagnons de travail, le pressentiment que le Parti Libéral était battu dans la circonscription. Il est d'ailleurs remarquable de constater qu'un grand nombre d'organisateurs créditistes se sont recrutés dans ces milieux de travail, où de nombreux ouvriers se trouvent quotidiennement ensemble. Des treize organisateurs créditistes que nous avons rencontrés, pas moins de huit venaient de ces milieux, dont trois des Chantiers de Lauzon, trois du C.N.R. et un de l'Anglo Pulp. Il est certain que chez ces gens la revendication créditiste était alimentée par une conscience de classe contre les patrons, contre ceux qui les dominent sans jamais s'expliquer et qui dans bien des cas se trouvaient être en même temps des Canadiens anglais. Chez les employés du C.N.R., le salaire de $75,000 dollars payé à Donald Gordon, «pour faire des déficits», avait valeur de symbole.

Un autre caractère important de la propagation de la doctrine créditiste est que dans bien des cas elle a été portée par les jeunes. On l'a vu dans quelques-uns des exemples donnés plus haut, et plus d'une fois au cours de nos entrevues cette constatation a été faite. Un des meilleurs «cabaleurs» d'élection qu'il nous a été donné de rencontrer nous a même dit que systématiquement, quand il visitait une famille, il essayait de convertir les jeunes au Crédit Social, confiant que ceux-ci, après son départ, convertiraient à leur tour leurs parents. Plus sensibles que leurs aînés aux besoins suscités par la publicité, les jeunes ont ressenti davantage le manque d'argent et ont été réceptifs aux solutions offertes par les Créditistes. Désormais ils sont mieux informés que leurs aînés, à qui ils en imposent par leurs connaissances. Ils peuvent ainsi influencer le vote des plus vieux, alors qu'autrefois c'était le père qui décidait comment ses fils et filles devaient voter.

Un organisateur libéral nous faisait également remarquer que pour ces jeunes, Maurice Bourget, ancien joueur de baseball d'un club célèbre à Lévis, député depuis 1940 et orateur très habile à établir le contact avec une foule, n'avait pas la même signification qu'il pouvait avoir pour les plus de quarante ans. Les jeunes courent peu les assemblées, et

Maurice Bourget n'était pour plusieurs d'entre eux qu'un «vieux de la vieille», en place depuis trop longtemps.

Dans certaines localités plusieurs électeurs, favorables au Crédit Social, n'ont pas osé, pourtant, s'afficher comme tels. Si bien que certains organisateurs créditistes ont été les premiers surpris des étonnants succès de leur parti (ainsi à Saint-Rédempteur). Là-dessus le député J. A. Roy nous a dit avoir reçu, durant la campagne, de nombreux coups de téléphone d'inconnus qui l'assuraient de leur vote, mais s'excusaient de ne pas pouvoir le dire publiquement, à cause des pressions que les «vieux partis» exerçaient sur eux. Les libéraux auraient même payé, pour leur travail d'élection, des gens qui n'en ont pas moins voté pour le Crédit Social. Ce créditisme «introuvable» confirme notre hypothèse que la propagation des idées du Crédit Social s'est faite avant tout par les groupes primaires, dont l'action silencieuse peut fort bien ne pas être perçue par les partis adverses.

Mais l'organisation créditiste n'a pas été inutile. Commencée un soir, dans un sous-sol, avec les conseils d'un organisateur venu de Québec, elle était complètement mise sur pied un an avant l'élection de juin 1962. En septembre 1961 le candidat créditiste était choisi et pouvait compter sur cette organisation, forte de 400 membres.

Pour assurer des communications plus faciles et plus efficaces, la circonscription fut d'abord divisée en quatre territoires : Lévis, Lauzon, Saint-Romuald et Charny. Chacun de ces territoires comprenait, en plus de la localité qui lui donnait son nom, un certain nombre de localités plus petites. C'est ainsi que Saint-Rédempteur, Saint-Étienne, Breakeyville et Saint-Lambert faisaient partie du territoire de Charny. Le territoire était lui-même divisé en une dizaine de secteurs, qui ne correspondaient pas nécessairement à des localités ou à des paroisses. Enfin chaque secteur contenait de un à cinq ou six bureaux de scrutin. Pour chaque bureau de scrutin il y avait deux responsables, et à la tête de chaque secteur et de chaque territoire un chef. Ainsi l'organisation centrale communiquait avec quatre chefs de territoire seulement, au lieu de 15 ou 20 organisateurs de localités ou de paroisses. Quant aux chefs de territoire et aux chefs de secteur ils communiquaient chacun avec 10 ou 12 subordonnés tout au plus.

L'organisation libérale ne se trouvait pas en aussi bon état au moment de la campagne. Des 1,200 membres que comptait l'association libérale au moment de la victoire de Lesage, en juin 1960, il n'y en avait plus que 200 environ quand commença la campagne électorale. Dans certaines localités on ne pouvait compter que sur 3 ou 4 organisateurs, là où il en aurait fallu 10. Les libéraux de la circonscription ont fait une campagne active, mais sans grand enthousiasme. Plusieurs reprochent aux dirigeants provinciaux de leur avoir conseillé, à Montréal, aussi tard que le 5 mai, de ne pas parler du Crédit Social dans la circonscription, afin de ne pas lui donner trop d'importance. Les stratèges libéraux estimaient qu'ainsi le Crédit Social ne prendrait pas assez de votes aux conservateurs pour battre les libéraux. Ce calcul, fait de Montréal, valait peut-être pour l'ensemble de la province, mais dans 26 circonscriptions il a donné de mauvais résultats.

L'organisation conservatrice était encore plus délabrée. Plusieurs organisateurs étaient passés, avant la campagne, du Parti Conservateur au Crédit Social. L'un d'eux, de Saint-Étienne, raconte que lorsque les gens le voyaient entrer dans la maison, ils lui disaient, croyant qu'il était toujours conservateur : « Cette année, on ne vote pas pour toi, on vote pour le Crédit Social ». Il leur répondait que lui aussi, cette année, votait pour le Crédit Social !

Le candidat conservateur Jean-Marie Morin fut un des derniers à être choisi au Québec. Il n'avait aucune chance dans la lutte à deux qui s'était engagée entre les libéraux et le Crédit Social.

Les facteurs non politiques des résultats locaux

Les trois facteurs de la vague créditiste que nous venons d'examiner ont joué assez indifféremment dans toutes les localités de la circonscription. Partout les électeurs avaient conscience d'une situation économique et politique peu favorable aux « vieux partis » ; partout Réal Caouette fut entendu ; partout son message fut retransmis par de nombreux militants dont l'ardeur contrastait avec la fatigue et la désaffection qui affligeaient les organisations libérales et conservatrices.

De ces trois facteurs généraux, c'est encore le deuxième (les discours de Caouette) dont l'action fut la plus uniforme ; on trouve concernant les deux autres facteurs des petites différences significatives d'une localité à l'autre, qui seront indiquées en cours de route.

Mais ces petites différences ne suffisent pas à elles seules à expliquer les différences beaucoup plus grandes dans les résultats de l'élection, à l'intérieur de la circonscription. Si on parcourt la liste des localités, dans le tableau 4, on voit qu'en pourcentage d'inscrits les résultats libéraux varient de 39.5 p. cent à 20.2 p. cent, les résultats conservateurs de 16.6 p. cent à 6.3 p. cent, et les résultats créditistes de 55.7 p. cent à 38.5 p. cent. Nous avons aussi donné dans ce tableau les résultats des élections fédérales dans Lévis en 1957 et en 1958, ainsi que ce que nous avons appelé les résultats *attendus* de 1962. Ces résultats attendus nous seront utiles plus tard.

Pour expliquer les différences électorales entre les localités de la circonscription de Lévis, il faut passer en revue un certain nombre de facteurs perçus ou non par les observateurs de l'élection du 18 juin 1962, et voir s'ils sont en corrélation avec les résultats locaux. Nous commençons ici par les facteurs non politiques, réservant les facteurs politiques pour une autre section.

L'augmentation rapide de la population est souvent l'indice d'une localité progressive, et certains ont soutenu que le Crédit Social avait trouvé sa force dans les localités non progressives. Pourtant si on compare l'augmentation de la population dans les localités de la circonscription, de 1941 à 1961 (tableau 1), avec les résultats électoraux, aucune relation évidente ne se dégage. Saint-David est de loin la localité où la population a augmenté le plus (indice 225 par rapport à 1941), mais c'est aussi l'une de celles où le Crédit Social remporte de grands succès (49.3 p. cent). Ce parti est également très fort à Breakeyville, localité où la population n'a pas augmenté depuis 1941, mais moins qu'à Pintendre où la population a augmenté davantage que dans l'ensemble de la circonscription.

Si nous comparons les résultats électoraux par localité avec le taux de masculinité, par localité également (tableau 1), nous voyons apparaître une certaine relation positive. Lévis, Lauzon et Saint-Romuald sont les trois localités où les «vieux partis»

Tableau 4
Résultats des élections fédérales de 1957, 1958 et 1962 dans les localités de la circonscription de Lévis*

	1957			1958			(Résultats effectifs) 1962				(Résultats attendus) 1962			
	Partici-pation	Lib.	Cons.	Partici-pation	Lib.	Cons.	Partici-pation	Lib.	Cons.	C.S.	Partici-pation	Lib.	Cons.	C.S.
Lévis	81.4	59.7	21.7	83.7	50.2	33.5	87.7	34.4	14.8	38.5	87.7	33.5	12.2	42.0
Lauzon	85.4	65.5	19.9	87.5	55.0	32.5	90.7	39.5	10.9	40.3	90.7	36.7	11.9	42.1
Saint-Romuald	78.9	55.0	23.9	84.1	48.4	35.7	88.9	32.9	12.6	43.4	88.9	32.9	12.6	43.4
Charny	79.3	58.6	20.7	85.5	50.7	34.8	86.9	24.9	15.0	47.0	86.9	33.9	12.7	40.3
Saint-David	84.5	57.2	27.3	89.5	42.6	46.9	90.8	26.2	15.3	49.3	90.8	28.5	17.1	45.2
Breakeyville	82.6	50.7	31.9	86.0	40.2	45.8	89.2	24.3	11.2	53.7	89.2	26.9	16.7	45.6
Saint-Rédempteur	80.2	54.6	25.6	84.9	47.8	37.1	89.2	20.2	15.5	53.5	89.2	31.9	13.5	43.8
Saint-Télesphore	83.9	58.1	25.8	87.2	55.8	31.4	88.0	35.1	6.3	46.6	88.0	37.3	11.5	39.2
Saint-Nicolas	71.6	46.5	25.1	80.2	36.9	43.3	82.9	23.1	13.8	46.0	82.9	24.6	15.8	42.5

	1957		1958		(Résultats effectifs) 1962				(Résultats attendus) 1962			
	Partici-pation	Lib. / Cons.	Partici-pation	Lib. / Cons.	Partici-pation	Lib. / Cons. / C.S.			Partici-pation	Lib. / Cons. / C.S.		
Pintendre	84.4	51.6 / 32.8	80.6	32.4 / 48.2	92.6	23.2 / 13.7 / 55.7			92.6	21.6 / 17.6 / 53.4		
Saint-Jean-Chrysostome	80.2	47.1 / 33.1	81.5	36.0 / 45.5	86.6	28.7 / 10.1 / 47.8			86.6	24.0 / 16.6 / 46.0		
Saint-Lambert	82.7	47.6 / 35.1	87.6	40.1 / 47.5	91.0	31.3 / 16.6 / 43.1			91.0	26.8 / 17.3 / 46.9		
Saint-Étienne	83.9	62.4 / 21.5	83.9	30.5 / 53.4	88.6	23.5 / 12.1 / 53.0			88.6	20.4 / 19.5 / 48.7		
Saint-Joseph	87.4	52.0 / 35.4	87.9	39.8 / 48.1	94.8	33.3 / 16.0 / 45.5			94.8	26.6 / 17.6 / 50.6		
Total	81.7	58.5 / 23.2	85.2	48.8 / 36.4	88.7	32.6 / 13.3 / 42.8			88.7	32.6 / 13.3 / 42.8		

Source : *Rapports du directeur général des élections.*

* Le vote des forces armées n'est pas inclus dans ces résultats. Les pourcentages des partis sont des pourcentages d'inscrits et non de votants, ceci afin de tenir compte de la participation, variable d'une élection à l'autre. Ne sont pas inclus parmi les participants les électeurs dont les bulletins de vote ont été rejetés.

ont le mieux résisté au Crédit Social ; elles sont aussi celles où la proportion des femmes est la plus grande. Mais Breakeyville et Saint-Rédempteur, qui ont à peu près le même taux de masculinité que Lauzon, sont parmi les localités les plus créditistes de la circonscription.

Une certaine relation se dessine, si on fait la comparaison, non plus par localités, mais par zones. Le tableau 5 le montre bien.

Tableau 5
Comparaison des résultats créditistes avec le taux de masculinité, par zones

	Résultats créditistes (1962)	Taux de masculinité (1961)
Zone 1 (Lévis, Lauzon)	.39	.95
Zone 2 (Saint-Romuald, etc.)	.47	.96
Zone 3 (Saint-Nicolas, etc.)	.48	.107

Sources : *Recensement du Canada, 1961* et *Rapport du directeur général des élections, 1962.*

Mais s'agit-il de la seule proportion relative des hommes et des femmes, ou plutôt des faits d'ordre écologique dont cette proportion est l'indice ? Plus encore qu'avec le taux de masculinité, c'est avec la taille des localités que les résultats créditistes semblent reliés. Dans les cinq localités les plus populeuses de la circonscription, soit dans l'ordre : Lévis, Lauzon, Saint-Romuald, Charny et Saint-Nicolas, les créditistes ne parviennent pas à obtenir le vote de la moitié des inscrits. Ils le réussissent par contre dans trois des cinq localités les plus petites, soit dans Saint-Étienne, Saint-Rédempteur et Breakeyville ; dans les deux autres, Saint-Télesphore et Saint-Joseph, ils obtiennent le vote de 46.6 p. cent et de 45.5 p. cent des inscrits. Dans les cinq localités les plus populeuses, la moyenne des créditistes est de 41.1 p. cent ; dans les cinq localités les moins populeuses, elle est de 52.2 p. cent.

Parmi les facteurs d'ordre socio-économique nous retiendrons pour examen les occupations. Dès le début de la recherche nous avons eu la présomption que c'était là un des principaux facteurs du comportement électoral de juin 1962, du moins dans les localités urbaines, c'est-à-dire celles des zones 1 et 2. Aussi nous sommes-nous livré à un assez long travail, afin de confirmer ou d'infirmer cette présomption. Tous les électeurs inscrits sur les listes électorales des huit localités urbaines ont été divisés en deux catégories, selon leur occupation : les «supérieurs» et les «inférieurs»[5]. Ils ont aussi été

Tableau 6
Pourcentages comparés d'«inférieurs» et de créditistes par localités urbaines

Localités	Pourcentage des électeurs d'occupation «inférieure»	Pourcentage effectif d'électeurs créditistes	Pourcentage attendu d'électeurs créditistes
Lévis	50.6	38.5	37.8
Lauzon	67.6	40.3	45.5
Saint-Romuald	58.8	43.4	41.5
Charny	64.3	47.0	44.0
Saint-David	61.2	49.3	42.5
Breakeyville	73.9	53.7	48.2
Saint-Rédempteur	72.6	53.5	47.7
Saint-Télesphore	73.1	46.6	47.9
Total :	59.7	41.8	41.8

SOURCES : Listes électorales et *Rapport du directeur général des élections, 1962.*

[5] Ont été inclus parmi les «supérieurs», les professionnels, les religieux, les fonctionnaires, les commis de bureau, les secrétaires, les sténos, les marchands et les commerçants, les industriels et les entrepreneurs, ainsi que tous les rentiers et toutes les veuves. Ont été comptés au nombre des «inférieurs» tous les ouvriers, journaliers, commis et artisans (épiciers, bouchers, restaurateurs, barbiers, coiffeuses qui se définissaient comme tels et non comme marchands ou commerçants), ainsi que, bien entendu, les chômeurs. Les épouses et les enfants sans occupation précise (ménagère, fille majeure) ou dont l'occupation n'était pas mentionnée, ont été inclus dans la catégorie du chef de famille. De façon générale, nous avons considéré qu'une occupation inférieure devait être «marquée» pour être retenue. C'est dire qu'en pratique les cas résiduaires ou douteux ont plutôt été rangés parmi les «supérieurs» que parmi les «inférieurs».

divisés selon leur comportement électoral en deux catégories : ceux qui ont appuyé les vieux partis et ceux qui ont appuyé le Crédit Social.

On trouvera dans les deux premières colonnes du tableau 6 les pourcentages comparés des « inférieurs » et des créditistes.

Dans l'ensemble des huit localités, le pourcentage des « inférieurs » est de 59.7 p. cent et le pourcentage des créditistes est de 41.8 p. cent. À partir de ces chiffres on peut faire l'hypothèse suivante [6] : parmi les « inférieurs » 60 p. cent ont voté pour le Crédit Social et parmi les « supérieurs », 15 p. cent seulement. Si on additionne 60 p. cent de 59.7 p. cent (le pourcentage des « inférieurs »), et 15 p. cent de 40.3 p. cent (le pourcentage des « supérieurs »), on arrive à 41.8 p. cent, soit le pourcentage effectif des électeurs créditistes.

Les pourcentages de la troisième colonne sont alors obtenus en supposant que dans chaque localité 60 p. cent des « inférieurs » et 15 p. cent des « supérieurs » ont voté pour le Crédit Social. Il s'agit d'un pourcentage *attendu* de créditistes par opposition au pourcentage effectivement obtenu. On voit que dans Lévis, Saint-Romuald et Saint-Télesphore le pourcentage effectif et le pourcentage attendu sont assez près l'un de l'autre. Dans Lauzon par contre, il y a sensiblement moins de créditistes qu'on pouvait s'y attendre. Dans Charny, Saint-David, Breakeyville et Saint-Rédempteur, on constate la situation contraire : les créditistes sont plus nombreux que le voudrait notre hypothèse. Notons que ces quatre localités contiennent toutes un fort pourcentage d'« inférieurs », et que selon la loi de la « gravitation sociale », jadis énoncée par Tingsten [7], la probabilité qu'un électeur « inférieur » vote pour le Crédit Social est d'autant plus forte que la proportion des électeurs « inférieurs » est élevée dans une localité.

Mais pourquoi cette loi n'a-t-elle pas joué à Lauzon, où les « inférieurs » sont plus nombreux qu'à Saint-David ? Pour répondre à cette question il nous faut pousser un peu l'analyse, ce que nos données permettent. Lévis et Lauzon sont en fait de

---

[6] Cette hypothèse nous semble plausible d'après nos entrevues et nos observations personnelles.

[7] Herbert TINGSTEN, *Political Behavior: Studies in Election Statistics*, Londres, P. S. King and Son, 1937.

grosses localités, sans commune mesure avec les autres localités de la circonscription. Alors que chacune de celles-ci correspond à une seule paroisse, Lévis et Lauzon en contiennent six : Notre-Dame, Christ-Roi et Sainte-Jeanne-d'Arc qui se trouvent dans Lévis ; Saint-Joseph [8] et Sainte-Bernadette qui se trouvent dans Lauzon ; ainsi que Bienville qui se trouve pour les trois quarts dans Lauzon, et pour un quart dans Lévis. Si on divise Lévis et Lauzon en suivant du mieux qu'on le peut les frontières de ces paroisses, on voit que nos six unités sont assez différentes l'une de l'autre, sur le plan des occupations et sur le plan électoral (voir le tableau 7).

Tableau 7
Pourcentages comparés des «inférieurs» et des créditistes dans les six paroisses contenues dans Lévis et Lauzon

Paroisses	Pourcentage des électeurs d'occupation «inférieure»	Pourcentage effectif d'électeurs créditistes	Pourcentage attendu d'électeurs créditistes
Bienville (Lévis et Lauzon)	55.8	34.1	38.4
Notre-Dame (Lévis)	41.9	29.1	32.1
Christ-Roi (Lévis)	56.9	46.5	38.8
Sainte-Jeanne-d'Arc (Lévis)	66.7	51.4	43.2
Saint-Joseph (Lauzon)	65.8	35.3	42.8
Sainte-Bernadette (Lauzon)	77.4	49.3	48.0
Total	57.9	39.3	39.3

SOURCES : Listes électorales et *Rapport du directeur général des élections, 1962.*

Dans l'ensemble des six paroisses on trouve 57.9 p. cent d'électeurs qui sont d'occupation «inférieure» et 39.3 p. cent d'électeurs qui ont voté pour le Crédit Social. Les deux pourcentages sont inférieurs à ceux de l'ensemble des huit

---

[8] À ne pas confondre avec la localité de Saint-Joseph.

localités urbaines de la circonscription. Il faut donc faire une nouvelle hypothèse sur la proportion d'«inférieurs» et de «supérieurs» qui auraient voté pour le Crédit Social dans ces six paroisses. On peut faire celle-ci : 58 p. cent des «inférieurs» et 13.5 p. cent des «supérieurs» ont voté pour le Crédit Social, ce qui lui donne son total de 39.3 p. cent. Les pourcentages *attendus* d'électeurs créditistes, qui se trouvent dans la troisième colonne du tableau 7, sont obtenus à partir de cette hypothèse.

De façon générale les chiffres de ce tableau confirment l'effet de «gravitation sociale» qui se dégageait du tableau précédent. Dans des paroisses comme Sainte-Jeanne-d'Arc et Sainte-Bernadette où les «inférieurs» sont très nombreux, les créditistes ont un pourcentage effectif supérieur à leur pourcentage attendu. Notons toutefois que Saint-Joseph constitue un cas d'exception, dont nous reparlerons. Inversement, dans les deux paroisses où les inférieurs sont moins nombreux (Bienville et Notre-Dame), le pourcentage effectif des créditistes est cette fois nettement inférieur au pourcentage attendu. Ce phénomène est la contre-partie de la loi de gravitation sociale énoncée plus haut : la probabilité qu'un électeur «inférieur» vote pour le Crédit Social est d'autant plus faible que les électeurs «inférieurs» sont proportionnellement peu nombreux dans un milieu donné.

Avant de détailler un peu cette explication trop sommaire, concluons sur ces effets d'amplification ou d'atténuation dûs à la gravitation sociale, en proposant que si, en moyenne 60 p. cent des «inférieurs» et 15 p. cent des «supérieurs» ont voté pour le Crédit Social, dans les localités urbaines de la circonscription, ces proportions ont pu atteindre 66 p. cent et 18 p. cent dans des endroits comme Saint-Rédempteur, Breakeyville ou Sainte-Jeanne-d'Arc, alors qu'elles ont pu tomber à 55 p. cent et 10 p. cent dans des paroisses comme Bienville et Notre-Dame.

Mais les effets de gravitation sociale n'expliquent pas tout. Il y a presque autant d'inférieurs à Saint-Joseph qu'à Sainte-Jeanne-d'Arc, et pourtant beaucoup moins de créditistes (35.3 p. cent seulement, contre 51.4 p. cent à Sainte-Jeanne-d'Arc). Il y a un peu plus d'«inférieurs» à Christ-Roi qu'à Bienville (56.9 p. cent contre 55.8 p. cent), mais beaucoup plus de créditistes dans la première paroisse que dans la seconde (46.5 p. cent contre 34.1 p. cent).

Pour qui connaît un peu le peuplement des paroisses de Lévis et de Lauzon, ces phénomènes aberrants sont significatifs. Saint-Joseph, Bienville et Notre-Dame sont de vieilles paroisses où la plupart des familles sont d'implantation ancienne. À elles trois, elles forment le centre de l'espace occupé par les localités de Lévis et de Lauzon. Christ-Roi et Sainte-Bernadette par contre, et à un degré moindre Sainte-Jeanne-d'Arc, sont des paroisses périphériques et plus récentes, où de nombreuses petites gens sont venus s'installer depuis 1940, attirés le plus souvent par le développement connu durant la guerre par les Chantiers maritimes de Lauzon. Dans bien des cas, ces nouveaux arrivés sont des petits propriétaires qui ont à payer mensuellement leur maison... et plusieurs objets qui s'y trouvent! Il est évident d'après nos entrevues et nos observations personnelles qu'à occupation égale ces nouveaux résidents périphériques de Christ-Roi, de Sainte-Bernadette et même de Sainte-Jeanne-d'Arc ont été plus sensibles que les anciens résidents de Notre-Dame, Bienville et Saint-Joseph à l'appel créditiste.

Ce phénomène se vérifie d'ailleurs à un niveau plus bas, celui des bureaux de scrutin. Ainsi le bureau de scrutin de la paroisse Notre-Dame (de Lévis) où les « inférieurs » sont dans la proportion la plus forte (59.6 p. cent) est aussi l'un de ceux où les créditistes ont le moins de succès (3 électeurs seulement, sur 10 qui ont voté, les appuient). Les électeurs de ce bureau de scrutin habitent le centre commercial de Lévis, un des plus vieux quartiers de la ville, et ils sont membres de vieilles familles lévisiennes. Pas très loin d'eux, dans la paroisse du Christ-Roi, des bureaux de scrutin groupant des électeurs de souche beaucoup plus récente ont à peu près la même proportion d'« inférieurs », mais cinq, six ou même sept électeurs, sur 10 qui ont exercé leur droit de vote, l'ont fait en faveur du Crédit Social. Le même phénomène apparaît à l'intérieur de Saint-Romuald. Dans deux bureaux de scrutin situés l'un dans un quartier ancien, l'autre dans un quartier neuf, on compte respectivement 58.3 p. cent et 56.3 p. cent d'« inférieurs », mais moins de quatre électeurs sur dix qui ont voté dans le premier ont appuyé le Crédit Social, alors que 54 p. cent des votants l'ont appuyé dans le second.

À tous ces facteurs non politiques il faut maintenant ajouter des facteurs politiques, si nous voulons donner une explication plus complète des résultats électoraux.

Les facteurs politiques des résultats locaux

Dans le cadre restreint de nos six paroisses, nous constatons qu'il y a un rapport assez étroit entre les résultats créditistes, en 1962, et les résultats conservateurs, en 1958 (voir le tableau 8).

Tableau 8
Pourcentages comparés des résultats obtenus par les libéraux et les conservateurs en 1958 et par les créditistes en 1962, dans les six paroisses de Lévis et Lauzon

Paroisses	Pourcentage obtenu par les libéraux en 1958	Pourcentage obtenu par les conservateurs en 1958	Pourcentage obtenu par les créditistes en 1962
Bienville (Lévis et Lauzon)	56.0	31.2	34.1
Notre-Dame (Lévis)	52.2	30.0	29.1
Christ-Roi (Lévis)	48.8	36.4	46.5
Sainte-Jeanne-d'Arc (Lévis)	44.7	39.8	51.4
Saint-Joseph (Lauzon)	57.6	29.3	35.3
Sainte-Bernadette (Lauzon)	48.7	36.8	49.3

SOURCES : *Rapports du directeur général des élections.*

Ce rapport positif se double évidemment d'un rapport négatif inverse entre les résultats libéraux en 1958, et les résultats créditistes de 1962. Nous avons là l'indice du fait, évident pour tous les observateurs de l'élection dans Lévis, que les créditistes se sont recrutés davantage parmi les conservateurs de 1958 que parmi les libéraux.

Les données du tableau 4 nous permettent de préciser cette proposition. Encore là nous ferons une hypothèse simple qui, par les faits aberrants qu'elle nous révélera, nous mettra sur la piste de nouvelles explications. Supposons que de 1958 à 1962, trois types seulement de déplacements se soient produits : 1) des conservateurs aux créditistes, 2) des libéraux aux créditistes, 3) des abstentionnistes aux créditistes. On ignore ainsi six autres types de déplacements possibles (des conservateurs aux libéraux, des libéraux aux conservateurs, des abstentionnistes aux conservateurs, des abstentionnistes aux libéraux, des conservateurs aux abstentionnistes et des libéraux aux abstentionnistes), mais qui semblent négligeables, sauf peut-être celui des conservateurs aux libéraux[9].

Si nous ne retenons que les trois types de déplacements indiqués plus haut, nous constatons que, dans l'ensemble de la circonscription, de 1958 à 1962 : 63.5 p. cent des conservateurs seraient passés au Crédit Social, ce qui donne aux conservateurs leur pourcentage de 1962, soit 13.3 p. cent ; 33.2 p. cent des libéraux seraient passés au Crédit Social, ce qui laisse aux libéraux 32.6 p. cent du vote, soit leur pourcentage de 1962 ; et enfin 3.5 p. cent d'abstentionnistes, en 1958, auraient voté pour le Crédit Social, en 1962. Ces trois types de déplacements vers le Crédit Social donnent à celui-ci son pourcentage effectif de 42.8 p. cent.

Faisons maintenant la même opération que précédemment et voyons ce qui serait arrivé dans chaque localité si, en fait, tous les abstentionnistes de 1958 qui ont voté en 1962, ainsi que 63.5 p. cent des conservateurs et 33.2 p. cent des libéraux, avaient voté pour le Crédit Social. Les résultats de ce calcul ont été donnés dans la dernière colonne du tableau 4.

---

[9] C'est du moins ce qui ressort des quarante-trois entrevues qui ont été faites auprès d'électeurs de la circonscription. Parmi ceux qui se sont prononcés là-dessus avec suffisamment de précision, aucun n'a effectué l'un ou l'autre des six déplacements que nous écartons. Parmi ceux qui sont passés des « vieux partis » au Crédit Social, deux sur trois avaient voté pour les conservateurs en 1958, et un sur trois pour les libéraux ; ce qui correspond à peu près à notre hypothèse.

Remarquons d'abord que dans Lévis et Lauzon le Crédit Social n'obtient pas tout à fait le pourcentage attendu, ce qui est dû au poids prépondérant des paroisses centrales de Notre-Dame, Bienville et Saint-Joseph sur les paroisses périphériques et moins populeuses de Christ-Roi, Sainte-Jeanne-d'Arc et Sainte-Bernadette. Si on faisait pour les six paroisses le calcul des pourcentages attendus, on verrait que dans les trois premières le Crédit Social a un pourcentage effectif assez inférieur à son pourcentage attendu, alors que dans les trois autres c'est le contraire qui se produit.

Étant donné que Lévis et Lauzon ont à elles seules plus de la moitié de la population de la circonscription, leurs résultats électoraux pèsent d'un grand poids sur ceux de l'ensemble. Que le Crédit Social y obtienne des pourcentages effectifs inférieurs à ce qu'on pouvait attendre (d'après l'hypothèse que nous avons faite) entraîne que dans les autres localités les pourcentages effectifs dépasseront le plus souvent les pourcentages attendus. Les conservateurs et les libéraux connaîtront un sort inverse.

Ainsi prévenus, passons en revue les pourcentages effectifs et attendus de chacun des trois partis, dans toutes les localités, sauf Lévis et Lauzon.

Du côté des conservateurs un fait assez manifeste se dégage : c'est dans des localités où ils étaient très forts, en 1958, que leurs pourcentages effectifs sont sensiblement inférieurs à leurs pourcentages attendus. C'est à Breakeyville, Pintendre, Saint-Jean-Chrysostome et Saint-Étienne que le phénomène est le plus net, mais on l'observe ailleurs, la petite localité de Saint-Télesphore étant le seul cas aberrant. Exception faite de Lévis, ce n'est qu'à Charny et à Saint-Rédempteur que le pourcentage effectif des conservateurs est supérieur à leur pourcentage attendu.

Quant aux libéraux, ils évoluent assez différemment d'une zone écologique à l'autre. En 1958, ils avaient mieux résisté aux conservateurs dans la zone 2 (Saint-Romuald, etc.) que dans la zone 3 (Saint-Nicolas, etc.). En 1962 leurs résultats effectifs dans cette dernière zone sont à peu près partout supérieurs à leurs résultats attendus, alors que c'est le contraire qui se produit dans la zone 2.

Ces résultats semblent s'expliquer encore une fois par une

espèce de loi de gravitation. Les pertes conservatrices auraient été supérieures à 63.5 p. cent dans les localités où les conservateurs avaient obtenu le plus de succès en 1958, et inférieures à 63.5 p. cent là où les conservateurs étaient proportionnellement peu nombreux. De la même façon les libéraux auraient perdu plus de 33.2 p. cent de leurs partisans dans la zone 2, où ils étaient demeurés assez forts en 1958, et moins de 33.2 p. cent dans la zone 3, où ils avaient été partout dépassés par les conservateurs en 1958. On a là une autre preuve que les phénomènes électoraux, comme les autres phénomènes sociaux, ne se distribuent pas toujours de façon normale, comme les phénomènes physiques. Ils obéissent à des lois propres, dont cette loi de la gravitation sociale énoncée par Tingsten.

Quant aux résultats créditistes, ils sont effectivement meilleurs qu'on aurait pu s'y attendre à peu près partout (en dehors de Lévis et Lauzon). Tout compte fait il n'y a qu'à Saint-Romuald, Saint-Lambert et Saint-Joseph que les créditistes ne font pas tout à fait aussi bien que le voudrait notre hypothèse. On peut même dire qu'ils font beaucoup moins bien dans les deux dernières localités.

Écartons d'abord une explication qui ne peut pas être retenue dans Lévis, alors qu'elle s'est imposée à nous dans un milieu comme l'Île d'Orléans [10]. On expliquait alors les résultats créditistes de 1962 par ceux obtenus durant les années 40. L'élection fédérale de 1945 ne peut être retenue dans le cas présent étant donné l'absence d'un candidat conservateur dans la circonscription, et l'absence aussi de cinq localités qui se trouvaient alors dans Bellechasse ou Lotbinière. En 1949 par contre, ces localités font partie de la circonscription de Lévis et le candidat créditiste s'oppose à un libéral et à un conservateur, déguisé en indépendant. Or ce candidat créditiste obtient le vote d'au moins 4 p. cent des inscrits dans trois localités seulement : Saint-Romuald, Saint-Jean-Chrysostome et Saint-Lambert. En 1962, ces trois localités sont loin d'être les plus créditistes de la circonscription de Lévis.

Si, par contre, on examine les résultats créditistes à l'élection provinciale de 1948, quelques correspondances apparaissent.

---

[10] Voir un autre article de cet ouvrage : « L'élection fédérale de 1962 dans l'Île d'Orléans ».

Le candidat créditiste, qui affronte un fort candidat de l'Union Nationale et un faible candidat libéral, obtient plus de 15 p. cent des suffrages dans sept localités. Ce sont trois localités où les créditistes rencontreront quelques difficultés en 1962 : Lauzon, Saint-Lambert et Lévis ; mais aussi quatre autres où ils obtiendront d'excellents résultats : Saint-Rédempteur, Saint-Télesphore, Pintendre et Saint-David. Par contre, à Charny, Breakeyville et Saint-Rédempteur, trois des localités les plus créditistes en 1962, les partisans du Crédit Social des années quarante étaient relativement peu nombreux.

Il n'y a donc pas, dans l'ensemble, de relation manifeste entre les résultats créditistes des années 40 et ceux de 1962. Un autre fait vient confirmer cette constatation : parmi les organisateurs du Crédit Social on ne rencontre à peu près pas, dans la circonscription de Lévis, de partisans des années 40, et ceux que nous avons rencontrés sont venus de l'extérieur de la circonscription.

Pour expliquer les quelques différences qui paraissent encore étonnantes, il faut chercher plutôt du côté de facteurs politiques assez strictement locaux, qui nous ont été signalés lors des entrevues faites auprès des organisateurs politiques et des trois candidats.

C'est ainsi que la faiblesse toute relative du Crédit Social dans Saint-Joseph peut s'expliquer par le fait que les organisateurs créditistes, confiants comme la plupart des autres dans la victoire de leur parti, ont fait moins de cabale et de porte à porte qu'ailleurs. Ce fut la même chose à Pintendre et à Saint-Jean-Chrysostome, où le très fort pourcentage obtenu par les créditistes ne dépasse toutefois que de peu — et beaucoup moins qu'ailleurs — le pourcentage attendu.

Dans Saint-Jean-Chrysostome et Saint-Lambert, la position forte du principal organisateur libéral explique sans doute que les libéraux aient résisté mieux qu'ailleurs à la vague créditiste. Des facteurs politiques locaux contribuent aussi à expliquer, avec d'autres facteurs déjà indiqués, les résultats de l'élection dans les trois localités les plus populeuses et qui sont aussi parmi les plus fidèles aux libéraux : Lévis, Lauzon et Saint-Romuald. Ce parti s'y trouvait en meilleure position, et mieux organisé qu'ailleurs. Maurice Bourget a toujours trouvé ses appuis les plus solides dans Lauzon où il est né et dans Lévis où il habite depuis plusieurs années. De même le candidat conservateur, Jean-Marie Morin, n'était connu que dans Lévis où il exerce sa profession d'enseignant : il ne faut pas se surprendre que les conservateurs y aient résisté mieux qu'on ne pouvait s'y attendre. Quant à J. A. Roy, le candidat créditiste, c'est un marchand général bien connu de la paroisse de Sainte-Bernadette (comprise dans Lauzon). Cela explique, selon lui, l'excellent pourcentage qu'il y a obtenu (49.3 p. cent des inscrits, comme le montre le tableau 8).

Signalons enfin que si le mécontentement contre la personne du député libéral provincial était fort dans plus d'une localité, c'est à Breakeyville, Saint-Rédempteur et Saint-Étienne qu'il était le plus vif. D'ailleurs, lors de l'élection provinciale du 14 novembre 1962, alors que les libéraux remportaient la victoire dans la circonscription, ces trois localités, ainsi que Saint-Lambert, donnaient une majorité de votes à l'Union Nationale.

Conclusion

S'il y a des facteurs généraux expliquant la vague créditiste, deux faits s'y ajoutent qui semblent en relation avec la plupart des résultats locaux dans la circonscription de Lévis. D'abord les succès créditistes sont en rapport inverse avec la grandeur des populations locales. Il est probable que la population plus ou moins grande des localités recouvre deux facteurs qui sont en rapport avec les résultats obtenus par le Crédit Social. En premier lieu les localités les plus populeuses de la circonscription sont généralement les plus prospères, donc plus susceptibles de résister à la propagande créditiste. En deuxième lieu, par leurs dimensions mêmes ces localités ne peuvent pas être aussi fortement atteintes par la propagation des idées créditistes : les groupes primaires y forment des réseaux moins serrés que dans les localités plus petites. Le Crédit Social, dont nous avons vu qu'il s'était propagé par ces réseaux, ne pouvait pas y avoir une diffusion aussi intense qu'ailleurs. Un autre fait semble en relation directe avec les succès créditistes, soit les succès obtenus par les conservateurs en 1958. Une proportion d'autant plus grande de partisans des conservateurs seraient passés aux créditistes que les conservateurs atteignaient un pourcentage élevé, en 1958.

Dans les localités urbaines de la circonscription, la division des électeurs en deux grandes catégories d'occupations, les occupations «inférieures», et les autres (que nous avons dites «supérieures»), semble en rapport direct avec la division politique en partisans du Crédit Social et partisans des «vieux partis». À ce propos nous avons observé le jeu de la loi de la gravitation sociale : il y aura plus de chances qu'un «inférieur» vote pour le Crédit Social, si les «inférieurs» représentent 70 p. cent de l'ensemble des électeurs, que s'ils ne comptent que pour 40 p. cent de cet ensemble. Ajoutons que certaines sous-catégories d'«inférieurs» ont probablement été de plus ardents créditistes que d'autres : par exemple, les employés à collet bleu du C.N.R. qui jouèrent un grand rôle dans les succès créditistes, assez inattendus, à Charny et à Saint-Rédempteur. La subdivision de Lévis et de Lauzon en six paroisses nous a aussi permis de voir qu'à nombre égal d'«inférieurs» les quartiers d'implantation récente ont été plus favorables au Crédit Social que les quartiers plus anciens. Enfin on discerne aussi dans les résultats électoraux l'action de facteurs politiques locaux : traditions électorales, personnalité des candidats et des organisateurs, état des organisations, etc. Cela est manifeste dans une localité comme Lauzon, traditionnellement libérale, où Maurice Bourget avait de fortes racines.

Ces facteurs politiques locaux se discernent encore mieux dans les localités rurales de la circonscription, ainsi que dans de petites localités urbaines comme Breakeyville et Saint-Rédempteur. Parce qu'elles sont moins prospères et moins bien organisées, ces petites localités dépendent davantage des faveurs gouvernementales. Les partis y sont surtout jugés sur ce qu'ont obtenu ou n'ont pas obtenu les organisateurs politiques locaux, sur ce qu'ils promettent ou ne promettent pas. Or, dans la plupart de ces petites localités on reprochait aux organisa-teurs libéraux, ou bien de n'avoir à peu près rien obtenu du gouvernement Lesage, ou bien de s'être trop servis personnel-lement... après seize ans de privations. Les libéraux fédéraux ont souffert de ces reproches ainsi que du manque de popula-rité du député provincial.

Dans à peu près toutes ces petites localités rurales ou

urbaines, l'Union Nationale devait obtenir plus de votes que les libéraux, en novembre 1962. Dans les cinq localités les plus populeuses, par contre, les libéraux furent partout plus nombreux que les unionistes, et dans la sixième, Saint-David, traditionnellement « bleue », la remontée des libéraux fut assez impressionnante. Ce qui nous porte à définir une double nature du Crédit Social : à côté d'un créditisme urbain, ou plus généralement des grandes localités, il y aurait un créditisme rural, ou encore des petites localités. Les deux créditismes comporteraient une revendication d'ordre partisan, contre les « vieux partis ». Ils comporteraient aussi une revendication d'ordre économique, plus intense dans les petites localités peu prospères que dans les villes. Dans les villes le créditisme comporterait un troisième élément, à peu près inexistant dans le créditisme rural : une revendication d'ordre sociétal. L'occupation « inférieure » ne se définit pas seulement par le montant du revenu, mais aussi par la situation de domination qu'elle comporte. En d'autres termes elle est un fait sociétal et non seulement un fait économique.

Cette revendication d'ordre sociétal, qui se prolonge en une revendication d'ordre nationaliste, est manifeste chez les ouvriers des Chantiers maritimes de Lauzon et chez les employés du C.N.R. qui furent les piliers de l'organisation créditiste dans les localités urbaines de la circonscription. Dans cette perspective l'élection fédérale du 18 juin 1962, et l'élection provinciale du 14 novembre 1962, s'éclairent l'une l'autre. Si l'Union Nationale pouvait reprendre à son compte la revendication d'ordre économique et se gagner ainsi les petites localités rurales et urbaines de la circonscription, son passé la mettait en bien mauvaise position pour voler aux libéraux la revendication d'ordre sociétal. Les créditistes des petites localités auraient donc été portés vers l'Union Nationale, tandis que les créditistes des localités plus populeuses auraient été portés davantage vers le Parti Libéral.

Cette hypothèse à laquelle nous arrivons touchant la double nature du Crédit Social, révélée par l'élection provinciale de novembre, s'appuie sur l'étude d'une seule circonscription, mais il nous semble qu'elle pourrait être appliquée avec fruit à d'autres circonscriptions de la grande région balayée par les créditistes, en juin 1962. Toute simplifiée et toute provisoire qu'elle est, elle nous semble propre à éclairer le sens de l'élection de juin 1962, ainsi que celui de l'évolution probable du Crédit Social dans le Québec.

*Les dimensions sociologiques
du vote créditiste
au Québec* **
(1965)

Le propos de cet article est de montrer qu'une étude du vote
créditiste au Québec, dans la tradition de la sociologie électorale française, peut éclairer ce qui demeure plus ou moins
caché à d'autres voies d'analyse, à condition toutefois de ne
négliger aucune dimension de ce vote. Nous considérerons les
élections fédérales de 1962 et de 1963. Quant à la méthode
suivie et aux techniques utilisées, elles sont très sommaires : il
s'agit de montrer ici l'utilité d'une approche, quitte à en
raffiner plus tard la méthode et les techniques.

* Publié sous ce titre dans *Recherches sociographiques*, vol. VI, n° 2, mai-août
1965.

La dimension partisane

Le 8 juin 1962, le parti du Crédit Social recueillait les suffrages de plus de 30 p. cent des votants dans 31 des 75 circonscriptions du Québec, soit, par ordre décroissant des pourcentages : Villeneuve, Beauce, Québec-Ouest, Québec – Montmorency, Chapleau, Lac-Saint-Jean, Saint-Maurice–Laflèche, Portneuf, Lapointe, Roberval, Mégantic, Sherbrooke, Chicoutimi, Dorchester, Québec-Est, Saguenay, Richmond – Wolfe, Lévis, Compton–Frontenac, Montmagny–L'Islet, Drummond–Arthabaska, Charlevoix, Shefford, Bellechasse, Rivière-du-Loup–Témiscouata, Kamouraska, Stanstead, Rimouski, Champlain, Matapédia–Matane, Hull. Dans toutes ces circonscriptions, sauf dans les cinq dernières, le candidat du Crédit Social était élu député.

Dix-sept ans auparavant, le 11 juin 1945, le Crédit Social, qui présentait 43 candidats dans les 65 circonscriptions fédérales d'alors au Québec, recueillait 4.5 p. cent des votes dans l'ensemble de la Province. Dans 17 circonscriptions, ce pourcentage s'élevait à plus de 6 p. cent. Or, de ces 17 circonscriptions d'alors une seule, celle de Labelle, n'est pas dans le territoire couvert par les 31 circonscriptions «fortes» de 1962. Autrement dit, dans toutes les autres, compte tenu des modifications apportées à la carte électorale, le Crédit Social allait dépasser la marque des 30 p. cent en 1962. C'est une première indication qu'il y a une relation entre le Crédit Social des années 40 et celui des années 60.

Une thèse présentée en 1947 à la Faculté des sciences sociales de l'université Laval vient corroborer cette présomption[1]. À la fin de 1946, les circonscriptions (provinciales) où l'on comptait le plus grand nombre d'abonnés au journal créditiste *Vers demain* étaient les suivantes :

Abitibi 763
Ville de Québec 746
Lac-Saint-Jean et Roberval 530
Beauce 330
Sherbrooke 251

---

[1] R. Morin, *Crédit Social*, thèse de maîtrise présentée au Département de sociologie de l'université Laval, 1947.

Portneuf	170
Frontenac	168
Bellechasse	145
Chicoutimi	141
Québec-Comté	138
Montmorency	138
Mégantic	136
Kamouraska	136
Dorchester	115
Compton	100

Dans tout le territoire couvert par ces circonscriptions provinciales d'alors — soit, en gros, les régions périphériques de l'Abitibi et du Saguenay – Lac-Saint-Jean, la ville de Québec et les circonscriptions avoisinantes, ainsi que les Cantons de l'Est (en partie) — le Crédit Social devait obtenir le soutien de plus de 30 p. cent des votants en 1962.

Finalement, les résultats obtenus par le parti provincial de L'Union des Électeurs (un autre nom pour le Crédit Social), en 1948, annoncent eux aussi ce qui allait se passer en 1962. Le parti créditiste recueille, cette année-là, les suffrages de 9.4 p. cent des votants. Dans la ville de Québec ce pourcentage est de 13.0 p. cent, alors qu'il n'est que de 1.7 p. cent dans la ville de Montréal. En plus de la ville de Québec, il y a 29 circonscriptions où l'Union des Électeurs est forte de plus de 10 p. cent des votants. De ces 29 circonscriptions, quatre seulement ne recouvrent pas des circonscriptions fédérales où le Crédit Social devait franchir le seuil des 30 p. cent en 1962, et ce sont : Beauharnois, Labelle, Papineau et Témiscamingue.

Donc, au total, c'est dans le territoire de quelques-unes seulement de nos 31 circonscriptions (Drummond – Arthabaska, Charlevoix, Shefford, Rimouski et Hull) que les votes obtenus par le Crédit Social en 1945 et en 1948, ou encore le chiffre des abonnements à Vers Demain à la fin de 1946, ne préfigurent pas par leur ampleur relative ce qui allait se passer en 1962.

La dimension socio-économique

S'il y a relation, il n'y a pas commune mesure entre les résultats électoraux du Crédit Social durant les années 40 et ses résultats électoraux en 1962. Autrement dit, il semble bien que la récente propagation du Crédit Social se soit faite proportionnellement aux noyaux créditistes des années 40, et sans doute à partir d'eux, mais il reste à voir quelles couches de la population ont été gagnées par ce nouveau Crédit Social[2].

À ce propos, quelques études monographiques qui ont porté sur des circonscriptions autour de Québec[3] indiquent assez nettement qu'au moins deux grandes catégories d'électeurs, chacune d'elles se situant sur un plan différent, ont appuyé plus que d'autres le Crédit Social.

Ce sont d'abord, quant au lieu de résidence, les électeurs des petites localités de 1,000 à 5,000 habitants environ. Dans Lévis comme dans Portneuf, ces localités viennent en tête quant au soutien apporté au Crédit Social. D'ailleurs, si on stratifie selon la taille des localités certains sondages effectués à l'occasion des élections fédérales de 1962, on voit nettement que dans l'ensemble du pays le Crédit Social semble avoir eu plus de succès dans les localités de 1,000 à 10,000 habitants qu'en tout autre type de localité[4].

Le lieu de résidence mis à part, il semble bien que ce soit sur le plan des occupations qu'on trouve les corrélations les plus élevées avec les résultats du Crédit Social. Dans Québec-Est, si on regroupe les paroisses en zones homogènes, on constate, en effet, que c'est entre la proportion des occupations « inférieures » (travailleurs des transports et communications, ouvriers, artisans, manœuvres) et la proportion des électeurs créditistes que la corrélation de rang est la plus élevée. La corrélation avec les niveaux d'instruction est presque aussi

---

[2] Je n'insisterai pas ici sur la situation de crise économique qui existait au Québec depuis 1957, et plus particulièrement dans la plupart des zones créditistes fortes. Pour quelques indications là-dessus, voir, dans cet ouvrage, « L'élection fédérale de 1962 dans la circonscription de Lévis ».

[3] L. DUCLOS, le Comportement électoral du comté de Québec-Est de 1956 à 1963 ; G. JULIEN, les Élections fédérales et provinciales dans le comté de Portneuf (1944-1963); A. OUELLET, Élections fédérales dans le comté de Lévis (1949-1962), thèses de maîtrise présentées au Département de science politique de l'université Laval, 1964. Voir aussi, dans cet ouvrage, nos deux études « L'élection fédérale de 1962 dans l'Île d'Orléans » et « L'élection fédérale de 1962 dans la circonscription de Lévis ».

[4] Voir, par exemple, le tableau VI dans l'ouvrage de P. REGENSTREIF, The Diefenbaker Interlude, Toronto, Longmans, 1965, p. 37.

bonne, mais elle l'est beaucoup moins avec les niveaux de revenu, la proportion des locataires, etc. Dans Lévis, non seulement la corrélation est forte, mais on constate que la probabilité qu'un électeur d'occupation « inférieure » ait voté pour le Crédit Social est d'autant plus élevée que la proportion des occupations « inférieures » (chômeurs compris) est élevée dans la population, ce qui vient confirmer des constatations déjà faites par J. Klatzmann, entre autres [5].

Évidemment, ces corrélations ne peuvent être établies qu'en milieu urbain. En milieu rural, la diversité des occupations n'est pas assez grande pour que de tels calculs puissent être effectués. Cependant, si l'on considère nos 31 circonscriptions, on peut faire assez bien le partage entre celles où, plus qu'ailleurs, le Crédit Social semble avoir trouvé son appui du côté des occupations urbaines « inférieures », et celles où il a trouvé davantage son appui dans des milieux ruraux agricoles. Dans ces milieux, l'insuffisance du revenu, plus qu'une position inférieure dans la société, semble avoir porté les électeurs vers ce parti.

Dans un premier groupe, qui serait celui du créditisme *sociétal*, on peut ranger celles de nos circonscriptions où la proportion des mineurs, ouvriers et manœuvres est forte (généralement plus de 40 p. cent de la main-d'œuvre) [6], soit, par ordre alphabétique : Champlain, Chapleau, Chicoutimi, Drummond – Arthabaska, Hull, Lac-Saint-Jean, Lapointe, Lévis, Mégantic, Québec-Est, Québec–Montmorency, Québec-Ouest, Richmond – Wolfe, Saguenay, Saint-Maurice – Laflèche, Shefford, Sherbrooke, Stanstead, Villeneuve (19 au total).

Dans un second groupe, qui serait celui du créditisme *économique*, on aurait les autres circonscriptions, où les agriculteurs constituent généralement plus de 20 p. cent de la main-d'œuvre, soit : Beauce, Bellechasse, Charlevoix, Compton – Frontenac, Dorchester, Kamouraska, Matapédia – Matane, Montmagny–L'Islet, Portneuf, Rimouski, Roberval, Rivière-du-Loup – Témiscouata (12 au total).

L'élection provinciale de 1962, au Québec, allait manifester

---

[5] « Comportement électoral et classes sociales », dans M. Duverger *et al., les Élections du 2 janvier 1956*, Paris, A. Colin, 1957, pp. 254–285.

[6] D'après le *Recensement du Canada, 1961*.

de façon évidente ce double fondement du Crédit Social. En effet, dans le territoire couvert par 15 des 19 circonscriptions de créditisme sociétal, les libéraux sont en progrès, au total, par rapport à 1960, les exceptions étant Champlain, Lac-Saint-Jean, Lévis (de très peu) et Shefford (de très peu, également). Inversement, dans le territoire couvert par 10 des 12 circonscriptions de créditisme économique, c'est l'Union Nationale qui gagne du terrain, les exceptions étant Charlevoix et Kamouraska.

Tout se passe donc comme si le Parti Libéral du Québec avait profité de la revendication sociétale, forte surtout dans les milieux urbains, et qui avait fondé la vague créditiste, cinq mois auparavant ; l'Union Nationale profitait plutôt de la revendication économique, forte surtout dans les milieux ruraux, et qui avait été également sous-jacente à la diffusion du Crédit Social. Les thèmes de la propagande des deux partis furent d'ailleurs assez nettement orientés dans ces deux directions différentes au cours de la campagne électorale.

Ce double fondement du Crédit Social, que manifeste si bien l'élection provinciale de 1962, nous fournit également une explication tout à fait plausible des grands succès que le parti a obtenus dans les petites localités de 1,000 à 5,000 habitants. En effet, dans la plupart de ces localités les deux fondements, le sociétal et l'économique, cumulent leurs effets. Beaucoup de ces petites localités sont peu prospères et bien des familles y ont des revenus insuffisants ; d'autre part, la conscience de classe trouve davantage à s'y alimenter que dans les localités encore plus petites et généralement plus homogènes. Tout y favorisait un fort vote créditiste et c'est ce qui se produisit dans bien des cas.

La dimension politique

Toutefois, les traditions partisanes et les facteurs socio-économiques ne suffisent pas à expliquer les succès créditistes de 1962. Il y avait quand même, à ce moment-là, quelques autres circonscriptions où existaient d'assez fortes traditions créditistes et des conditions socio-économiques favorables (ainsi, Gatineau et Labelle dans l'Outaouais) et où, pourtant, le

Crédit Social n'a pas atteint 30 p. cent des votants. Il se pourrait que le facteur de la partisanerie et les facteurs socio-économiques ne puissent influer sur le comportement électoral sans la médiation ou le concours d'une dimension « catalytique » différente de ces facteurs.

C'est la thèse soutenue avec vigueur par Maurice Pinard [7], qui nomme cette dimension celle des facteurs politiques. Selon lui, c'est dans certaines caractéristiques du système fédéral des partis au Québec qu'il faut chercher les facteurs politiques qui expliquent la montée du Crédit Social. Plus précisément, c'est la faiblesse du Parti Conservateur au Québec, depuis 1917 surtout, qui aurait produit les conditions favorables que le Crédit Social a su exploiter. Jusque-là, la thèse de Maurice Pinard est inattaquable. Il n'a d'ailleurs pas de peine à démontrer, par d'autres exemples canadiens et étrangers, que dans un système à deux partis la faiblesse prolongée d'un des deux « vieux partis » précède toujours, ou à peu près toujours, la montée d'un tiers parti. L'auteur en conclut que dans un tel système le parti d'opposition doit conserver la faveur d'au moins un tiers des votants : autrement il est en danger d'être supplanté par un nouveau parti.

Là où la thèse de Maurice Pinard apparaît plus vulnérable, c'est lorsqu'il en déduit qu'on devait s'attendre à ce qu'au niveau des circonscriptions le Crédit Social soit d'autant plus fort que les conservateurs étaient faibles, ce qui d'après lui s'observe aisément. Or, la démonstration qui en est faite me semble discutable. Elle consiste à considérer comme circonscriptions « fortes » chez les conservateurs celles que ce parti a remportées en 1957 et en 1958 ; comme circonscriptions « moyennes » celles qu'il a remportées en 1958, mais pas en 1957 ; et comme circonscriptions « faibles » celles qui lui ont échappé en 1957 et en 1958. Les circonscriptions « moyennes » sont elles-mêmes divisées en deux catégories, selon que les conservateurs y ont obtenu plus ou moins de 54 p. cent des

---

[7] *Political Factors in the Rise of Social Credit in Quebec*, communication présentée au XXXVIe congrès de l'Association canadienne des Sciences politiques, à Charlottetown, en juin 1964. Voir aussi son livre *The Rise of a Third Party*, Englewood Cliffs, Prentice-Hall, 1971. Le développement qui suit a entraîné un échange de points de vue entre Pinard et l'auteur, dans *Recherches sociographiques*, sept.-déc. 1966, pp. 360-365.

votes en 1958[8]. À ce moment, en effet, on observe que des circonscriptions conservatrices « fortes » aux circonscriptions conservatrices « faibles », le Crédit Social a de plus en plus de succès.

C'est le choix des indices de la force ou de la faiblesse des conservateurs qui me semble discutable, surtout si on considère la thèse même de l'auteur. Selon lui, en effet, les facteurs socio-économiques n'ont été que la conjoncture favorable à la montée du Crédit Social, alors que c'est dans le système particulier des partis fédéraux au Québec qu'il faut chercher les conditions structurales de cette montée. Dans cette perspective, il me semble que les élections de 1957 et de 1958 sont un assez mauvais indice de ces conditions. Celle de 1958 surtout, qui est un cas très singulier, et qui se trouve par là beaucoup plus conjoncturale que structurale. Sans remonter à 1917 ou à 1945, ce qui n'aurait guère de sens, il me semble que les élections de 1953 et de 1957 sont plus représentatives de la période où un parti fédéral quasi unique a dominé au Québec, et si je ne me trompe, ce sont des indices de la force ou de la faiblesse des conservateurs durant cette période que doit chercher l'auteur.

Or, si nous comptons les circonscriptions hors de Montréal où, en 1953 et en 1957, les conservateurs n'ont pas dépassé en moyenne le seuil des 33 p. cent, nous arrivons à un total de 24 sur 54. D'autre part, rappelons que dans 31 de ces circonscriptions le Crédit Social allait obtenir plus de 30 p. cent des suffrages exprimés en 1962. Loin de correspondre le plus souvent aux 24 circonscriptions conservatrices « faibles » de 1953 et 1957, pas moins de 21 d'entre elles correspondent plutôt à des circonscriptions conservatrices « fortes », c'est-à-dire où les conservateurs ont obtenu l'appui de plus de 33 p. cent des votants, en moyenne, en 1953 et en 1957. Il semble donc qu'il y a plutôt relation entre la « force » des conservateurs en 1953 et 1957 et la force du Crédit Social en 1962 (voir tableau 1).

---

[8] Les 21 circonscriptions de l'Île de Montréal sont exclues de la démonstration pour des raisons sur lesquelles l'auteur s'explique et que nous discuterons plus bas.

Tableau 1
Résultats des conservateurs, en 1953 et en 1957, et du Crédit Social en 1962, par circonscription (hors de Montréal)

Crédit Social en 1962	Conservateurs en 1953 et en 1957	
	Moyenne de plus de 33% des votants	Moyenne de moins de 33% des votants
Plus de 30% des votants	21	10
Moins de 30% des votants	9	14

Il semble donc impossible de conclure, comme le fait Maurice Pinard, à une relation positive entre la faiblesse du Parti Conservateur avant 1962 et les succès créditistes cette année-là [9].

Quoi qu'il en soit, cette relation renvoie à la dimension partisane bien plus qu'à la dimension proprement politique des comportements électoraux. Si celle-ci doit être distinguée de celle-là, elle doit correspondre chez les électeurs, non pas à leurs représentations les plus durables sur le système des partis, mais plutôt aux représentations les plus actuelles, tenant à la configuration que présentent les partis au moment de l'élection, à leur programme, à leur organisation et à leur propagande. Sinon, il est impossible d'expliquer pourquoi un tiers parti a réussi au Québec en 1962, et non en 1945 ou en 1958, et surtout pourquoi ce tiers parti fut celui du Crédit Social.

En d'autres termes, Maurice Pinard a raison d'affirmer que, sans des facteurs politiques qui se situent au niveau du système des partis, les conditions socio-économiques n'auraient pu produire d'elles-mêmes le succès du Crédit Social. C'est cependant dans des traits plus actuels de ce système des partis qu'il faut loger, selon moi, la dimension proprement politique des résultats électoraux.

---

[9] Dans les localités de Lévis et dans l'Île d'Orléans c'est plutôt le contraire qui se produit : les créditistes sont d'autant plus forts que les conservateurs étaient relativement forts avant 1962, comme si de fortes traditions libérales avaient réussi à contenir quelque peu le Crédit Social. Voir à ce sujet nos deux articles précédents, « L'élection fédérale de 1962 dans l'Île d'Orléans » et « L'élection fédérale de 1962 dans la circonscription de Lévis ».

De ce point de vue, on doit attacher beaucoup d'importance aux deux élections qui ont précédé de quelques années l'élection fédérale de 1962, soit l'élection fédérale de 1958 et l'élection provinciale de 1960. Ces deux élections marquent la fin, la première d'une très longue et très nette domination des libéraux au fédéral, la seconde du régime Duplessis qui durait depuis seize ans à Québec. C'est, à deux ans d'intervalle, la défaite au Québec d'un parti « rouge » et d'un parti « bleu », ce qui suppose évidemment de nombreux changements d'allégeance et, plus profondément, la désaffection d'un bon nombre d'électeurs pour des partis qu'ils appuyaient depuis longtemps. Au fédéral comme au provincial, la période en est donc une de transition et d'instabilité électorale, ce qui ne peut manquer de favoriser un tiers parti comme le Crédit Social.

On peut d'ailleurs ajouter que dans toutes les régions du Québec sur le plan fédéral, et dans quelques régions sur le plan provincial (régions où le Crédit Social allait obtenir beaucoup de succès), le parti vainqueur de la dernière élection allait bien vite décevoir ses électeurs et sympathisants. Quand Réal Caouette et ses hommes confondaient dans un égal mépris les « deux vieux partis », ils ne faisaient qu'exploiter l'hésitation de nombreux électeurs à appuyer les tendances « rouge » et « bleue » qui, l'une et l'autre, semblaient en perte de vitesse, et ce au fédéral comme au provincial — à l'exception des libéraux provinciaux dans la plupart des régions du Québec.

Si cette hypothèse est juste, le Crédit Social aurait eu d'autant plus de chances de réussir en 1962 que le déplacement d'un parti vers un autre eût été manifeste aux élections précédentes de 1958 et de 1960. Si l'on prend, comme indice de ce déplacement, le fait que dans une circonscription un député ait été remplacé par un député de l'autre parti [10], on constate que les déplacements furent effectivement plus marqués qu'ailleurs dans le territoire couvert par nos 31 circonscriptions créditistes. Comme l'indique le tableau 2, de 1957 à 1958, de tels déplacements se sont produits dans moins d'un cas sur deux hors de nos 31 circonscriptions créditistes, et deux fois sur trois dans le territoire de ces circonscriptions.

---

[10] Cet indice me semble ici plus pertinent qu'un déplacement de tel ou tel ordre dans les pourcentages, étant donné que chez les électeurs le remplacement d'un parti par un autre est plus « visible » et surtout plus significatif que la simple modification dans les pourcentages.

Tableau 2
**Déplacements électoraux entre les élections fédérales de 1957 et de 1958,
et résultats du Crédit Social en 1962, par circonscription**

Crédit Social en 1962	Déplacements électoraux de 1957 à 1958	
	Changement d'allégeance	Pas de changement d'allégeance
Plus de 30% des votants	21	10
Moins de 30% des votants	20	24

D'autre part, si l'on ramène artificiellement la carte électorale provinciale à la carte électorale fédérale, en considérant que l'équivalent provincial d'une circonscription fédérale donnée est constitué par la circonscription (provinciale) qui renferme la plus forte proportion d'électeurs de cette circonscription (fédérale), on constate qu'environ 60 p. cent (17 sur 29) des changements d'allégeance aux élections provinciales de 1960 (une fois ces changements convertis par rapport à la carte fédérale) se sont produits sur le territoire des 31 circonscriptions les plus créditistes de 1962. Hors de ces 31 circonscriptions, il y avait eu stabilité des allégeances de 1956 à 1960, dans trois cas sur quatre environ (32 cas sur 44). C'est ce que montre le tableau 3.

Tableau 3
**Déplacements électoraux entre les élections provinciales de 1956 et de 1960,
et résultats du Crédit Social en 1962, par circonscriptions provinciales
ramenées aux circonscriptions fédérales**

Crédit Social en 1962	Déplacements électoraux de 1956 à 1960	
	Changement d'allégeance	Pas de changement d'allégeance
Plus de 30% des votants	17	14
Moins de 30% des votants	12	32

C'est pourquoi, même si l'on peut admettre que c'est la faiblesse du Parti Conservateur au Québec qui a créé les conditions structurales favorables aux succès du Crédit Social, il semble bien qu'il y ait eu de façon plus immédiate et plus localisée une situation politique propice à ce parti. Et je ne crois pas qu'on puisse négliger ces facteurs de situation politique dans l'explication des résultats électoraux.

Pas plus qu'on ne peut négliger l'organisation et les activités des partis qui exploitent cette situation. Il est inutile de répéter ici ce qui a déjà été écrit à propos de la circonscription de Lévis[11], et qui s'applique, à quelques variantes près, aux autres circonscriptions remportées par le Crédit Social. Je rappelle seulement qu'à ce niveau de la dimension politique trois ordres de phénomènes sont étroitement liés.

Notons d'abord l'organisation créditiste, qui se trouvait sur un pied de guerre bien avant l'élection de juin 1962, avec une hiérarchie très efficace de bureaux de scrutin compris dans des secteurs, eux-mêmes compris dans des territoires. Dans une telle hiérarchie, un responsable donné n'avait à communiquer qu'avec dix ou douze subordonnés, tout au plus. Cette organisation semble avoir fonctionné aussi efficacement, sinon davantage, dans une circonscription de grande ville, telle que Québec-Est, que dans une circonscription faite de petites localités comme Portneuf. Aussi, il ne semble pas qu'on puisse retenir l'hypothèse, d'ailleurs intéressante, de Maurice Pinard, à savoir que le peu de connaissances qu'avaient les électeurs des organisateurs créditistes locaux fut, dans une grande ville comme Montréal, un obstacle à la montée du Crédit Social. Nous croyons plus simplement que les organisateurs et les militants créditistes y étaient relativement beaucoup moins nombreux. Sinon pourquoi les aurait-on moins bien connus dans les quartiers populaires de Montréal que dans ceux de Québec ?

Un second facteur important est l'usage qui fut fait de la télévision. Il serait extrêmement intéressant de vérifier une constatation faite un peu après l'élection de 1962, à savoir que le Crédit Social l'avait emporté là où Réal Caouette et ses principaux lieutenants avaient été entendus par la voie du «petit appareil». Il suffirait pour le savoir de s'informer auprès

---

[11] Voir, dans cet ouvrage, «L'élection fédérale de 1962 dans la circonscription de Lévis».

des postes de télévision où les chefs créditistes ont parlé, afin d'établir la période et la fréquence de leurs discours ainsi que le rayon d'écoute dont ils disposaient.

Enfin, il ne faut pas négliger la diffusion qui s'est faite, à partir de la télévision, grâce aux organisations créditistes. Les spécialistes de la propagande et de l'agitation savent depuis longtemps que l'information se diffuse en deux étapes au moins, des sources aux leaders d'opinion, et des leaders d'opinion à la « masse » de la population [12]. On a déjà parlé de la propagation des idées créditistes par les militants et les sympathisants du parti utilisant la voie des groupes primaires de parents, de voisins, d'amis et de camarades de travail. C'est sans doute là un des aspects les plus méconnus, mais aussi un des plus importants des succès créditistes, que les intellectuels, journalistes et commentateurs n'ont pu saisir parce qu'appartenant à d'autres milieux que ceux où s'est propagé le Crédit Social.

La dimension personnelle

Dans la plupart des commentaires entendus à la suite de l'élection de 1962, on retrouvait deux constantes : les succès du Crédit Social sont dus au « mécontentement » de la population ; ils sont dus à Réal Caouette. Avec le plus grand recul dont nous disposons maintenant, pouvons-nous évaluer la contribution exacte du tribun créditiste aux succès de son parti ?

Remarquons d'abord qu'avec le temps l'importance du facteur Caouette dans cette élection semble s'être quelque peu estompée. Plus d'un qui ne voyait d'abord que Caouette aperçoit mieux aujourd'hui les forces qui le portaient. De la même façon certains succès électoraux, qui sont d'abord attribués à un organisateur local, apparaissent plus tard comme ayant été portés par un courant plus vaste.

On n'a pas encore élaboré de techniques bien précises pour

---

[12] C'est ce que D. KATZ et P. F. LAZARSFELD ont appelé le *two-step flow of communication* ; voir leur livre, *Personal Influence*, Glencoe, Illinois, The Free Press, 1955.

mesurer cette dimension des résultats électoraux[13]. C'est pourquoi je ne me risquerai pas à répondre à la question que je viens de poser. Toutefois, je crois qu'en sociologie électorale cette dimension doit être tenue comme résiduaire. Dans cette perspective, on pourrait attribuer à l'action personnelle de Réal Caouette (ou de Gilles Grégoire, dans la région du Saguenay – Lac-Saint-Jean) cette marge des résultats créditistes qui ne semble pas produite par l'action combinée des trois autres dimensions (socio-économique, partisane et politique). Concrètement, il s'agirait donc de comparer les résultats créditistes obtenus dans des milieux à peu près identiques quant aux trois premières dimensions mais où, dans certains cas, Réal Caouette a été vu et entendu, alors qu'il ne l'a pas été dans les autres cas. À partir d'une enquête du genre de celle qui a été proposée auprès des postes de télévision ayant diffusé les discours du tribun créditiste, on pourrait sans doute mener cette étude comparative.

De l'élection de 1962 à celle de 1963

Le 8 avril 1963, le Crédit Social améliorait ses positions, en pourcentages de votants, dans 35 des 44 circonscriptions où il avait obtenu moins de 30 p. cent des votes l'année précédente, mais par contre il perdait du terrain dans 24 des 31 autres circonscriptions. Autrement dit, il se produisait une égalisation du soutien du Crédit Social qui, au niveau de la Province, se soldait au total par un gain de votes et une perte de sièges[14].

---

[13] Voir cependant les travaux du *Survey Research Center* de l'Université du Michigan qui ont tenté d'isoler, parmi les attitudes qui fondent le comportement électoral, celles qui ont pour objet la personnalité des candidats. Par exemple, A. CAMPBELL et al., *The American Voter*, New York, J. Wiley and Sons, 1960.

[14] Notons qu'en 1963 comme en 1962 il semble y avoir un certain rapport entre l'évolution des taux de participation et les résultats obtenus par le Crédit Social. De 1958 à 1962, en effet, on observe des mouvements à la hausse ou à la baisse dans 37 des 44 circonscriptions où le Crédit Social n'atteint pas les 30 p. cent : dans les 7 autres, le taux ne varie pas, du moins si l'on s'en tient au pourcentage sans décimale de la participation. Or, de ces 37 mouvements, 31 sont à la baisse et 6 seulement à la hausse. D'un autre côté, on observe aussi des mouvements dans 25 des 31 circonscriptions les plus créditistes : 13 sont à la baisse et 12 à la hausse. Et si l'on excepte les 5 circonscriptions de la Rive

De toute apparence, la dimension politique et la dimension partisane qui lui est liée de près furent prédominantes dans cette élection fédérale de 1963 au Québec. Disons d'abord que si la situation parlementaire s'était trouvée favorable au Crédit Social, sans l'appui duquel aucun parti fédéral ne pouvait être assuré de la majorité, la situation politique au Québec ne se prêtait pas aussi bien que l'année précédente à une exploitation, qui fût rentable, par les créditistes. Le parti du Crédit Social n'avait plus à affronter deux « vieux partis » plus ou moins indifférenciés et qui venaient de subir tous deux une défaite électorale. Au contraire, la déroute des conservateurs dans le Québec redonnait, par contraste, une certaine vigueur aux libéraux, et ceux-ci se trouvaient avantagés, bien qu'indirectement, par la toute récente victoire du parti de Jean Lesage en novembre 1962. On pouvait remarquer, dans les assemblées des libéraux, que d'une part, ceux-ci évoquaient plus qu'en 1962 leur passé au gouvernement avant 1957, comme si les déboires des conservateurs les justifiaient d'agir ainsi ; et que, d'autre part, ils s'associaient plus que l'année précédente au gouvernement Lesage, ce que la prise de position de ce dernier en faveur du parti de M. Pearson allait permettre encore plus. Inversement, les créditistes parlaient beaucoup moins des deux « vieux partis » durant cette campagne, pour s'attaquer carrément aux libéraux. Notons enfin, comme facteur favorable aux libéraux, un certain renouvellement de l'« équipe » des candidats et une propagande massive contre le Crédit Social.

Sud et du Bas du Fleuve (Kamouraska, Matapédia – Matane, Montmagny – L'Islet, Rimouski, Rivière-du-Loup – Témiscouata) où la participation est excessivement forte en 1958, on n'a plus que 8 mouvements à la baisse contre 12 à la hausse. Plusieurs observateurs ont d'ailleurs remarqué que le Crédit Social avait d'autant mieux réussi qu'il avait pu amener aux urnes un bon nombre d'abstentionnistes habituels. Il est également assez net que, de 1962 à 1963, l'évolution des taux de participation est en relation avec les mouvements des pourcentages créditistes. Des 23 circonscriptions où la participation augmente, il n'y en a pas moins de 18 où le Crédit Social améliore ses positions (quant aux votants), alors que, des 43 circonscriptions où la participation baisse, il y en a 26 où le Crédit Social baisse également. Nous avons donc là un autre facteur qu'on ne peut négliger dans l'explication des résultats créditistes. Et ce facteur relève évidemment de la dimension politique, puisque c'est surtout aux programmes, à l'organisation et à la propagande des partis qu'est due l'évolution des taux de participation d'une élection à l'autre.

Si cette évaluation est exacte, et si en particulier la solidarité entre libéraux fédéraux et libéraux provinciaux a vraiment joué dans cette élection, c'est dans les zones où les libéraux de Jean Lesage ont fait des progrès de 1960 à 1962 que les libéraux fédéraux auraient eu le plus de chances de réussir contre le Crédit Social en 1963. En fait, si nous nous reportons encore une fois aux 31 circonscriptions les plus créditistes de 1962, nous observons qu'elles se divisent en deux groupes à peu près égaux, selon que les libéraux y reprennent plus ou moins de 10 p. cent des votes, de 1962 à 1963.

À partir de là, nous constatons que des 14 circonscriptions où les libéraux fédéraux reprennent plus de 10 p. cent des votes, 9 correspondent à des zones où les libéraux provinciaux sont en progrès de 1960 à 1962, soit : Québec–Montmorency, Québec-Ouest, Saint-Maurice–Laflèche, Drummond–Arthabaska, Richmond–Wolfe, Sherbrooke, Stanstead, Kamouraska et Saguenay. Des 5 autres, 3 se trouvent dans la région de la Rive Sud et du Bas du Fleuve (Matapédia–Matane, Montmagny–L'Islet, Rivière-du-Loup–Témiscouata). Les 2 autres circonscriptions sont celles de Compton–Frontenac et du Lac-Saint-Jean.

D'autre part, des 17 circonscriptions où les libéraux reprennent moins de 10 p. cent des votes, 11 correspondent à des zones où les libéraux provinciaux sont en perte de vitesse de 1960 à 1962. Ce sont : Beauce, Bellechasse, Charlevoix, Dorchester, Lévis, Portneuf, Champlain, Mégantic, Shefford, Rimouski, Roberval. De façon assez nette, les exceptions se regroupent en régions : Chapleau et Villeneuve dans l'Abitibi, Chicoutimi et Lapointe dans le Saguenay – Lac-Saint-Jean, en plus de Hull dans l'Outaouais. L'autre circonscription est celle de Québec-Est.

Plusieurs de ces exceptions deviennent elles-mêmes significatives si l'on se reporte à la thèse de Roland Morin, écrite en 1947. En effet, celui-ci remarque «que le développement du Crédit Social s'est fait d'une façon tout à fait caractéristique, à la façon d'un immense éventail qui s'étend au nord de Montréal[15]». Or, cet éventail comprend justement les 3 régions où se trouvent 5 des 6 circonscriptions qui, bien qu'elles se soient

---

[15] *Crédit Social, op. cit.*, p. 33.

montrées très libérales aux élections provinciales de 1962, résistent plus que les autres de même type aux libéraux fédéraux en 1963.

Je ferais donc l'hypothèse que ce sont des traditions créditistes plus fortes parce que plus anciennes qui expliquent pour une part cette résistance lors de l'élection de 1963. Contre les libéraux qui, profitant de la situation politique, faisaient appel avec succès au traditionnel principe partisan : « rouge à Québec et rouge à Ottawa », on avait là un obstacle efficace parce que situé au même niveau. Il est aussi remarquable qu'en plus d'être situées dans deux des régions de première implantation créditiste, les circonscriptions de Villeneuve, Chapleau, Chicoutimi et Lapointe furent toutes beaucoup moins libérales que l'ensemble de la Province de 1953 à 1958. Ajoutons à cela que, dans au moins deux d'entre elles, se présentaient de très fortes personnalités créditistes (Caouette et Grégoire), et on comprendra que ces circonscriptions aient pu être moins influencées que les autres par la remontée des libéraux provinciaux de 1960 à 1962.

Inversement, les circonscriptions du Lac-Saint-Jean et de Montmagny–L'Islet, où les libéraux fédéraux reprennent plus de 10 p. cent des votes sans que les libéraux provinciaux y aient fait de progrès de 1960 à 1962, furent de 1953 à 1958 des circonscriptions très libérales. Ici encore le « réveil » de la dimension partisane chez les libéraux, à cette élection de 1963, peut expliquer leur comportement. Quant à Matapédia – Matane et à Rivière-du-Loup – Témiscouata la présence d'assez forts candidats libéraux (René Tremblay et Rosaire Gendron) contre d'assez faibles candidats créditistes fut peut-être décisive.

Conclusion

Cette étude avait pour but de montrer l'utilité d'une approche sociologique des résultats électoraux.

Plus précisément, j'ai voulu montrer que cette approche ne pouvait être fructueuse que si l'on faisait tenir ensemble toutes les dimensions sociologiques du vote. Au cours de l'analyse, quatre dimensions ont été distinguées, qu'on peut appeler : socio-économique, partisane, politique et personnelle. Parce qu'elles sont des dimensions sociologiques, elles renvoient à des « groupes » (au sens large) qui influencent le comportement électoral de l'individu ou de la collectivité. La dimension socio-économique renvoie à des groupes d'âge, d'occupation, de revenu, d'habitat, etc. ; la dimension partisane, aux groupes où se transmettent les traditions électorales ; la dimension politique, à ces groupes que sont les partis, au système qu'ils constituent, à leurs programmes, à leur organisation et à leurs activités électorales ; et la dimension personnelle, aux chefs, candidats, organisateurs et travailleurs d'élection qui symbolisent de façon plus immédiate les partis. Inutile d'ajouter que ces dimensions sont liées fonctionnellement entre elles, comme sont d'ailleurs liés entre eux, dans leur influence réelle auprès des électeurs, les groupes auxquels les dimensions renvoient. Toutefois d'une élection à l'autre, et aussi d'un milieu électoral à l'autre, le jeu des dimensions varie selon la « charge », l'intensité et la direction de chacune. C'est ainsi qu'on a vu que, de 1962 à 1963, les liens entre la dimension partisane et la dimension politique du vote créditiste se sont modifiés de façon sensible.

Ceci dit, une double tâche s'impose si l'on veut développer cette idée des quatre dimensions. Il faudrait d'abord, pour isoler ou mesurer plus précisément chacune des dimensions, adopter ou inventer au besoin des techniques d'analyse plus fines que celles qui ont été utilisées ici. Au moins deux de ces techniques ont commencé d'être appliquées à l'étude des résultats électoraux ou de phénomènes apparentés, l'analyse hiérarchique [16] et l'analyse factorielle [17], et il me semble qu'on peut entrevoir des développements fructueux de ce côté.

En même temps cependant qu'on perfectionnera les techniques, et aussi à partir de ces perfectionnements, il faudrait

---

[16] Voir par exemple, J. SAUERWEIN et A. DE VULPIAN, « Description des attitudes électorales collectives au moyen de l'analyse hiérarchique », dans F. GOGUEL, *Nouvelles études de sociologie électorale,* Paris, A. Colin, 1954, pp. 155–184 ; V. LEMIEUX, « Les élections provinciales dans le comté de Lévis, de 1912 à 1960 », *Recherches sociographiques,* vol. II, nos 3-4, juillet-déc. 1961, pp. 367–399. Voir aussi l'étude qui suit, « L'analyse hiérarchique des résultats électoraux ».

[17] Pour une tentative intéressante, voir D. MACRAE, « Une analyse factorielle des préférences politiques », *Revue française de science politique,* mars 1958, pp. 95–109.

pouvoir construire une espèce de modèle à quatre dimensions (ou plus), dont chacune des situations électorales observées serait une réalisation particulière, selon les «entrées» en chaque dimension et la façon dont elles réagissent les unes sur les autres.

À ce propos, on peut déjà suggérer quelques «lois» du modèle, à partir des situations analysées dans cet article. C'est ainsi qu'il semble peu probable que le changement puisse s'introduire au niveau de la dimension partisane : il s'agit là d'une dimension toujours «liée», qui réagit à des changements en d'autres points du système, soit en les amoindrissant, soit en les amplifiant. Des transformations peuvent par contre s'introduire au niveau des trois autres dimensions, mais il semble que, dans le cas des dimensions socio-économique et personnelle, il faille que ces changements se traduisent d'abord au niveau de la dimension politique pour pouvoir affecter ensuite l'ensemble du système. La dimension politique constituerait donc une espèce de dimension prédominante où pourrait s'introduire, se répercuter ou s'annuler le changement. C'est du moins ce qui ressort de notre analyse.

Nouvelles voies d'analyse

*L'analyse hiérarchique
des résultats
électoraux**
(1968)

L'analyse hiérarchique est une technique relativement simple d'analyse des faits sociaux que quelques auteurs seulement ont appliquée aux résultats électoraux. Jacques Sauerwein et Alain de Vulpian[1] ont été les premiers, à notre connaissance, à tenter une application qui n'eut d'ailleurs pas de lendemain. La

---

* Publié sous ce titre dans la *Revue canadienne de Science politique,* vol. I, n° 1, mars 1968, pp. 40–54. La troisième partie de l'article a été révisée.

[1] «Description des attitudes électorales collectives au moyen de l'analyse hiérarchique», dans F. Goguel, *Nouvelles études de sociologie électorale,* Paris, A. Colin, 1954, pp. 155–184.

multiplicité des partis, en France, rendait tout particulièrement périlleux l'emploi de cette technique qui suppose des données empiriques de nature dichotomique.

Par ailleurs, l'analyse hiérarchique des résultats électoraux, par localités, dans une circonscription provinciale du Québec[2], a montré qu'on avait là un domaine pouvant être expliqué par une dimension dominante. Nous verrons qu'on arrive à la même conclusion lorsqu'on applique l'analyse hiérarchique aux résultats, par circonscriptions, des élections provinciales au Québec de 1936 à 1966.

Les principes et la méthode

Commençons par bien définir quels sont les problèmes que l'analyse hiérarchique peut résoudre. Comme le dit Benjamin Matalon :

> On peut grouper en trois catégories les problèmes pour la solution desquels on a recours à l'analyse hiérarchique.
> 1. On désire vérifier l'hypothèse qu'un certain domaine, défini en termes généraux, est unidimensionnel. Par exemple, on se demandera si l'attitude envers un parti politique, ou l'aptitude arithmétique, sont unidimensionnelles.
> 2. On veut savoir si un certain nombre de comportements bien déterminés constituent une échelle. Par exemple, on veut savoir si tous ceux qui ont voté pour le candidat d'un certain parti approuvent un point particulier de son programme.
> 3. On désire constituer un instrument de mesure permettant d'ordonner les sujets d'une population donnée selon une certaine variable : par exemple, on cherche à ordonner les sujets du plus favorable au plus défavorable au parti en question[3].

L'analyse hiérarchique, rappelons-le, a d'abord été utilisée pour l'étude de phénomènes psychologiques. Elle consiste, par exemple, à hiérarchiser des sujets soumis à un questionnaire

---

[2] V. LEMIEUX, « Les élections provinciales dans le comté de Lévis, de 1912 à 1960 », *Recherches sociographiques*, vol. II, n⁰ˢ 3-4, juillet-déc. 1961, pp. 367–399.

[3] *L'Analyse hiérarchique*, Paris, Gauthier-Villars, 1965, p. 28.

selon leurs réponses « favorables » ou « défavorables » à une
série de questions, ou item, qu'il s'agit d'ordonner entre eux de
façon telle qu'une réponse favorable à un item donné implique
une réponse favorable à l'item suivant, mais non l'inverse.
Ainsi, dans le cas d'une mesure physique, la question :
« Mesurez-vous au moins 61 pouces ? » serait placée dans
l'échelle avant la question : « Mesurez-vous au moins 60 pouces ? », puisqu'un sujet qui a donné une réponse favorable à la
première question donnera également une réponse favorable à
la seconde, l'inverse n'étant pas vrai de tous les sujets [4]. Il n'en
est toutefois pas toujours ainsi dans des domaines plus psychologiques ou plus sociologiques. C'est-à-dire que des réponses
inconsistantes, ou « erreurs », par rapport à une certaine variable peuvent apparaître. On ne pourra alors parler d'échelle
que si ces erreurs ne sont pas trop nombreuses.

L'application de cette technique à l'analyse des résultats
électoraux, par circonscriptions, se justifie par l'analogie qui est
faite, d'une part, entre ces circonscriptions (comme collectivités d'électeurs) et des sujets auxquels serait posée une série de
questions et, d'autre part, entre cette série de questions (prise
généralement à l'intérieur d'un même questionnaire, auquel
les sujets ont répondu à un moment donné de leur existence)
et la série chronologique des élections : de 1936 à 1966 dans
notre cas. On voit que cette dernière analogie pose un
problème : pas tellement parce que la carte électorale de 1966
n'est plus celle de 1936, car on peut toujours ramener l'une à
l'autre, mais plutôt parce que les collectivités d'électeurs
auxquelles on s'arrêtera finalement ont, en 1966, des caractéristiques parfois assez différentes de celles qu'elles avaient en
1936 [5]. Il y aura alors moins de chances qu'on puisse arriver à
une échelle, manifestant la prédominance d'une dimension
sous les résultats électoraux, que si toutes les questions étaient
posées à ces collectivités en 1936, ou encore en 1966.

Concrètement, on a procédé de la façon suivante dans la
construction de l'échelle. Seuls les votes aux deux grands partis

---

[4] À ce sujet, voir MATALON, *op. cit.*, pp. 17–27.

[5] Pour une discussion de cette difficulté et des autres problèmes que pose
l'application de l'analyse hiérarchique aux résultats électoraux, voir
SAUERWEIN et DE VULPIAN, « Description », *op. cit.*

provinciaux du Québec, le Parti Libéral et l'Union Nationale, ont été retenus : c'est d'ailleurs pourquoi on n'est pas remonté plus loin que 1936, année de naissance de l'Union Nationale. On a ensuite décidé d'interpréter une majorité des libéraux sur l'Union Nationale comme une réponse favorable, et une majorité de l'Union Nationale sur les libéraux comme une réponse défavorable. Ce n'est là qu'une convention ; on arriverait évidemment aux mêmes résultats en faisant la convention contraire, sauf que les circonscriptions les plus libérales se trouveraient alors au bas et non plus au haut de l'échelle. Quant au nombre des circonscriptions, on s'est arrêté aux 95 de 1960 et 1962, chiffre qui représentait le meilleur compromis possible entre les 86 de 1939 et les 108 de 1966[6]. Les treize circonscriptions nouvelles qui ont été créées avant l'élection de 1966 ont alors été replacées dans la carte de 1962, et l'on a fait comme si les résultats du 5 juin 1966 avaient été exprimés à partir de cette ancienne carte. C'est ainsi, par exemple, que la circonscription de Bourget exprime une majorité libérale en 1966, si l'on revient à la carte de 1962, alors que, dans ce qui restait de la circonscription de ce nom, l'Union Nationale obtint, en fait, plus de votes que le Parti Libéral. Inversement, on a fait comme si les quelques circonscriptions qui ont été réunies de 1936 à 1939, puis séparées de nouveau par la suite, ainsi que les circonscriptions nouvelles qui sont apparues de 1939 à 1960, avaient toujours existé sous la forme qu'elles avaient en 1960 et 1962, et avaient donné les mêmes résultats que les circonscriptions dont elles ont été séparées. Par exemple, on a fait comme si la circonscription de Duplessis existait dès 1936, s'était comportée jusqu'en 1944 comme sa circonscription « grandmère » de Charlevoix – Saguenay, et de 1948 à 1956 comme sa circonscription « mère » de Saguenay. Ajoutons que la circonscription de Montréal – Sainte-Anne, où un député indépendant règne depuis 1948, a été retranchée de l'ensemble, parce que le vote aux libéraux et à l'Union

---

[6] De 1936 à 1939 quatre circonscriptions disparurent par fusion, et l'on passa ainsi de 90 à 86 circonscriptions. Cinq nouvelles circonscriptions furent créées de 1939 à 1944, une de 1944 à 1948, une autre de 1952 à 1956, et deux de 1956 à 1960. Ce sont les 95 circonscriptions d'alors, moins Montréal - Sainte-Anne, qu'on retrouve dans l'échelle. Enfin, treize nouvelles circonscriptions furent créées de 1962 à 1966.

Nationale n'a jamais été très significatif depuis cette date. Ces quelques retouches apportées aux résultats étaient nécessaires, et comme elles n'affectent au total qu'un petit nombre de circonscriptions, elles ne peuvent pas introduire dans l'échelle de bien grandes distorsions.

Mais comment hiérarchiser les 94 circonscriptions que nous retenons, pour arriver à la meilleure échelle possible, c'est-à-dire à celle qui comporte un minimum d'erreurs? Tout repose sur l'ordre qui sera établi entre les item, c'est-à-dire ici les neuf élections provinciales de 1936 à 1966. Un ordre semble s'imposer, et c'est celui qui va de l'élection où les libéraux obtiennent le moins de majorités sur l'Union Nationale à celle où ils en obtiennent le plus. Cet ordre serait alors :

Élection	Majorités libérales
1948 :	8
1936 :	10
1956 :	19
1952 :	24
1944 :	38
1966 :	42
1960 :	50
1962 :	63
1939 :	76

Ces majorités libérales, selon la carte uniformisée des 94 circonscriptions, ne correspondent évidemment pas au nombre strict de sièges remportés par le parti, au soir des élections, selon la carte électorale réelle. Nous donnons dans le tableau 1 le nombre réel de sièges remportés par les partis provinciaux, de 1936 à 1966, ainsi que le pourcentage des votants qui les ont appuyés.

Revenons maintenant à l'ordre des majorités libérales dans la carte uniformisée de 1936 à 1966. Cet ordre va de l'élection (1948) où une réponse favorable, c'est-à-dire une majorité libérale, de la part d'une circonscription a la plus petite probabilité de se produire, à celle (1939) où cette probabilité est la plus grande. On peut donc s'attendre à ce que, par exemple, une circonscription à majorité libérale en 1948 ait

Tableau 1
Nombre de sièges et pourcentage des votants des différents partis aux élections provinciales du Québec, de 1936 à 1966

	1936		1939		1944		1948	
	Sièges	Votants %	Sièges	Votants %	Sièges	Votants %	Sièges	Votants %
Parti Libéral	14	39	69	53	37	39	8	36
Union Nationale	76	57	14	39	48	38	82	51
Autres		4	3	8	6	23	2	13
Total	90	100	86	100	91	100	92	100

	1952		1956		1960		1962		1966	
	Sièges	Votants %	Sièges	Votants %	Sièges	Votants %	Sièges	Votants %	Sièges	Votants %
Parti Libéral	23	46	20	45	51	52	63	57	51	47
Union Nationale	68	51	72	52	43	47	31	42	55	40
Autres	1	3	1	3	1	1	1	1	2	13
Total	92	100	93	100	95	100	95	100	108	100

SOURCE : H. A. SCARROW, Canada Votes, New Orleans, Hauser, 1962, p. 208 ; et (pour les élections de 1962 et de 1966) la Presse canadienne.

aussi donné une majorité aux libéraux en 1936, en 1956, en 1952, etc. ; ou encore on peut s'attendre à ce qu'une circonscription, où les libéraux ont été dépassés par l'Union Nationale en 1944 et 1966, n'ait pas donné une majorité aux libéraux en 1956, en 1936 et en 1948 — du moins si notre échelle est unidimensionnelle, c'est-à-dire si elle ne comporte pas trop d'« erreurs ».

Or, justement, on constate que pour minimiser le nombre d'erreurs dans l'échelle il faut modifier quelque peu l'ordre indiqué plus haut. Les résultats sont meilleurs, en effet, si l'on place 1936 avant 1948. L'ordre finalement retenu est donc celui qu'on peut lire sur l'échelle présentée dans le tableau 2, soit : 1936, 1948, 1956, 1952, 1944, 1966, 1960, 1962 et 1939. Avec cet ordre, le nombre d'erreurs est le plus petit possible, soit 84 sur 846 observations, c'est-à-dire 10 p. cent de l'ensemble des observations.

Si le nombre minimum d'erreurs se trouve déterminé, une fois que l'ordre des élections a été lui-même déterminé, il n'en est pas de même de la position de plusieurs de ces erreurs. Ainsi la circonscription de Québec-Ouest se trouve au huitième rang : on considère ici la majorité libérale de 1936 comme une erreur, la première majorité « normale » des libéraux n'apparaissant qu'en 1956. Mais on aurait bien pu faire comme si l'erreur se trouvait dans la majorité unioniste de 1948, après une première majorité normale des libéraux, en 1936.

On a utilisé pour situer une erreur à telle élection plutôt qu'à telle autre une méthode simple, qui se fonde sur le caractère diachronique des item, c'est-à-dire des élections. Entre plus d'une erreur ou plus d'une paire d'erreurs possibles, on a toujours choisi celle qui se produisait à l'élection ou aux élections les plus éloignées de l'élection médiane de notre période, soit 1952. Ainsi, dans le cas de Verchères (7e rang), 1936 fut choisie plutôt que 1948 ; dans le cas de Montréal – Saint-Henri (10e rang) et de Saint-Maurice (10e rang), 1944 et 1966 furent préférées à 1956 et 1952 ; et dans le cas de Témiscamingue (16e rang), où trois paires d'erreurs étaient possibles, 1944 et 1960 furent préférées à 1952 et 1966, et à 1952 et 1960.

Cette façon de procéder, qui a semblé judicieuse eu égard aux résultats qu'elle a permis d'atteindre, se justifie par le caractère très particulier de la série d'item utilisés pour la

Tableau 2
Échelle des circonscriptions provinciales au Québec, de 1936 à 1966 (de la plus libérale à la moins libérale)

Circonscription	Majorité libérale en									Majorité unioniste en								
	36	48	56	52	44	66	60	62	39	36	48	56	52	44	66	60	62	39
1. Mtl – St-Louis	X	X	X	X	X	X	X	X	X									
2. Jacques-Cartier		X	X	X	X	X	X	X	X									
2. Mtl – NDG		X	X	X	X	X	X	X	X									
2. Mtl – Outremont		X	X	X	X	X	X	X	X									
2. Mtl – Verdun		X	X	X	X	X	X	X	X									
2. Westmount – St-G.		X	X	X	X	X	X	X	X									
7. Verchères	(X)	X	X	X	X	X	X	X										(X)
8. Québec-Ouest	(X)	X	X	X	X	X	X	X	X									
9. Richmond		X	X	X		X	X	X	X					(X)				
10. Mtl – St-Henri		X	X	X			X	X	X					(X)	(X)			
10. St-Maurice		X	X	X			X	X	X					(X)	(X)			
12. Québec – Comté		X		X	X	X	X	X	X									
13. Richelieu	(X)	X		X	X			X	X						(X)			
14. Drummond		X	X	X		X	X	X	X					(X)				
15. Mtl – Jeanne-Mance		X	X	X	X	X		X	X							(X)		
16. Témiscamingue		X	X	X		X		X	X					(X)		(X)		
17. Chambly			(X)	X	X	X	X	X	X									
18. Abitibi-Est		X	X	X	X	X	X	X	X									
18. Bourget		X	X	X	X	X	X	X	X									
18. Laval		X	X	X	X	X	X	X	X									
18. Mtl – Laurier		X	X	X	X	X	X	X	X									
18. Vaudreuil – Soulanges			(X)	X	X		X	X	X									
23. Rivière-du-Loup		X		X			X	X	X						(X)			
24. Lac-St-Jean		X		X			X	X	X						(X)			

25. Châteauguay
25. Gatineau
25. Mtl – Mercier
25. Québec-Centre
29. Abitibi-Ouest
29. Bonaventure
29. Rimouski
32. Duplessis
32. Hull
32. Matapédia
32. Saguenay
36. Brome
37. Deux-Montagnes
37. Jonq. – Kénogami
37. Matane
40. St-Hyacinthe
41. Iberville
41. St-Jean
43. Rouyn – Noranda
44. Lévis
45. Arthabaska
45. Mégantic
45. Portneuf
45. Terrebonne
49. Gaspé-Nord
50. Wolfe
51. Bellechasse
51. L'Islet
51. Montmagny

Tableau 2
Échelle des circonscriptions provinciales au Québec, de 1936 à 1966 (de la plus libérale à la moins libérale)

Circonscription	Majorité libérale en									Majorité unioniste en								
	36	48	56	52	44	66	60	62	39	36	48	56	52	44	66	60	62	39
54. Beauce	(X)						X	X	X		X	X	X	X	X	X	(X)	
54. Roberval							X	X	X		X	X	X	X	X	X	(X)	
56. Sherbrooke							X	X			X	X	X	X	X	X		(X)
57. Berthier				(X)	(X)		X	X	X	X	X	X				X		
58. Québec-Est				(X)	(X)		X	X	X	X	X	X				X		
59. Maisonneuve					(X)		X	X	X	X	X	X	X	X		X		
60. Kamouraska							X	X	X	X	X	X	X	X	X	X		
61. Charlevoix						(X)	X	X	X	X	X	X	X	X		X		
61. Stanstead						(X)	X	X	X	X	X	X	X	X		X		
63. L'Assomption							X	X	X	X	X	X	X	X	X	X		
63. Montcalm							X	X	X	X	X	X	X	X	X	X		
63. Nicolet							X	X	X	X	X	X	X	X	X	X		
63. Rouville							X	X	X	X	X	X	X	X	X	X		
67. Beauharnois						(X)	X	X	X	X	X	X	X	X		X		(X)
67. Gaspé-Sud						(X)	X	X		X	X	X	X	X		X		(X)
67. Îles-de-la-Mad.						(X)	X	X	X	X	X	X	X	X		X		(X)
67. Napierville – Laprairie						(X)	X	X		X	X	X	X	X		X		(X)
71. Bagot	(X)				(X)	(X)			X		X	X	X			X	X	
71. Pontiac	(X)				(X)	(X)			X		X	X	X		X	X	X	
73. Compton			(X)		(X)	(X)			X	X	X		X			X	X	
74. Argenteuil				(X)	(X)	(X)			X	X	X	X	X			X	X	
74. Huntingdon				(X)	(X)	(X)			X	X	X	X	X			X	X	
76. Frontenac				(X)					X	X	X	X		X	X	X	X	
76. Mtl – Ste-Marie				(X)					X	X	X	X		X	X	X	X	

76. Mtl – St-Jacques	(X)									X			X	X	X	X	X	X
76. Shefford	(X)									X			X	X	X	X	X	X
80. Lotbinière		(X)								X		X	X	X	X	X	X	X
80. Missisquoi		(X)								X		X	X	X	X	X	X	X
80. Montmorency		(X)								X		X	X	X	X	X	X	X
80. St-Sauveur		(X)								X		X	X	X	X	X	X	X
84. Laviolette									X	X	X	X	X	X	X	X	X	X
84. Maskinongé									X	X	X	X	X	X	X	X	X	X
84. Témiscouata									X	X	X	X	X	X	X	X	X	X
87. Champlain										X	X	X	X	X	X	X	X	X
87. Chicoutimi										X	X	X	X	X	X	X	X	X
87. Dorchester										X	X	X	X	X	X	X	X	X
87. Joliette										X	X	X	X	X	X	X	X	X
87. Labelle										X	X	X	X	X	X	X	X	X
87. Papineau										X	X	X	X	X	X	X	X	X
87. Trois-Rivières										X	X	X	X	X	X	X	X	X
87. Yamaska										X	X	X	X	X	X	X	X	X
Total des majorités (846)	10	8	19	24	38	42	50	63	76	84	86	75	70	56	52	44	31	18
Total des erreurs (84)	9	1	9	8	15	8	0	0	0	0	0	1	0	5	5	6	7	10

construction de l'échelle. Ces item, rappelons-le, sont diachro-
niques par rapport aux sujets, ce qui augmente la possibilité
d'erreur. D'autant plus qu'on ne pouvait pas se permettre,
comme c'est habituellement le cas quand il s'agit d'un questionnaire administré à des individus, de choisir parmi un grand
nombre d'item ceux qui étaient les plus «scalables». Il était
alors tout à fait plausible de supposer que, toutes choses étant
égales, les erreurs dans l'échelle avaient plus de chances de se
produire aux item les plus éloignés de l'élection médiane,
parce que les circonscriptions s'y trouvaient moins caractéristiques de ce qu'elles furent, en gros, dans l'ensemble de la
période.

L'échelle à laquelle on est arrivé finalement comporte,
comme on l'a dit, 84 erreurs sur 846 observations, d'où un
coefficient de reproductibilité de .90. Ce coefficient représente
le rapport du nombre total d'observations moins le nombre
d'erreurs, sur le nombre total d'observations. Un coefficient de
reproductibilité de .90 est une valeur suffisante pour qu'on
puisse parler d'une échelle parfaite, c'est-à-dire unidimensionnelle [7]. Il y aurait donc sous la grande variété du vote aux deux
grands partis provinciaux du Québec, de 1936 à 1966, une
dimension dominante, qu'on tentera d'expliciter un peu plus
loin.

Remarques sur l'échelle

Notons d'abord que certaines élections sont moins «scalables» que d'autres, c'est-à-dire qu'elles comportent un plus
grand nombre d'erreurs. Si l'on se reporte au tableau 2, on voit
que le nombre d'erreurs par élection est le suivant :

Élection	Erreurs
1936 :	9
1939 :	10
1944 :	20
1948 :	1
1952 :	8
1956 :	10

---

[7] À ce sujet, voir MATALON, *l'Analyse hiérarchique*, *op. cit.*, p. 42.

1960 :	6
1962 :	7
1966 :	13
Total :	84

Il est assez significatif que les deux élections qui comportent le plus d'erreurs, 1944 et 1966, soient celles où les résultats ont été les plus serrés (avec 1960), et surtout celles où l'intervention de tiers partis importants a affecté dans plus d'une circonscription le vote aux deux grands partis. C'est ainsi que si l'on s'en tient à l'élection de 1966, il semble bien que les erreurs à Montréal–Saint-Henri (10ᵉ rang), Saint-Maurice (10ᵉ rang), Richelieu (13ᵉ rang) et Stanstead (62ᵉ rang) soient dues pour une bonne part à ce jeu des tiers partis. Si cette élection de 1966, et encore davantage celle de 1944, étaient retirées de l'échelle, le coefficient de reproductibilité serait encore plus élevé. Mais on a préféré conserver ces élections, même si elles ne sont pas très consistantes avec les autres, pour montrer, entre autres choses, comment l'analyse hiérarchique permet justement d'établir cette inconsistance, qui correspond bien à la réalité.

On peut s'étonner que des élections assez peu contestées, comme 1936 et 1939, comportent autant d'erreurs que celles plus serrées de 1952 et de 1956, et beaucoup plus d'erreurs que celle de 1948 qui n'en comporte qu'une. L'explication semble résider dans la résistance, ces années-là, ainsi qu'en 1944, de fortes traditions libérales qui s'effaceront après 1944. C'est le cas, par exemple, de Berthier (57ᵉ rang), de Bagot (71ᵉ rang) et de Pontiac (71ᵉ rang) qui étaient des circonscriptions très libérales jusqu'en 1944, et qui sont par la suite devenues des châteaux forts de l'Union Nationale. Ce sont là les cas les plus évidents ; mais il y a aussi ceux de L'Islet (51ᵉ rang), Montmagny (51ᵉ rang), Kamouraska (60ᵉ rang), Compton (73ᵉ rang), Argenteuil (74ᵉ rang), Huntingdon (74ᵉ rang), Lotbinière (80ᵉ rang), Missisquoi (80ᵉ rang), Montmorency (80ᵉ rang) et Saint-Sauveur (80ᵉ rang), où les libéraux surpassent l'Union Nationale deux fois sur trois, de 1936 à 1944, et pas plus d'une fois sur six par la suite. De même Saint-Hyacinthe (40ᵉ rang), Iberville (41ᵉ rang) et Saint-Jean (41ᵉ rang), qui sont des circonscriptions très libérales jusqu'en 1939, ne donneront plus que deux ou trois majorités aux libéraux après cette date. C'est d'ailleurs pourquoi l'addition d'élections antérieures à celle de 1936 à la série des item aurait diminué le coefficient de reproductibilité de l'échelle. En plus des nombreux cas qu'on vient de citer, des circonscriptions de Montréal, aujourd'hui très libérales, comme Notre-Dame-de-Grâce (2e rang), Outremont (2e rang) et Westmount (2e rang), mais qui étaient très conservatrices avant 1939, auraient comporté un grand nombre d'erreurs.

L'élection de 1948, on l'a vu, ne comporte qu'une erreur, celle de Gaspé-Nord (48e rang), où le candidat libéral ne l'emporte d'ailleurs que par une faible marge. On a bien un tiers parti assez important, cette année-là, l'Union des Électeurs, qui recueille près de 10 p. cent du vote dans l'ensemble de la Province, mais parce que l'écart est grand dans la plupart des circonscriptions entre l'Union Nationale et les libéraux, ce tiers parti n'a pas causé d'effets de nuisance, possible source d'erreurs. D'autre part, les fortes traditions libérales qui s'étaient maintenues dans certaines circonscriptions, jusqu'en 1939 ou 1944, sont maintenant effacées, ce qui élimine une autre source d'erreurs.

Par ailleurs, l'élection de 1952 comporte huit erreurs malgré la victoire encore assez décisive de l'Union Nationale. Toutes ces erreurs dans l'échelle consistent en des majorités inattendues des libéraux, et la plupart s'expliquent par la baisse sensible de popularité de l'Union Nationale, à la suite de la grève d'Asbestos, dans des circonscriptions de cette région ou dans des circonscriptions où le syndicalisme a de fortes assises. En fait toutes les erreurs renvoient à l'une ou l'autre de ces explications. La seconde est évidente dans Lévis[8] (43e rang), où, à lui seul, le vote massif de la localité très ouvrière de Lauzon permet au candidat libéral de dépasser de justesse son adversaire.

L'élection de 1956 comporte, elle, dix erreurs, dont une seule, celle de Verchères (7e rang), consiste en une majorité inattendue de l'Union Nationale. Les neuf autres se trouvent du côté des libéraux, mais renvoient à des explications différentes de celles de 1952, et d'ailleurs moins évidentes. Dans Chambly

---

[8] V. LEMIEUX, « Les élections provinciales dans le comté de Lévis, de 1912 à 1960 », *loco cit.*, pp. 378-379.

(17e rang), la progression rapide d'une population, où les niveaux de vie sont relativement élevés, assimile de plus en plus cette circonscription aux circonscriptions prospères de Montréal, ce qui explique sans doute que les libéraux réussissent à dépasser l'Union Nationale par quelques centaines de voix. Les autres erreurs, sauf celle de Saint-Hyacinthe (40e rang), se regroupent par région : Rivière-du-Loup (23e rang), Bonaventure (29e rang) et Rimouski (29e rang) dans le Bas-Saint-Laurent et la Gaspésie ; Brôme (36e rang) et Compton (73e rang) dans l'Estrie ; Abitibi-Ouest (29e rang) et Rouyn–Noranda (43e rang) dans l'Abitibi. Les erreurs de ces deux dernières circonscriptions annoncent en quelque sorte les succès que remporteront les libéraux dans l'Abitibi à partir de 1960. Quant à Compton et Brôme, les anglophones y sont relativement nombreux (plus de 20 p. cent) et, encore là, le succès inattendu des libéraux annonce peut-être un phénomène qui s'accentuera dans les années 60. Notons toutefois que l'Union Nationale allait reprendre Compton dès 1960 et la garder par la suite. Les victoires libérales dans Rivière-du-Loup, Rimouski et Bonaventure sont aussi le signe avant-coureur des succès qu'allait remporter le parti dans la région du Bas-du-Fleuve et de la Gaspésie, à partir de 1960.

Six circonscriptions seulement présentent une erreur à l'occasion de l'élection de 1960 : Montréal – Jeanne-Mance (15e rang), Témiscamingue (16e rang), Châteauguay (25e rang), Gatineau (25e rang), Montréal – Mercier (25e rang) et Québec-Centre (25e rang), où les majorités de l'Union Nationale sont inattendues. Dans les quatre derniers cas il s'agit de circonscriptions qui sont unionistes depuis 1948, et qui seront libérales en 1962 et 1966. On peut se demander pourquoi la remontée des libéraux dès 1960 n'y fut pas suffisante pour leur assurer la victoire. De même, les erreurs de Montréal – Jeanne-Mance et de Témiscamingue demeurent assez inexplicables, du moins selon les informations dont nous disposons actuellement.

L'élection de 1962 comporte sept erreurs qui sont d'ailleurs consécutives dans l'échelle, celles de Gaspé-Nord, de Wolfe, de Bellechasse, de l'Islet, de Montmagny, de Beauce et de Roberval, du 49e au 54e rangs. L'explication de ces erreurs apparaît évidente quand on sait que ce sont toutes des circonscriptions très rurales et où la moyenne des revenus est très basse. D'après le recensement de 1961 cette moyenne chez les hommes varie de $1,891, dans l'Islet, à $2,532, dans Gaspé-Nord, avec la Beauce comme médiane à $2,222, alors que la moyenne provinciale se chiffre à $3,469. Il n'est donc pas tout à fait étonnant que l'Union Nationale, dont toute la campagne électorale fut orientée vers les « gagne-petit », y remporte des victoires inattendues.

On a déjà dit un mot de l'élection de 1966 et des erreurs qu'elle comporte. En plus de l'explication qui avait été signalée alors, et qui tient à l'interférence produite dans les résultats électoraux des deux grands partis par le vote aux deux partis indépendantistes (le Rassemblement pour l'Indépendance Nationale et le Ralliement National), on peut faire quelques autres observations sur les erreurs. C'est ainsi que la défaite inattendue des libéraux dans Rivière-du-Loup (23ᵉ rang) semble due aux mêmes causes que celles qui expliquent les sept défaites inattendues de 1962. Par ailleurs, les victoires surprise des mêmes libéraux dans Gaspé-Sud et dans les Îles-de-la-Madeleine, deux circonscriptions qui se trouvent au 67ᵉ rang, sont le fait de circonscriptions où, plus que partout ailleurs au Québec, on tient à être « du bon côté ». L'erreur en serait donc une de calcul. Les erreurs de Beauharnois et de Napierville–La-prairie, qui se trouvent au 67ᵉ rang, ont d'autres fondements : il s'agit de circonscriptions très ouvrières mais relativement prospères qui, malgré leur fidélité à l'Union Nationale de 1936 à 1960, sont entraînées, en 1962 et en 1966, dans le mouvement de polarisation socio-économique des clientèles partisanes. Argenteuil et Huntingdon, au 74ᵉ rang, sont deux circonscriptions rurales, limitrophes à l'Ontario, et où l'on compte un nombre relativement élevé d'anglophones, ce qui peut expliquer leur conversion au Parti Libéral. Le cas de Charlevoix (61ᵉ rang) est assez aberrant. De toutes les circonscriptions rurales autour de la ville de Québec elle est la seule qui, en 1966, fut conservée par les libéraux. On nous a dit que les contacts étroits du député libéral avec ses électeurs en seraient la cause.

Si l'on passe maintenant à la revue des sujets, c'est-à-dire des circonscriptions, on constate que l'échelle contient plusieurs traits remarquables. Notons d'abord qu'une seule circonscription, celle de Montréal – Saint-Louis, a toujours donné aux libéraux une majorité sur l'Union Nationale depuis 1936. Elle est également la seule à présenter ce qu'on pourrait appeler un «pattern» ou patron favorable aux libéraux, non pas depuis 1936, puisque l'ordre des item est logique plutôt que chronologique, mais à la hauteur de 1936 si l'on peut dire. En effet, si l'on voit l'échelle de bas en haut comme un escalier, Montréal – Saint-Louis est la seule circonscription à la hauteur de la dernière marche de l'escalier. Il y a six circonscriptions sur la marche précédente, c'est-à-dire à la hauteur de 1948 ; quatre à la hauteur de 1956 ; cinq à la hauteur de 1952 ; douze à la hauteur de 1944 ; onze à la hauteur de 1966 ; dix-sept à la hauteur de 1960 ; quatorze à la hauteur de 1962 ; seize à la hauteur de 1939 ; et huit circonscriptions à la hauteur zéro, du point de vue des libéraux, c'est-à-dire qui ont toujours donné une majorité à l'Union Nationale [9].

On ne doit pas s'étonner que les marches soient plus épaisses vers le bas que vers le haut, car, au total, l'échelle comporte 516 majorités unionistes contre 330 majorités libérales seulement. Le rapport est donc de trois à deux environ. Notons que le rapport des erreurs est le même, 50 pour les majorités libérales, contre 34, pour les majorités unionistes, ce qui est aussi tout à fait normal. Il y a, en effet, plus de chances, à cause de la forme de l'échelle, que des erreurs apparaissent du côté des majorités libérales plutôt que du côté des majorités unionistes.

---

[9] Pour déterminer le rang des circonscriptions qui se trouvaient à la même hauteur, c'est-à-dire qui avaient une première majorité libérale normale, la même année, on a toujours privilégié : (1) celles qui, tout en ne produisant pas de majorités unionistes inattendues, produisaient une ou deux majorités libérales inattendues ; puis (2) celles qui ne commettaient pas d'erreurs ; ensuite (3) celles qui commettaient des erreurs consistant en des majorités libérales et unionistes à la fois ; et enfin (4) celles qui ne commettaient que des erreurs unionistes. À l'intérieur de ces catégories (sauf la deuxième) on a estimé qu'à choisir entre deux erreurs, c'était la plus éloignée de la première majorité normale qui devait assurer le rang le plus élevé, ou encore l'erreur la plus rapprochée de la dernière majorité normale qui devait assurer le rang le moins élevé. C'est ainsi que parmi les circonscriptions qui vont de Chambly (17e rang) à Québec-Centre (25e rang), Chambly (1re catégorie) passe avant les cinq suivantes (2e catégorie) et celles-ci avant Rivière-du-Loup (3e catégorie), qui précède elle-même les quatre autres (4e catégorie). Et si, à l'intérieur de cette quatrième catégorie, Lac-Saint-Jean passe avant les trois autres circonscriptions, c'est parce que son erreur est plus rapprochée de la dernière majorité normale.

De façon générale, le haut de l'échelle renvoie à un ensemble beaucoup plus urbanisé du Québec que le bas de l'échelle. Si l'on s'en tient aux chiffres du recensement de 1961, qui sont évidemment plus ou moins représentatifs de l'ensemble de la période, on constate que des 38 circonscriptions les plus urbaines du Québec (soit celles où l'on trouve deux urbains sur trois « votants », en 1961), pas moins de 25 se retrouvent aux 45 premiers rangs de l'échelle, et treize seulement à partir du quarante-neuvième rang. Inversement, des 15 circonscriptions les plus rurales agricoles en 1961 (soit celles où l'on trouve un rural agricole sur trois « votants »), 14 se retrouvent du quarante-huitième rang au quatre-vingt-septième rang, et une seulement (Matapédia) aux 45 premiers rangs.

De même le haut de l'échelle contient des circonscriptions dont la population électorale est généralement plus importante que dans les circonscriptions du bas de l'échelle. Des 42 circonscriptions qui comptaient, en 1962, moins de 20,000 électeurs, trente se retrouvent après le quarante-neuvième rang, et 12 seulement dans les 45 premiers rangs. Inversement, des 24 circonscriptions qui comptaient plus de 30,000 électeurs, il y en a 20 parmi les 47 premières de l'échelle, et quatre seulement à partir du quarante-huitième rang.

On remarque également en consultant l'échelle que dans bien des cas plusieurs circonscriptions d'une même région ont des patrons identiques ou à peu près identiques. Signalons les circonscriptions de l'Île de Montréal dans le haut de l'échelle, ainsi que Bourget, Laval et Montréal–Laurier un peu plus bas (19e rang) ; Iberville et Saint-Jean (41e rang) ; Arthabaska et Mégantic (45e rang) ; Bellechasse, L'Islet, Montmagny et Beauce (du 51e rang au 54e rang) ; L'Assomption et Montcalm (63e rang) ; Gaspé-Sud et les Îles-de-la-Madeleine (67e rang) ; Montréal – Sainte-Marie et Montréal – Saint-Jacques (76e rang) ; Laviolette et Maskinongé (84e rang) ; Champlain, Trois-Rivières, Yamaska, Labelle et Papineau (87e rang). Évidemment, on rencontre aussi des cas contraires, ainsi Montréal – Sainte-Marie et Montréal – Saint-Jacques qui se comportent très différemment de leurs voisines dans l'Île de Montréal ; ou encore Saint-Maurice (10e rang) et Trois-Rivières (87e rang) ; Québec-Ouest (8e rang) et Québec-Centre (25e rang) ; Lévis (44e rang) et

Dorchester (87e rang) ; Rivière-du-Loup (23e rang) et Témiscouata (84e rang). Notons toutefois que, dans tous ces cas, la composition socio-économique de la population est assez différente d'une circonscription à l'autre, alors qu'au contraire elle est assez semblable dans le cas des circonscriptions voisines qui ont le même patron.

Si l'on considère des régions plus vastes que celles qui sont formées par le voisinage de deux ou trois circonscriptions, soit par exemple dix grandes régions qu'on peut découper dans la carte du Québec, on constate que ces régions se distinguent assez nettement sur le plan électoral, de 1936 à 1966. La région la plus libérale est la région métropolitaine de Montréal avec des circonscriptions qui s'échelonnent sur les 76 premiers rangs et une médiane qui se situe au quinzième rang. Vient ensuite la région du Nord-Ouest avec cinq circonscriptions dont la médiane se trouve au vingt-neuvième rang. Le Bas-Saint-Laurent et la Gaspésie ont une circonscription médiane qui occupe le trente-deuxième rang. C'est ensuite le Saguenay–Lac-Saint-Jean avec ses deux médianes aux trente-septième et cinquante-quatrième rangs. La grande région de Québec a également deux médianes aux rangs 51 et 60. Celle de l'Estrie a la sienne au cinquante-sixième rang. Les deux médianes de la région non métropolitaine de Montréal occupent les rangs 57 et 63. Enfin, les deux régions les moins libérales sont l'Outaouais avec des médianes aux trente-deuxième et quatre-vingt-septième rangs, et la région de Trois-Rivières avec une médiane au quatre-vingt-quatrième rang.

La dimension dominante des résultats électoraux

La caractéristique la plus fondamentale de l'échelle que nous venons de commenter demeure son unidimensionnalité, mesurée par un coefficient de reproductibilité aussi élevé que .90. Mais quelle est cette dimension dominante dans les résultats électoraux par circonscriptions provinciales, au Québec de 1936 à 1966 ?

Nous avons proposé ailleurs[10] d'expliquer les résultats élec-

---

[10] Voir, dans cet ouvrage, l'article « Les dimensions sociologiques du vote créditiste au Québec ».

toraux par le jeu de quatre grandes dimensions, qui rassemblent la plupart des facteurs qui sont généralement utilisés dans les études électorales. Ces dimensions, qui sont sociologiques en ce qu'elles renvoient aux groupes dont l'influence pèse sur le vote des électeurs, sont les dimensions socio-économique, partisane, politique et personnelle.

La dimension socio-économique renvoie à l'influence sur les résultats électoraux des groupes d'âge, d'occupation, de revenu, etc., auxquels appartiennent les électeurs ou auxquels ils se réfèrent. On trouve dans cette dimension les facteurs qui sont le plus souvent proposés pour expliquer le vote, sans doute parce qu'ils sont les plus faciles à mesurer, mais aussi parce que leur utilisation est courante dans la littérature sociologique.

La dimension partisane renvoie aux groupes par lesquels se perpétuent les traditions partisanes, ou l'identification traditionnelle aux partis politiques. Cette dimension doit être distinguée de la précédente : elle suppose, en effet, l'existence de partis dont les lignes de clivage ne sont jamais exactement celles des groupes socio-économiques, comme beaucoup d'études électorales l'ont démontré.

Une autre dimension, encore plus proprement politique, renvoie au programme, à l'organisation, à la propagande des partis, dans la mesure où ils influencent le vote des électeurs. Il ne s'agit plus ici d'identification traditionnelle, mais des aspects les plus actuels des partis, de ce qu'ils ont fait ou proposent de faire, de l'image qu'ils donnent d'eux-mêmes comme postulants au gouvernement de la société. C'est pourquoi on peut dire de cette dimension qu'elle est proprement politique.

Enfin, une dernière dimension renvoie aux influences qu'exerce sur les électeurs, et donc sur les résultats électoraux, la personnalité des candidats, abstraction faite de leur parti. C'est la dimension personnelle, qui est elle aussi une dimension sociologique dans la mesure où une personnalité est toujours faite, en partie tout au moins, des groupes auxquels elle participe ou, si l'on préfère, qu'elle reflète.

Ces quatre dimensions ne sont évidemment qu'analytiques. Les groupes auxquels elles renvoient se recouvrent partiellement dans la réalité et s'inter-influencent selon des cheminements dont on peut étudier le réseau et la dynamique.

Nous nous limiterons dans cet article à tenter de déterminer laquelle de ces dimensions est dominante dans les résultats des élections provinciales au Québec, de 1936 à 1966. Nous procéderons pour cela par élimination.

Auparavant, il faut être clair sur ce qui nous permettra de désigner cette dimension dominante[11]. Si on se reporte à l'exemple de la taille des individus que nous avons donné au début, on voit que c'est l'ordre des item qui révèle la dimension en question. De la même façon nos item — les années d'élection — sont disposés dans un ordre qui devrait révéler la dimension cherchée.

Cet ordre va-t-il de l'élection où les conditions socio-économiques étaient les plus défavorables aux libéraux à l'élection où elles étaient les plus favorables ? Va-t-il de l'élection où la répartition des électeurs partisans leur était la plus contraire, à celle où elle jouait le plus fortement pour eux ? Ou encore, va-t-il de l'élection où la situation politique favoriserait le plus les libéraux, à celle où elle les favorisait le moins ? Enfin, on pourrait croire que l'ordre des élections renvoie plutôt à la dimension personnelle, c'est-à-dire à une suite qui irait de l'année où les libéraux ont pu compter sur les meilleurs candidats et le meilleur chef, à l'année où la qualité des hommes était la plus faible.

On peut d'abord éliminer cette dernière dimension. Les candidats des deux partis, ou encore les chefs des deux partis, sont souvent les mêmes d'une élection à l'autre. Et pourtant celui qui l'emporte la première fois peut fort bien être battu la deuxième fois. Le cas le plus évident dans l'ensemble de la Province, mais aussi dans plusieurs circonscriptions, est celui des élections de 1936 et de 1939. En l'espace de trois ans la situation est complètement renversée : Duplessis et l'Union Nationale qui avaient battu de façon décisive Godbout et les libéraux, en 1936, sont à leur tour battus de façon non équivoque par le même Godbout et ses libéraux. Les hommes n'ont pas changé à ce point, en trois ans, qu'on puisse expliquer par leur influence la très grande différence entre les résultats de ces deux élections.

---

[11] Je remercie Maurice Pinard dont les commentaires m'ont permis une interprétation plus juste des résultats de l'analyse hiérarchique, que celle qui est parue dans la version de 1968 de cette étude.

Il ne semble pas non plus qu'on puisse attribuer à l'évolution de la seule situation socio-économique les résultats successifs des neuf élections provinciales que nous avons retenues ici. Qu'on pense, encore une fois, aux élections de 1936 et de 1939, qui surviennent toutes deux en période de crise économique, et dont les résultats sont pourtant très différents. Qu'on pense également aux élections de 1960 et de 1962, ou encore à celles de 1962 et de 1966, dont les résultats globaux, mais aussi les résultats par circonscriptions, dans certaines régions tout au moins, varient beaucoup plus que la situation strictement socio-économique durant la même période.

Restent la dimension partisane et la dimension politique. Il est difficile de trancher entre elles à partir des résultats rassemblés dans l'échelle. D'autant plus que la dimension politique évolue souvent dans le même sens que la dimension partisane, c'est-à-dire qu'elle favorise le parti qui jouit au départ d'un avantage dans le nombre de partisans. Une constatation que nous avons faite plus haut nous incline cependant à croire que c'est la dimension partisane qui prédomine, plutôt que l'autre. À propos du nombre relativement élevé d'erreurs qui se produisent à l'occasion des élections pourtant peu serrées de 1936 et de 1939, nous avons noté que la raison s'en trouvait dans la survivance de traditions partisanes qui s'effacent pour de bon après 1944. Ce fait semble indiquer que l'échelle comporte un nombre restreint d'erreurs, autrement dit qu'elle est unidimensionnelle, à condition que la dimension partisane soit continue ou bien fixée.

Étant donné que la marge en sièges obtenus est à peu près la même[12] en 1936 et en 1948, les élections de 1936 devraient comporter à peu près le même nombre d'erreurs que celles de 1948. Pourtant elles en comportent 9 contre 1 seulement en 1948. À l'autre extrémité de l'ordre des item, les élections de 1962 devraient comporter plus d'erreurs que celles de 1939, alors que c'est l'inverse qui se produit : on a 10 erreurs en 1939,

---

[12] La probabilité que des erreurs apparaissent est d'autant plus grande qu'il y a de façons différentes de réaliser une répartition de sièges. Il y a plus de façons différentes de réaliser une répartition de 50–44, comme en 1960, qu'une répartition de 86–8 comme en 1948. Par contre le nombre d'erreurs probables avec cette dernière répartition est à peu près le même qu'avec une répartition de 84–10, comme en 1936.

et 2 seulement en 1962. En 1948 le réalignement partisan du tournant des années 30 et 40 est terminé, et en 1962 le réalignement du tournant des années 60 et 70 n'est pas amorcé. Ces deux élections ensemble donnent 8 erreurs contre les 19 des deux élections de 1936 et de 1939, qui devraient pourtant en donner moins.

Les résultats des élections générales de 1960 montrent à l'inverse que lorsque la dimension partisane est bien fixée, les fluctuations dans la dimension politique ne semblent pas reliées de façon précise au plus ou moins grand nombre d'erreurs. La situation politique est plutôt changeante en 1960. Pourtant le nombre d'erreurs commises (six) est peu élevé, même si quelques sièges seulement séparent les deux partis. Le nombre d'erreurs devrait normalement être plus élevé qu'en 1952 et en 1956, où la situation politique est plus stable. C'est pourtant l'inverse qui se produit. Nous voyons là une confirmation supplémentaire de la prédominance durant la période 1936–1966 de la dimension partisane sur la dimension politique.

L'ordre des item irait donc avant tout de l'élection où la répartition des identifications partisanes favorisait le plus l'Union Nationale à celle où cette répartition la favorisait le moins. Par elles-mêmes les données organisées par l'analyse hiérarchique ne nous permettent pas d'affirmer avec certitude que c'est cet ordre des item qu'il faut lire, plutôt qu'un ordre déterminé par la dimension politique. Mais nous pensons maintenant (en 1972...) que la prépondérance de la dimension partisane est plus plausible que celle de l'autre. Un bon indice en est fourni par la difficulté qu'il y a de construire une échelle suffisamment normale si l'on prend comme item des élections appartenant à deux époques partisanes. Par exemple, une échelle construite à partir des neuf élections provinciales de 1927 à 1956 comporterait une proportion plus grande d'erreurs que celle que nous avons présentée ici. C'est la rupture dans les traditions partisanes, plutôt que dans les situations politiques, qui permet de donner la meilleure explication de cette différence[13].

---

[13] Reste à savoir si la rupture dans les traditions partisanes n'est pas produite avant tout par les situations politiques. À ce sujet, voir la fin de l'étude précédente, « Les dimensions sociologiques du vote créditiste au Québec ».

Les limites et l'unité de l'analyse hiérarchique

L'analyse hiérarchique des résultats, par circonscriptions, des élections provinciales au Québec de 1936 à 1966, manifesterait donc la prédominance de la dimension partisane. Cette conclusion ne vaut toutefois que ce que vaut l'analyse hiérarchique appliquée aux résultats électoraux.

La plus sérieuse limite de l'analyse hiérarchique, telle que nous l'avons appliquée ici, est sans doute de ne retenir des résultats électoraux qu'un élément d'information, soit le fait qu'il y ait majorité ou non d'un parti sur l'autre. Une technique plus fine, comme l'analyse factorielle, est de ce point de vue supérieure, en ce qu'elle retient toute l'information, soit le pourcentage exact du vote obtenu par un parti, et qu'elle permet d'arriver à une hiérarchie de facteurs. Mais la manipulation des données et l'interprétation des résultats comportent aussi une difficulté beaucoup plus grande. En somme, ce qu'on gagne en extension, on risque de le perdre en compréhension.

Si l'on considère maintenant les limites internes à l'analyse hiérarchique, on doit rappeler que l'échelle à laquelle on est arrivé, après manipulation des données, n'est pas la seule possible. Elle est tout simplement celle qui permet de minimiser le nombre des erreurs, si l'on retient comme item toutes les élections provinciales au Québec de 1936 à 1966. Ainsi, le nombre d'erreurs serait plus grand si l'on avait placé 1948 avant 1936, ou encore 1952 avant 1956, dans l'ordre des item ; mais les erreurs, bien que plus nombreuses, seraient peut-être alors plus significatives [14].

Notons que c'est là un des avantages de l'analyse hiérarchique, appliquée à l'étude des résultats électoraux, de pouvoir révéler du même coup une dimension dominante qui soit significative, et des erreurs par rapport à cette dimension dominante qui soient elles-mêmes significatives. Nous avons vu qu'à la plupart des élections l'on pouvait interpréter les erreurs, soit qu'elles renvoient à des caractéristiques socio-économiques assez particulières, à la résistance de traditions

---

[14] Ajoutons que des utilisations plus poussées de l'analyse hiérarchique sont possibles, mais qu'elles ne nous semblent pas convenir au caractère « grossier » des données que nous utilisons.

partisanes, à l'influence de fortes personnalités, ou encore à des situations politiques régionales ou locales. Ces différents facteurs des résultats électoraux expliquent les erreurs, en ce que leur impact est suffisamment divergent de celui de la dimension partisane générale pour faire en sorte qu'une circonscription donne un résultat inattendu, c'est-à-dire inconsistant par rapport aux résultats de la plupart des circonscriptions.

L'analyse hiérarchique et l'échelle qu'elle permet de construire peuvent également avoir une certaine utilité pour les partis politiques. Elles indiquent, en effet, quelles sont les circonscriptions critiques, où les résultats lors d'une élection serrée peuvent décider du gouvernement et de l'opposition. C'est ainsi que la zone qui va dans notre échelle d'Abitibi-Ouest à Sherbrooke (du 29e au 56e rang) semble particulièrement critique. Que les libéraux l'aient emporté, en 1966, dans Saint-Hyacinthe, Arthabaska, Mégantic et Terrebonne, circonscriptions où ils furent dépassés de peu par l'Union Nationale, et cela était suffisant pour les maintenir au gouvernement, malgré une carte électorale défavorable. Que l'Union Nationale ait obtenu quelques centaines de voix de plus dans Saint-Jean, Gaspé-Nord, Wolfe, Bellechasse et Montmagny, en 1960, et elle conservait sa position gouvernementale. Il serait donc de bonne stratégie, si l'on prévoit une élection serrée, de travailler surtout cette zone critique.

C'est l'occasion de rappeler, en terminant, que c'est par l'utilisation de plus en plus poussée de techniques rigoureuses que la science politique fera la preuve de son utilité, et qu'on pourra enfin dire d'elle que, si un peu de science éloigne de la réalité, beaucoup de science en rapproche.

La composition
des préférences
partisanes *
(1969)

Dans un article paru il y a vingt ans, Duncan Black faisait cette affirmation révolutionnaire : «Only the student familiar with the methods of reasoning of the various sciences would agree that the Science of Politics should accept as its data the scales of preferences of individuals. Yet it is so[1]».

Cette affirmation de Black avait pour but de montrer l'unité de la science économique et de la science politique. Selon lui, cette dernière pouvait d'ailleurs être réduite à une théorie des comités qui, une fois constituée, fonderait une théorie des

---

* Publié sous ce titre dans la *Revue canadienne de Science politique*, vol. II, n° 4, déc. 1969, pp. 397–418.

[1] «The Unity of Political and Economic Science», *Economic Journal*, sept. 1950, p. 506.

choix politiques[2]. Autrement dit, comme Arrow[3], Downs[4] et quelques autres allaient le préciser après lui, il y aurait dans nos sociétés deux types principaux de mécanismes par lesquels seraient faits les choix sociaux : les mécanismes économiques du marché, et les mécanismes politiques du vote. Pour donner plus de sens à l'analogie, on pourrait parler du marché et de la place publique, ou mieux de l'agora, en notant que dans nos sociétés, comme dans la Grèce antique, ces deux lieux se confondent bien souvent. Ils n'en font pas moins appel à des mécanismes différents, fondés toutefois, dans les deux cas, sur les ordres de préférences des agents. D'où la possibilité d'une théorie générale des choix, dont la science économique et la science politique seraient deux chapitres étroitement reliés.

Telle quelle, l'analogie nous paraît excessive. Parce qu'il est quantifiable le vote offre sans doute au politiste l'équivalent rêvé de ce que représente la monnaie pour l'économiste, et d'un point de vue heuristique on ne saurait trop insister sur l'importance critique des études faites dans cette perspective, pour le développement d'une véritable science politique. Mais on ne doit pas pour cela perdre de vue que ce que nous avons appelé les mécanismes de l'agora ne se limitent pas au vote, entendu au sens strict. Des décisions politiques, finales ou non, sont prises autrement que par le vote. Ou, plus précisément, en maintenant l'analogie avec le vote, ce n'est pas toujours la majorité simple ou qualifiée qui domine dans les mécanismes de l'agora. Ce peut fort bien être la minorité, ou même un seul contre tous, quand le vote n'est pas pris. Et quand le vote est pris, ou plutôt avant qu'il ne soit pris, ce peut être encore là une minorité mieux pourvue de ressources (autres que le droit de vote) et de stratégie qui réussit à imposer ses vues à la majorité. Comme la plupart des économistes, Black ne tient pas compte de ces composantes de la décision politique. On pourrait l'expliquer par un souci de simplification, si l'on ne constatait que jamais les économistes ne prennent soin de le

---

[2] Cette théorie a été exposée dans son livre, *The Theory of Committees and Elections*, Londres, Cambridge University Press, 1958.

[3] Kenneth J. ARROW, *Social Choice and Individual Values*, 2e éd., New York, Wiley, 1963.

[4] Anthony DOWNS, *An Economic Theory of Democracy*, New York, Harper, 1957.

dire. Cette tendance semble donc attribuable bien plus à une perception trop strictement économique des phénomènes politiques qu'à une position de méthode[5].

Comme Black l'a noté avec perspicacité, les ordres de préférences des agents constituent les données de la science politique, avec en plus les procédures auxquelles obéissent les mécanismes de l'agora. Mais ce ne sont pas les seules données d'une théorie des choix politiques. Il faut aussi tenir compte des ressources que possèdent les agents et de l'habileté — ou mieux de la stratégie — avec laquelle ils les utilisent, car les procédures et les ordres de préférences ne mènent pas à un résultat strictement déterminé, que le vote soit pris ou non.

Là n'est pas l'objet du présent article, car nous nous attacherons plutôt à l'étude du vote comme processus de choix politique. Plus précisément, nous voudrions examiner dans quelle mesure les ordres individuels de préférences entre les partis sont établis à partir d'ordres dits objectifs qui structurent la composition de ces ordres individuels. Cet examen nous conduira également à l'étude des facteurs limitatifs de cette structuration.

Ordres individuels et ordre objectif

Il n'y a pas de meilleure introduction à notre sujet que les célèbres paradoxes de Condorcet. Les mécanismes de l'agora, en effet, se distinguent généralement de ceux du marché par le caractère collectif ou indivisible des ressources qu'ils allouent, que ce soit par le vote ou autrement. Il en est ainsi, idéologiquement tout au moins, du vote pris à l'occasion d'une élection. Il attribue un ou plusieurs postes, selon le mode de scrutin, à des candidats qui deviennent alors les députés de tout le corps électoral et non seulement de la fraction d'électeurs qui les a appuyés. Autrement dit, le corps électoral se donne à lui-même des ressources humaines indivisibles par rapport à l'ensemble de ce corps. Mais, on le sait bien, ce choix peut être imparfait, et c'est justement tout le problème posé par les paradoxes de Condorcet.

---

[5] Nous avons discuté de cette question dans notre article, «La dimension politique de l'action rationnelle», *Revue canadienne d'économique et de science politique*, mai 1967, pp. 190–204.

Les paradoxes de Condorcet

Depuis la parution des ouvrages fondamentaux d'Arrow et de Black, il existe une littérature de plus en plus abondante [6] sur ces paradoxes. Brièvement, les deux paradoxes montrent que lorsque le vote doit trancher entre plus de deux candidats ou plus de deux propositions,

1) le « parti » qui reçoit le plus de votes peut fort bien ne pas être préféré par une majorité de votants, quand on tient compte de toute l'opinion de ceux-ci — et non plus seulement de leur premier choix ;

2) l'opinion collective ainsi établie peut fort bien ne représenter celle d'aucun individu, en ce qu'elle est intransitive alors que toutes celles des votants sont transitives.

Un exemple simple fera comprendre les deux paradoxes, ainsi que les raisons pour lesquelles ils se produisent. Soit trois partis : la Gauche, le Centre et la Droite, qui ont été choisis par les proportions suivantes de votants : gauche, 40 p. cent, centre, 35 p. cent, droite, 25 p. cent. Ces résultats ne tiennent compte que du premier choix des votants, c'est-à-dire d'un élément seulement de leur opinion individuelle. Cette opinion, si elle est totale, peut en effet prendre l'une ou l'autre des six formes suivantes : GCD, GDC, CGD, CDG, DGC, DCG. L'opinion GCD signifie que l'électeur préfère la gauche au centre, et le centre à la droite, ce qui implique qu'il préfère aussi la gauche à la droite. Supposons que, dans le cas présent, chacune de ces six opinions est tenue par les pourcentages suivants de votants : GCD, 30 p. cent, GDC, 10 p. cent, CGD, 20 p. cent, CDG, 15 p. cent, DGC, 5 p. cent, DCG, 20 p. cent. On constate aisément que 55 p. cent des votants préfèrent le centre à la gauche, contre 45 p. cent seulement qui préfèrent la gauche au centre. Chacun de ces deux partis est préféré à la droite, ce qui donne une opinion collective qui prend la forme

---

[6] Un des meilleurs états de la question demeure l'article de William H. Riker, « Voting and the Summation of Preferences », *American Political Science Review*, déc. 1961, 900–911. En français, le problème a été fort bien posé par Marc Barbut, « Quelques aspects mathématiques de la décision rationnelle », *les Temps modernes*, oct. 1959, pp. 725–745.

CGD, et non pas GCD, comme c'est le cas quand on ne tient compte que du premier choix de chacun des votants[7].

Mais il y a pire. Faisons une modification à la distribution donnée ci-haut, en inversant les deux premiers pourcentages. On a maintenant : GCD, 10 p. cent, GDC, 30 p. cent, CGD, 20 p. cent, CDG, 15 p. cent, DGC, 5 p. cent, DCG, 20 p. cent.

Avec une telle distribution, il y a toujours une majorité de votants, soit 55 p. cent, qui préfèrent le centre à la gauche. La gauche est préférée à la droite par 60 p. cent des votants, ce qui semble donner l'opinion collective CGD, comme plus haut. Mais il y a cette fois 55 p. cent des votants qui préfèrent la droite au centre, contre 45 p. cent seulement qui ont la préférence inverse. L'opinion collective — si l'on peut encore employer ce mot — est donc intransitive, et par là différente des opinions individuelles qui sont, elles, transitives.

Les deux distributions que nous venons de donner permettent de saisir plus facilement la raison de ce paradoxe, ou « effet Condorcet ». En effet, si les notions de gauche, de centre et de droite correspondent à des différences significatives dans les positions prises par les partis, on peut supposer que la plupart des votants construisent leurs ordres de préférences individuels à partir d'un ordre objectif où le centre occupe une position intermédiaire entre la gauche et la droite, quels que soient les intervalles entre les trois positions[8]. S'il en est ainsi, les deux ordres de préférences GDC et DGC sont impossibles. Un votant qui construit son opinion individuelle à partir de l'ordre objectif GCD ne peut formuler l'une ou l'autre de ces deux

---

[7] Une situation de ce genre s'est produite lors de l'élection fédérale de 1957, à l'échelle des circonscriptions. Le Parti Progressiste-Conservateur a remporté 112 circonscriptions, contre 105 par le Parti Libéral. Mais dans 29 des 48 autres circonscriptions, le Parti Libéral a obtenu plus de votes que le Parti Progressiste-Conservateur. Il y a donc 134 circonscriptions qui ont préféré le Parti Libéral au Parti Progressiste-Conservateur, contre 131 seulement qui ont exprimé la préférence inverse. Pourtant c'est le Parti Progressiste-Conservateur qui a formé le gouvernement.

[8] Sur cette question, et plus généralement sur la signification des paradoxes de Condorcet, on pourra lire l'excellent article de Georges T. GUILBAUD, « Les théories de l'intérêt général et le problème logique de l'agrégation », Économie appliquée, oct.-déc. 1952, pp. 501-584. On pourra lire également le chapitre 14, « Group decision Marking », de l'ouvrage de R. Duncan LUCE et Howard RAIFFA, Games and Decisions, New York, Wiley, 1957.

opinions, quelle que soit sa propre position dans l'ordre objectif en question.

Or justement, si l'effet Condorcet ne se produit pas dans la première distribution que nous avons donnée, c'est qu'une petite minorité des votants, soit 15 p. cent, a un ordre de préférences incohérent par rapport à l'ordre objectif GCD (10 p. cent des votants ont une opinion GDC, et 5 p. cent une opinion DGC). Mais à la suite de la modification qui distingue notre deuxième distribution de la première, c'est 35 p. cent des votants qui ont des opinions incohérentes par rapport à l'ordre objectif GCD (30 p. cent des votants ont une opinion GDC, et 5 p. cent une opinion DGC).

On constate aisément que lorsque tous les électeurs construisent leur opinion individuelle à partir de l'ordre objectif GCD — c'est-à-dire lorsque les opinions GDC et DGC n'apparaissent pas — l'effet Condorcet ne peut pas se produire.

Trois facteurs qui limitent l'universalité
d'un ordre objectif

Il y a plusieurs raisons pour lesquelles un ensemble de votants n'adopte pas unanimement comme critère de choix un ordre objectif donné. Certaines d'entre elles peuvent tenir à la complexité même des problèmes politiques. D'autres peuvent tenir plutôt à la stratégie des partis. Enfin, le manque d'intérêt ou d'information chez une bonne partie des votants ainsi que d'autres caractéristiques sociales peuvent expliquer également qu'un même ordre objectif ne s'impose pas à tous. Ces raisons sont reliées entre elles, mais nous les étudierons successivement, à titre d'hypothèses.

1) Pour qu'un même ordre objectif s'impose à tous les votants il faudrait d'abord que le débat se limite à un seul niveau de problèmes, ou encore que les positions des partis, d'un niveau à l'autre, correspondent tout à fait. On sait bien que ce n'est pas toujours le cas. La France de la IVe République fournit une illustration presque caricaturale d'une complexité qui empêche qu'une forte proportion des votants construise ses ordres de préférences à partir d'un ordre objectif donné. Comme l'écrivait Jacques Fauvet en 1957 :

Il y a deux tempéraments fondamentaux : la gauche et la droite, mais il y a trois tendances principales : la gauche, le centre et la droite. Cela fait cinq majorités possibles.

Mais il n'y a pas une gauche, il y en a deux au moins, l'une d'opposition à base ouvrière, l'autre de gouvernement à base bourgeoise. Il n'y a pas non plus qu'une droite ; il y en a deux : l'une parlementaire, alliée au régime, l'autre antiparlementaire et autoritaire.

Deux droites, ce n'est pas assez ; il y en a, en réalité, trois : l'une qui est nationaliste et bonapartiste, l'autre libérale ou opportuniste et la troisième conservatrice ; « la tradition faite système et érigée en politique ». Les mêmes phénomènes de dissociation s'opèrent au sein de l'autre camp ; l'apparition du communisme ayant divisé la gauche ouvrière.

D'un simple dualisme et qui se reconstitue dans la période de luttes, on arrive à six familles d'esprit : autoritaire, conservatrice, libérale, démocrate chrétienne, socialiste et communiste. Six familles et un nombre infini d'alliances, c'est-à-dire de majorités.

Cette diversité, cause de toutes nos difficultés, vient de ce que les grands dualismes d'opinion ne coïncident pas.

La gauche anticonstitutionnelle n'est pas la gauche constitutionnelle ; le parti communiste s'oppose sur ce plan au parti socialiste.

La gauche politique n'est pas la gauche laïque ; la démocratie chrétienne cohabite au sein de la première avec les socialistes et les radicaux ; elle les laisse au sein de la seconde en la compagnie des communistes.

La gauche laïque n'est pas la gauche sociale ; le libéralisme radical appartient à l'une, pas à l'autre ; il change de camp quand le problème change de nature. Mais la droite cléricale n'est pas non plus la droite conservatrice. La démocratie chrétienne relève de la première, non de la seconde. Enfin, la droite autoritaire n'est pas la droite libérale.

Il n'en serait pas ainsi si le pays n'était profondément et constamment partagé à la fois sur le problème religieux, le régime institutionnel, l'évolution économique. Les trois premiers chapitres appellent le quatrième ; la diversité explique le drame. Les Français n'ont pas digéré leur histoire ; ils ont toujours un arrière-goût du passé sur les lèvres [9].

Nous avons bien dit que cette situation était presque caricaturale. Il n'en faut pas tant pour que les électeurs ne soient pas unanimes à se référer à un seul critère de choix : il suffit de deux niveaux de problèmes et d'une seule différence dans les positions des partis.

2) D'ailleurs, une espèce de « loi » stratégique du multipartisme peut créer une complication artificielle même là où un seul

---

[9] Jacques FAUVET, *la France déchirée*, Paris, Fayard, 1957.

niveau de problèmes s'impose ou prédomine. Lorsqu'ils sont plus de deux, les partis ont parfois intérêt à faire croire qu'ils sont plus éloignés, idéologiquement ou autrement, des partis dont les positions sont voisines des leurs que de ceux dont les positions sont plus éloignées[10]. Par exemple, un parti de droite a intérêt à faire comme s'il était plus éloigné du centre que de la gauche, car c'est le centre bien plus que la gauche qui menace de lui enlever une partie de sa clientèle électorale. Un électeur qui se laissera prendre à ce jeu pourra fort bien estimer que l'ordre objectif des partis est DGC et non DCG, d'où la possibilité de ces ordres subjectifs incohérents par rapport à un ordre objectif donné. Bien sûr tous les électeurs ne sont pas dupes de cet artifice, quand il est pratiqué par les partis, mais le manque d'intérêt ou d'information d'un grand nombre d'entre eux les rend plus vulnérables qu'on ne le pense.

3) Plus généralement, ce manque d'intérêt ou d'information de la part des électeurs ou encore d'autres coordonnées de leur situation sociale peuvent produire chez eux des ordres de préférences qui sont incomplets ou encore qui sont arbitraires par rapport à un ordre objectif communément admis. Autrement dit, il n'est pas nécessaire que les niveaux de problèmes soient multiples ou que des partis voisins fassent comme s'ils étaient éloignés l'un de l'autre pour qu'un certain nombre de votants aient des ordres de préférences incohérents par rapport à un ordre objectif qui inspire les choix des votants plus intéressés et mieux informés.

Les résultats d'un sondage

Nous avons voulu voir comment dans la réalité les électeurs établissaient leurs ordres de préférences vis-à-vis des partis. Un sondage fait quelques jours avant l'élection fédérale de 1968 dans les circonscriptions de Langelier et de Louis-Hébert nous a permis de recueillir les réponses de 342 sujets, dont 147 dans

---

[10] C'est ainsi que le Parti Communiste français agit souvent comme s'il était plus éloigné des socialistes que des radicaux ou même que des partis centristes.

Langelier et 195 dans Louis-Hébert [11]. Entre autres choses, nous demandions à nos sujets d'établir des ordres de préférences entre les quatre partis (le Nouveau Parti Démocratique, le Parti Libéral, le Parti Progressiste-Conservateur — que nous nommerons plus simplement Parti Conservateur — et le Ralliement Créditiste) à huit niveaux différents. Dans un premier temps, ils devaient établir un ordre de préférences en réponse aux questions portant sur les niveaux suivants : (1) les mesures sociales et économiques préconisées par les partis, (2) l'attitude des partis face aux problèmes constitutionnels, (3) la façon dont les partis conçoivent le gouvernement du pays, (4) la personna-

---

[11] Ces 342 sujets faisaient partie d'un échantillon de 1,000 personnes (500 par circonscription) choisies au hasard à partir des listes électorales. Le questionnaire a été envoyé par la poste. Des étudiants l'ont ensuite recueilli en passant d'une maison à l'autre. Malgré la proportion relativement faible des personnes qui ont répondu, les réponses des sujets à la question où on leur demandait d'évaluer les partis de façon globale correspondent assez bien au vote qui a été exprimé le 25 juin 1968. Voici les pourcentages d'électeurs qui ont choisi l'un ou l'autre des partis, dans l'échantillon et dans la population électorale.

	P.C. %	P.L. %	N.P.D. %	R.C. %	Total des votants %
Langelier					
Échantillon	19.7	34.0	6.1	19.1	78.9
Population	19.6	27.6	1.6	21.8	70.6
Louis-Hébert					
Échantillon	10.3	55.9	13.08	7.7	87.7
Population	14.0	48.3	3.5	9.3	75.1

Comme dans la plupart des enquêtes de ce genre, la proportion des électeurs dans l'échantillon qui font un choix en faveur d'un parti est plus grande que la proportion des électeurs dans la population qui se rendent aux urnes, le jour du vote. La surreprésentation du Parti Libéral et du N.P.D. tient peut-être à ce fait. De plus, nous avons remarqué que les électeurs qui appuient ces deux partis répondent plus facilement à un questionnaire qui leur parvient par la poste que les électeurs qui appuient les deux autres partis. D'après le recensement de 1966, il y avait 45.5 p. cent d'hommes dans la population de 20 ans et plus de la circonscription de Langelier ; parmi les sujets qui ont répondu au questionnaire, il y en a 42.2 p. cent. Dans Louis-Hébert, par contre, il y avait, en 1966, 44.3 p. cent d'hommes dans la population de 20 ans et plus, alors que parmi les sujets qui ont répondu au questionnaire, il y en a 54.7 p. cent. Voici quelques autres caractéristiques sociales des sujets qui ont répondu au questionnaire :

lité des hommes dans les partis. Nous leur demandions ensuite d'établir leurs préférences : (5) pour les partis, vus de façon globale ; et, enfin, nous revenions à la charge un peu plus loin en leur demandant d'établir des ordres de préférences portant

		Langelier %	Louis-Hébert %
Âge	21–29 ans	27.9	27.7
	30–39 ans	13.6	26.7
	40–49 ans	24.5	17.4
	50–59 ans	17.7	16.4
	60 ans et plus	15.0	10.3
	sans réponse	1.4	1.5

		Langelier %	Louis-Hébert %
Scolarité	moins de 10 ans	47.6	13.3
	10–14 ans	36.0	42.6
	15 ans et plus	12.9	41.5
	sans réponse	3.4	2.6
Occupation	Professionnels, cadres et techniciens	11.6	36.9
	Vendeurs et commerçants	6.5	5.1
	Employés	19.0	13.3
	Ouvriers et manœuvres	17.0	5.1
	Ménagères	28.6	29.2
	Autres et sans réponse	17.3	10.2
Partisanerie	« chauds » partisans	8.8	6.7
	partisans modérés	46.9	58.0
	neutres	37.4	29.7
	sans réponse	6.8	5.6
Identification partisane	au P.C.	10.9	7.7
	au P.L.	23.8	44.1
	au N.P.D.	3.4	5.1
	au R.C.	19.0	3.1
	à aucun parti	42.9	40.0

Notons enfin que, pour une première discussion du problème soulevé dans cet article, les exigences de représentativité peuvent ne pas être aussi strictes que dans d'autres types d'études électorales.

sur : (6) les programmes des partis, (7) les chefs des partis, (8) les candidats dans le comté. Malgré la difficulté de la tâche, 256 à 287 des 342 sujets exprimèrent un ordre de préférences complet ou partiel en réponse à chacune des huit questions. On trouve dans le tableau 1 les fréquences, à chacun des niveaux, de chacun des 40 ordres de préférences possibles.

Niveaux forts et niveaux faibles des partis

Le tableau révèle une certaine variation dans la popularité des partis d'un niveau à l'autre. Si l'on commence par le Parti Libéral, qui au total vient au premier rang 1,227 fois sur 2,201, soit dans 56 p. cent des cas, on voit que ce sont ses hommes et son chef qui paraissent les plus populaires. Les hommes de ce parti sont préférés à ceux de tous les autres 194 fois sur 282 (soit dans 69 p. cent des cas), et le chef du parti est préféré aux autres par 184 sujets sur 279, soit 66 p. cent de l'ensemble. Par contre, il n'y a que 122 sujets sur 285 (43 p. cent) qui indiquent le Parti Libéral comme premier choix au niveau des mesures socio-économiques, et 128 sujets sur 276 (46 p. cent), au niveau des programmes des partis.

Le Parti Conservateur vient au premier rang 406 fois sur 2,201, soit dans 18 p. cent des cas. Le niveau constitutionnel est celui où il obtient les meilleurs résultats : 68 sujets sur 265 le placent au premier rang, ce qui donne un pourcentage de 26. Tout comme le Parti Libéral, le Parti Conservateur obtient un mauvais résultat au niveau des mesures socio-économiques : il y a seulement 41 sujets sur 285 (14 p. cent) qui le placent au premier rang à ce niveau. Le résultat est tout aussi mauvais au niveau des hommes : 40 sujets seulement sur 282 donnent le Parti Conservateur comme premier choix, ce qui représente 14 p. cent de l'ensemble, encore une fois.

Le Ralliement Créditiste qui vient au premier rang 297 fois sur 2,201, c'est-à-dire dans 13 p. cent des cas, obtient son meilleur résultat au niveau des mesures socio-économiques : 57 sujets sur 285 le placent alors au premier rang, soit 20 p. cent de l'ensemble très exactement. Au niveau constitutionnel, 11 p. cent seulement des sujets (28 sur 265) placent le Ralliement au premier rang. De plus, il est assez étonnant de constater qu'au niveau des chefs de partis le Ralliement n'obtient le premier rang que 32 fois sur 279, ce qui ne représente que 11 p. cent des

Tableau 1
Ordres de préférences exprimés à différents niveaux d'évaluation

	Mesures	Consti-tution	Gouver-nement	Hommes	Partis	Program-mes	Chefs	Candidats	Total
C	14	18	17	17	13	13	13	15	121
CL	0	0	0	1	1	0	0	3	5
CN	0	0	0	0	0	0	1	0	1
CR	0	0	0	0	0	0	0	0	0
CLNR	11	20	15	8	12	15	8	15	104
CLRN	5	10	5	3	7	11	7	11	59
CNLR	8	10	8	7	9	9	10	2	63
CNRL	1	7	2	1	1	1	0	2	15
CRLN	0	3	4	2	3	3	4	5	24
CRNL	2	0	0	1	3	2	3	3	14
s.-total	41	68	51	40	49	55	46	56	406
s.-total des ordres complets seulement	27	50	34	22	35	42	32	38	279
L	30	33	36	40	34	25	30	38	266
LC	3	2	2	1	3	2	3	7	23
LN	0	0	0	0	1	0	2	1	4
LR	1	0	0	1	0	0	0	0	2
LCNR	39	51	69	52	59	48	49	52	419
LCRN	9	18	14	17	10	16	19	20	123
LNCR	25	14	19	44	34	25	48	20	229
LNRC	4	6	1	8	5	2	9	4	39
LRCN	8	7	4	18	10	6	14	6	73
LRNC	3	6	7	13	3	4	10	3	49
s.-total	122	137	152	194	159	128	184	151	1 227
s.-total des ordres complets seulement	88	102	114	152	121	101	149	105	932

									Total
N	8	4	5	1	2	7	4	3	34
NC	0	0	0	0	0	0	0	0	0
NL	0	0	0	0	0	1	0	0	1
NR	1	7	5	4	16	16	5	7	1
NCLR	10	9	0	2	11	0	2	1	70
NCRL	4	8	19	6	5	23	4	3	18
NLCR	34	2	1	1	2	2	1	3	108
NLRC	1	2	3	1	0	2	1	1	16
NRCL	3	0	1	0	0	2	0	1	15
NRLC	4	0	0	0	0	0	0	0	8
s.-total	65	32	34	15	36	53	17	19	271
s.-total des ordres complets seulement	56	28	29	14	34	45	13	16	235
R	24	15	16	16	21	16	13	15	136
RC	1	1	0	0	0	0	0	0	2
RL	0	0	0	0	0	0	0	0	0
RN	1	0	0	0	1	0	0	0	2
RCLN	7	3	2	2	2	5	0	2	23
RCNL	1	0	1	0	1	1	2	1	7
RLCN	8	3	7	5	8	7	7	6	51
RLNC	1	0	0	4	0	1	2	1	9
RNCL	10	5	5	4	7	8	6	4	49
RNLC	4	1	3	2	3	2	2	1	18
s.-total	57	28	34	33	43	40	32	30	297
s.-total des ordres complets seulement	31	12	18	17	21	24	19	15	157
Total	285	265	271	282	287	276	279	256	2 201
Total des ordres complets seulement	202	192	195	205	211	212	213	174	1 603

C = Parti Conservateur, L = Parti Libéral, N = Nouveau Parti Démocratique, R = Ralliement Créditiste.

cas. Dans Langelier et dans Louis-Hébert, tout au moins, la popularité de Réal Caouette ne serait plus aussi grande qu'on le croit, du moins si on la compare à d'autres aspects de son parti.

Le Nouveau Parti Démocratique n'est placé au premier rang que 271 fois sur 2,201, soit dans 12 p. cent des cas. De loin, ce sont les deux niveaux des mesures socio-économiques et des programmes des partis où il est évalué de la façon la plus favorable. Le premier rang lui est accordé par 23 p. cent des sujets au niveau des mesures, et par 20 p. cent des sujets au niveau des programmes. Par contre, au niveau des hommes, il n'y a que 15 sujets sur 282 (5 p. cent) qui préfèrent le N.P.D., et au niveau des chefs, il n'y en a que 17 sur 279 (6 p. cent). Les résultats ne sont pas beaucoup meilleurs au niveau des candidats (19 cas sur 256, soit 7 p. cent).

On constate que les niveaux faibles du N.P.D. (hommes et chefs) sont les niveaux forts du Parti Libéral, et qu'inversement les niveaux forts du N.P.D. (mesures et programmes) sont les niveaux faibles du Parti Libéral. Tout comme le Ralliement, le N.P.D. est relativement fort au niveau des mesures socio-économiques, et tout comme le Parti Libéral, le Parti Conservateur y est relativement faible. Le Ralliement et le Parti Conservateur s'opposent également au niveau constitutionnel. Tandis que le Parti Conservateur y est relativement fort, le Ralliement y est relativement faible.

Le rejet du Ralliement Créditiste

Le tableau 1 révèle un phénomène digne de mention. Il s'agit du rejet assez systématique du Ralliement Créditiste par ceux qui placent au premier rang l'un ou l'autre des trois autres partis. Si l'on s'en tient aux ordres complets, c'est-à-dire à ceux qui hiérarchisent les quatre partis[12], on constate en effet que, lorsque le Ralliement n'est pas au premier rang, il vient moins souvent au deuxième rang que les deux partis autres que celui qui est préféré. Inversement, le Ralliement vient plus souvent au dernier rang que les deux autres.

---

[12] On a compté avec les ordres complets les ordres où les sujets ne hiérarchisent que trois partis sur quatre, sans nommer le quatrième, qui était le plus souvent le Ralliement Créditiste. Ce phénomène accentue encore plus le rejet du Ralliement, dont il est traité dans le présent développement.

Il y a 279 ordres complets où le Parti Conservateur occupe le premier rang. Dans 163 de ces ordres, c'est le Parti Libéral qui vient au deuxième rang. Dans 78 autres ordres, c'est le N.P.D., tandis que le Ralliement n'occupe le deuxième rang que dans 38 ordres. Il est par contre au dernier rang dans 167 des 279 ordres, alors que le N.P.D. occupe ce rang 83 fois, et le Parti Libéral, 29 fois seulement.

Le Parti Libéral occupe la première place 932 fois. Dans ces ordres, le Parti Conservateur vient au deuxième rang 542 fois, le N.P.D. 268 fois, et le Ralliement Créditiste 124 fois seulement. Par contre, ce parti occupe le dernier rang dans 648 des 932 ordres, ce qui est beaucoup plus que le N.P.D. (196 fois) et que le Parti Conservateur (88 fois).

Enfin, même ceux qui mettent le N.P.D. au premier rang rejettent le Ralliement davantage que les deux autres partis. Dans les 235 ordres complets où le N.P.D. vient au premier rang, le Parti Libéral vient au deuxième rang 124 fois, le Parti Conservateur 88 fois, et le Ralliement 23 fois seulement. Le dernier rang est occupé 178 fois par le Ralliement, 33 fois par le Parti Libéral et 24 fois par le Parti Conservateur.

Quant aux sujets qui accordent le premier rang au Ralliement Créditiste, dans un ordre complet, ils apparaissent plus indifférents envers les autres partis. Des 157 ordres de ce type, il y en a 67 où le N.P.D. vient au deuxième rang, contre 60 où c'est le Parti Libéral qui occupe ce rang. Le Parti Conservateur n'est deuxième que 30 fois, mais il n'est aussi quatrième que 27 fois, ce qui est mieux que les 56 fois du Parti Libéral et les 74 fois du N.P.D. On observe ici un curieux phénomène puisque les partis viennent d'autant plus souvent au quatrième rang qu'ils sont venus souvent au deuxième rang. Le tableau 2 met ensemble les chiffres que nous venons de donner.

Ce phénomène de rejet du Ralliement Créditiste a pour effet de rendre possibles des situations assimilables au premier paradoxe de Condorcet. Évidemment, ce n'est pas le premier rang qui est en cause, puisque à chacun de nos huit niveaux c'est le Parti Libéral qui vient en tête, et le plus souvent avec une majorité absolue. Et même lorsque ce parti n'a pas la majorité absolue, on voit aisément qu'il est préféré à tout autre, si l'on tient compte de tout l'ordre de préférences des sujets. Mais quand le Ralliement vient au troisième rang, ce qui arrive

Tableau 2
Les positions occupées par les partis quand ils n'occupent pas le premier rang

Parti qui occupe le premier rang	Parti Conservateur		Parti Libéral		Nouveau Parti Démocratique		Ralliement Créditiste	
	2e rang	4e rang	2e rang	4e rang	2e rang	4e rang	2e rang	4e rang
Parti Conservateur	—	—	163	29	78	83	38	167
Parti Libéral	542	88	—	—	268	196	122	648
Nouveau Parti Démocratique	88	24	124	33	—	—	23	178
Ralliement Créditiste	30	27	60	56	67	74	—	—

Tableau 3
Nombre et pourcentage des ordres individuels complets qui sont cohérents par rapport à un ordre objectif NLCR

Mesures		Constitution		Gouvernement		Hommes		Partis		Programmes		Chefs		Candidats		Total	
N	%	N	%	N	%	N	%	N	%	N	%	N	%	N	%	N	%
130	64	127	66	147	74	134	65	138	65	146	69	139	65	128	74	1 089	68

six fois sur huit, l'examen de l'ensemble des ordres de préférences de nos sujets montre que toujours le parti qui vient au
quatrième rang est en fait préféré au Ralliement par une
majorité de sujets. Si bien qu'il n'est pas impossible que le
Ralliement ait triomphé, depuis 1962, dans des circonscriptions
où une majorité d'électeurs lui préféraient un autre parti[13].

L'ordre objectif le plus fréquent

La distribution même des nombres dans le tableau 1 nous
indique qu'il n'y a pas un ordre objectif sous-jacent à toutes les
évaluations qui sont faites des partis à un niveau donné. S'il en
était ainsi seulement huit des vingt-quatre ordres complets
seraient exprimés par les sujets[14]. Au contraire, les sujets
expriment toujours au moins vingt des vingt-quatre ordres
complets, à quelque niveau d'évaluation que ce soit.

Un ordre toutefois surclasse tous les autres, et cela à tous les
niveaux, par le nombre de cas dont il rend compte. Il s'agit de
l'ordre NLCR, ou RCLN, comme on voudra. On pourra vérifier
qu'aucun autre ordre, à quelque niveau que ce soit, n'explique
un plus grand nombre de cas, même si la différence est parfois
fort mince. Nous donnons dans le tableau 3 le nombre d'ordres
complets qui sont cohérents, à chaque niveau, avec l'ordre
NLCR ainsi que le pourcentage du nombre total des cas que ce
nombre représente.

---

[13] Si, faute de sondage auprès des électeurs, on considère les localités comme
les unités d'analyse et qu'on leur accorde un poids équivalent à leur
population de votants, on observe, par exemple, un premier paradoxe de
Condorcet dans la circonscription de Kamouraska, en 1962. Le Crédit Social
obtient 4,550 votes, le Parti Libéral 4,165 votes et le Parti Conservateur 3,762
votes. Mais 48.7 p. cent de la population électorale des localités préfèrent le
Parti Libéral au Crédit Social, contre 48 p. cent seulement qui préfèrent le
Crédit Social au Parti Libéral. Dans les autres localités, qui représentent 3.3 p.
cent de la population des votants, les deux partis sont nez à nez. Il y a donc
un poids plus grand de localités qui préfèrent le Parti Libéral au Crédit Social,
et pourtant c'est celui-ci qui remporte la victoire.

[14] Le nombre d'ordres complets qui sont cohérents par rapport à un ordre
objectif est donné par la formule $2^{n-1}/n!$, où n représente le nombre de
partis.

Les huit ordres de préférences qui sont cohérents par rapport à un ordre objectif NLCR sont, dans l'ordre où ils apparaissent au tableau 1 : CLNR, CLRN, CRLN, LCNR, LCRN, LNCR, NLCR et RCLN. Si les vingt-quatre ordres complets étaient équiprobables, les huit ordres cohérents n'apparaîtraient qu'une fois sur trois, alors qu'ils apparaissent plus de deux fois sur trois. Il y a 932 cas où l'on a exprimé un ordre complet avec le Parti Libéral au premier rang. Le Parti Conservateur occupe le premier rang dans 279 ordres complets, le N.P.D., dans 235 ordres complets, et le Ralliement Créditiste, dans 157 ordres complets. Si, ces premiers choix étant faits, les ordres complets entre lesquels ils se spécifient étaient équi-probables, 42 p. cent des ordres complets apparaîtraient cohérents par rapport à l'ordre NLCR. Or, 68 p. cent des ordres individuels complets le sont. D'un niveau à l'autre cette proportion varie de 64 p. cent à 74 p. cent comme le montre le tableau 3. On peut donc faire l'hypothèse que deux fois sur trois, ou trois fois sur quatre, selon les niveaux, les sujets qui ont donné un ordre complet de préférences ont évalué les partis en fonction d'un ordre objectif NLCR (ou RCLN, ce qui encore une fois revient au même). Cette fréquence est suffisamment éloignée de ce qu'aurait donné le hasard pour qu'elle apparaisse comme significative.

Vérification des trois hypothèses

Il n'en reste pas moins que dans 32 p. cent des cas, les sujets ont composé un ordre complet qui se trouve incohérent par rapport à l'ordre NLCR. On peut en chercher l'explication dans les trois raisons que nous avons suggérées plus haut, à titre d'hypothèses. Cette recherche nous permettra d'ailleurs de préciser le sens de l'ordre objectif qui semble inspirer la plupart des ordres individuels.

La complexité de la politique

Le manque d'unanimité à évaluer les partis selon un même ordre objectif peut d'abord être dû à la complexité de la politique, qui fait qu'un ordre objectif peut être significatif à un niveau donné et l'être beaucoup moins à un autre niveau. Il ne faudrait pas s'étonner, en particulier, que beaucoup d'ordres individuels à un niveau complexe ou global soient incohérents par rapport à l'ordre objectif qui semble prédominant.

À première vue, nos données ne confirment pas cette hypothèse. D'abord, comme nous l'avons dit, l'ordre objectif NLCR rend compte du plus grand nombre de cas à tous les niveaux, bien loin que des ordres objectifs différents s'imposent d'un niveau à l'autre. Ensuite cet ordre objectif rend compte d'une proportion tout aussi grande (en nombres absolus tout au moins) d'ordres individuels à des niveaux relativement complexes, comme ceux du gouvernement, des partis et des programmes, qu'à des niveaux plus simples comme ceux des mesures, de la constitution, ou des chefs. Toutefois, nous verrons plus loin comment on peut expliquer ce fait.

Le facteur stratégique

On peut aussi chercher à expliquer l'absence d'un critère unanime de choix par un facteur stratégique qui amènerait certains partis à faire comme s'ils étaient plus éloignés qu'en réalité des partis dont les positions sont voisines des leurs. Il y aurait là, rappelons-le, une espèce de loi du multipartisme qui contribuerait à détourner certains votants tout au moins d'un ordre objectif communément admis. Nous avons déjà noté que les sujets qui n'accordaient pas le premier rang au Ralliement avaient tendance à le rejeter au dernier rang. Inversement, les sujets qui accordent le premier rang au Ralliement semblaient indifférents envers les autres partis. Il est remarquable à ce propos que seulement 157 des 297 ordres qui commencent par R soient des ordres complets, comme si les sujets qui préféraient le Ralliement se souciaient fort peu d'hiérarchiser les trois autres partis.

On pourrait montrer qu'aucun ordre objectif n'explique un bien grand nombre d'ordres individuels complets, commençant par R. C'est LRCN qui donne les meilleurs résultats, et il n'explique que 81 ordres individuels sur 157. Pourtant, un trait significatif apparaît dans la distribution de ces ordres. Les deux ordres qui de loin sont exprimés le moins souvent, soit RCNL et RLNC, sont en effet les deux seuls où le Parti

Conservateur et le Parti Libéral sont séparés par le N.P.D. Une bonne partie de la propagande créditiste consiste à condamner avec vigueur «les deux vieux partis», sans aucune distinction entre eux. Cette propagande semble se traduire chez nos sujets par le fait que dans le plus grand nombre de cas le N.P.D. est placé avant ou après les deux «vieux partis» pris ensemble[15].

Cette position adoptée par le Ralliement apparaît plus doctrinale que stratégique. La distance qui sépare le Ralliement des «vieux partis» est un fait qui ne nécessite pas d'être amplifié par des artifices stratégiques. Quant à la position vis-à-vis le N.P.D., elle n'a jamais été bien précise, à l'exception de quelques accusations de socialisme, et le Ralliement ne cherche pas à faire croire qu'il est plus près du N.P.D. que des autres partis. Si bien que dans les ordres complets de préférences où le Ralliement occupe le premier rang, le N.P.D. obtient le plus grand nombre de deuxièmes rangs, mais aussi le plus grand nombre de derniers rangs (voir le tableau 2).

---

[15] Il serait intéressant de traiter ces phénomènes dans la perspective adoptée par Philip E. CONVERSE, dans son étude intitulée «The Problem of Party Distances in Models of Voting Change», parue dans M. Kent JENNINGS et L. Harmon ZEIGLER, *The Electoral Process*, Englewood Cliffs, Prentice-Hall, 1966, pp. 175-207. Dans cette étude, Converse montre entre autres choses que les électeurs ont une vue différente des ordres objectifs à partir desquels ils établissent leur ordre de préférences entre les partis. En particulier, la longueur des axes ou encore la distance relative qui sépare les partis semble varier. Notre propre analyse tend à montrer que non seulement le Ralliement apparaît très éloigné des autres partis, pour ses partisans comme pour ses adversaires, mais que les premiers confondent même les positions du Parti Conservateur et celles du Parti Libéral, ne sachant pas trop bien d'ailleurs si le N.P.D. vient avant ou après ces deux partis ainsi confondus. Autrement dit, pour plusieurs partisans du Ralliement l'autre objectif apparaîtrait un peu comme ceci :

alors que pour la plupart des autres électeurs, il apparaît plutôt comme ceci :

Étant donné la position qu'ils occupent dans l'ordre objectif que nous avons présumé, le Parti Conservateur et le N.P.D. semblent avoir avantage à se distinguer le plus possible de leur voisin commun, le Parti Libéral. D'autant plus que ce parti est le plus fort dans nos deux circonscriptions, aussi bien que dans l'ensemble du Québec. Cet effort de différenciation ne profite pas au Ralliement, parce qu'il est de toute façon très éloigné des autres partis. Par contre, il semble devoir profiter, mutuellement, aux deux partis en question, qui ne sont pas voisins immédiats l'un de l'autre. Si cette hypothèse est exacte, il devrait y avoir dans le tableau 1 plus de cas de voisinage immédiat de C à N, les voisinages du troisième rang au quatrième rang étant exclus, que le «voudrait» le hasard, ou même l'ordre objectif NLCR.

On constate, en fait, que les deux seuls ordres cohérents par rapport à NLCR, où C et N se voisinent, sont les plus fréquents. LCNR revient 419 fois et LNCR 229 fois, ce qui représente 60 p. cent des cas de cohérence. Plus généralement, C et N se voisinent aux trois premiers rangs dans huit ordres complets sur vingt-quatre. Or ces huit ordres totalisent 870 cas sur 1,603, c'est-à-dire 54 p. cent des cas, au lieu de 33 p. cent des cas comme le voudrait le hasard.

La tendance chez les sujets à faire se voisiner C et N rend compte également de la fréquence relativement forte de deux ordres incohérents par rapport à l'ordre objectif, soit CNLR (63 cas) et NCLR (70 cas). Dans ces deux ordres, L vient au troisième rang et R au dernier rang, tandis que C et N occupent les deux premiers rangs. De plus, les deux ordres les plus fréquents parmi ceux où le Ralliement vient en tête ont C et N comme voisins.

Cet artifice stratégique qui fait paraître C et N voisins, alors qu'ils ne le sont pas dans l'ordre objectif NLCR, semble être le fait du Parti Conservateur tout autant que du N.P.D. Lorsqu'on soustrait C des ordres individuels de préférences et que l'on réduit l'ordre objectif à NLR, il n'y a plus que 9 p. cent des cas qui sont incohérents par rapport à cet ordre objectif réduit. Selon le hasard cette proportion devrait être de 33 p. cent puisque deux ordres sur six sont incohérents par rapport à un tel ordre objectif. Si l'on fait la même opération, en soustrayant N cette fois, 10 p. cent des cas demeurent incohérents. Quand c'est R qui est enlevé des ordres de préférences, 16 p. cent des cas demeurent incohérents, et quand c'est L, les cas d'incohérence s'élèvent à 13 p. cent. Il apparaît donc assez nettement selon ce calcul que le Parti Conservateur et le N.P.D. sont davantage sources d'incohérence que le Ralliement Créditiste et le Parti Libéral.

Ce dernier a moins avantage que ses deux voisins dans l'ordre objectif à faire comme s'il était plus éloigné d'eux que du Ralliement. Pour lui, dans nos deux circonscriptions tout au moins, le Ralliement constitue un adversaire tout aussi sérieux sinon plus que les deux autres partis. Aussi, seulement 16 p. cent des ordres qui commencent par L sont incohérents par rapport à l'ordre objectif, contre 33 p. cent des ordres qui commencent par C. Selon le hasard, cette proportion serait de 50 p. cent dans les deux cas.

Les caractéristiques sociales des sujets

L'incohérence d'un certain nombre d'ordres individuels par rapport à l'ordre objectif peut être due également au manque d'intérêt ou d'information des sujets, ou plus généralement à la présence ou à l'absence chez eux de certaines caractéristiques sociales.

L'appartenance à l'une des deux circonscriptions

De ce point de vue, on doit d'abord distinguer nos sujets selon leur appartenance à l'une ou l'autre des deux circonscriptions qui ont fait l'objet de notre recherche. Ces deux circonscriptions, Langelier et Louis-Hébert, sont fort différentes sous plusieurs aspects, comme nous l'avons montré dans la note 11.

De plus, les candidats présentés par les libéraux et les conservateurs étaient fort différents d'une circonscription à l'autre. Dans Langelier, Jean Marchand représentait le Parti Libéral et le Parti Conservateur lui avait opposé Rodrigue Pageau, ancien président des Jeunes Chambres du Canada français. L'appartenance de Pageau à l'Union Nationale était bien connue. Dans Louis-Hébert, par contre, le candidat libéral avait moins de panache, même s'il était appuyé par une très forte organisation. Quant au candidat conservateur, il avait travaillé dans les Chambres de Commerce, au niveau local, mais demeurait peu connu dans la circonscription. Il n'était d'ailleurs pas un conservateur de longue date. Le Ralliement Créditiste avait choisi des candidats plutôt médiocres dans les deux circonscriptions, et le N.P.D. présentait deux inconnus. Ces caractéristiques des candidats permettent d'interpréter certains des résultats que nous allons étudier dans la suite.

Il y a toujours une plus forte proportion d'ordres individuels cohérents, par rapport à NLCR, dans Louis-Hébert que dans Langelier. C'est ce que montre le tableau 4. Les pourcentages varient de 51 p. cent à 67 p. cent dans Langelier, et de 69 p. cent à 82 p. cent dans Louis-Hébert. Le plus haut pourcentage atteint dans Langelier est donc inférieur au plus bas pourcentage atteint dans Louis-Hébert. Cette différence est due principalement à la plus grande force, dans Louis-Hébert que dans Langelier, des deux partis qui sont au centre de l'ordre objectif, et en particulier du Parti Libéral. Toutes choses étant égales, il y a en effet plus de chances qu'un grand nombre d'ordres individuels soient cohérents par rapport à un ordre objectif NLCR, quand L et C obtiennent une forte proportion de premiers choix que lorsque cette proportion est plus petite.

L'existence d'un deuxième ordre objectif

La proportion relativement faible, dans Langelier, des ordres individuels qui sont cohérents par rapport à NLCR nous amène à chercher s'il n'y aurait pas un autre ordre objectif qui expliquerait une plus forte proportion de ces ordres. Après examen, nous constatons qu'un tel ordre n'existe pas, mais que l'ordre RLCN (ou NCLR) explique une proportion presque aussi grande des cas que l'ordre NLCR. Dans Louis-Hébert, cet ordre objectif ne donne pas d'aussi bons résultats que l'autre, même s'il explique une plus forte proportion des cas que dans Langelier (tableau 5).

Dans l'ensemble des deux circonscriptions, c'est au niveau constitutionnel que l'ordre objectif RLCN donne les résultats les plus rapprochés de ceux que donne l'ordre objectif NLCR. Ce fait éclaire la signification de chacun des deux ordres objectifs. Il semble en effet que l'ordre RLCN renvoie à la dimension ethnique de la politique fédérale au Québec, alors

Tableau 4
Nombre et pourcentage des ordres individuels complets qui sont cohérents par rapport à un ordre objectif NLCR, dans les deux circonscriptions

Circonscription	Mesures		Constitution		Gouvernement		Hommes		Partis		Programmes		Chefs		Candidats		Total	
	N	%	N	%	N	%	N	%	N	%	N	%	N	%	N	%	N	%
Langelier	37	51	35	51	44	64	39	56	45	58	50	63	44	59	46	67	340	59
Louis-Hébert	93	72	92	74	103	82	95	70	93	70	96	73	95	69	82	78	749	73
Total	130	64	127	66	147	74	134	65	138	65	146	69	139	65	128	74	1 089	68

Tableau 5
Nombre et pourcentage des ordres individuels complets qui sont cohérents par rapport à un ordre objectif RLCN, dans les deux circonscriptions

Circonscription	Mesures		Constitution		Gouvernement		Hommes		Partis		Programmes		Chefs		Candidats		Total	
	N	%	N	%	N	%	N	%	N	%	N	%	N	%	N	%	N	%
Langelier	36	50	36	53	41	60	41	59	43	55	42	53	44	59	45	65	328	57
Louis-Hébert	62	48	86	69	86	68	73	54	88	66	86	65	71	51	74	70	626	61
Total	98	49	122	64	127	65	114	56	131	62	128	61	115	54	119	68	954	60

Tableau 6
Nombre et pourcentage des ordres individuels complets qui sont cohérents par rapport aux ordres objectifs NLCR et RLCN

Mesures		Constitution		Gouvernement		Hommes		Partis		Programmes		Chefs		Candidats		Total	
N	%	N	%	N	%	N	%	N	%	N	%	N	%	N	%	N	%
164	81	154	80	171	88	168	81	181	86	184	87	175	82	149	86	1 346	84

que l'ordre NLCR renvoie plutôt à la dimension socio-politique, ou si l'on aime mieux à l'échelonnement des partis de la gauche à la droite[16].

Sur l'axe ethnique le Ralliement Créditiste apparaîtrait comme le parti le plus canadien-français, suivi du Parti Libéral, du Parti Conservateur et du N.P.D. Par contre, sur l'axe socio-politique, le N.P.D. apparaîtrait comme le parti le plus à gauche, suivi du Parti Libéral, du Parti Conservateur et du Ralliement Créditiste. Par rapport à l'un et l'autre de ces deux ordres objectifs, douze ordres complets sur vingt-quatre sont cohérents (CLNR, CLRN, CNLR, CRLN, LCNR, LCRN, LNCR, LRCN, NCLR, NLCR, RCLN et RLCN), soit 50 p. cent[17]. Or, si l'on se reporte au tableau 1, on constate que 84 p. cent des ordres individuels complets qui ont été exprimés sont cohérents par rapport à NLCR ou à RLCN. La proportion est de 74 p. cent dans Langelier et de 89 p. cent dans Louis-Hébert.

Même quand on tient compte du premier choix des électeurs, la différence entre ces pourcentages et ce que donnerait le hasard demeure élevée. En effet, une fois donnés les premiers choix, il n'y a que 58 chances sur 100 qu'un ordre soit cohérent dans les deux circonscriptions, ce qui est inférieur de 26 p. cent au 84 p. cent des ordres individuels complets qui sont, en fait, cohérents.

---

[16] Il semble toutefois qu'au niveau des mesures socio-économiques, le Ralliement Créditiste apparaisse à bon nombre d'électeurs comme un parti encore plus à gauche que le N.P.D. C'est ainsi que l'ordre objectif RNLC explique 122 ordres individuels complets à ce niveau, ce qui est beaucoup plus que les 98 ordres expliqués par l'axe ethnique RLCN, et presque autant que les 130 ordres expliqués par l'axe NLCR. Dans Louis-Hébert, l'axe RNLC explique même un plus grand nombre de cas que les axes NLCR et RLCN. Ce phénomène accentue encore plus le caractère ambigu du Ralliement.

[17] Rappelons ici que l'existence d'un deuxième ordre objectif rend possible l'apparition du second paradoxe de Condorcet. Supposons, par exemple, que dans un corps électoral de 100 votants, 35 aient exprimé l'ordre LCNR, 30, l'ordre CRLN, 30 aussi, l'ordre RLCN, et 5, l'ordre NLCR. Ces 4 ordres sont cohérents par rapport aux ordres objectifs NLCR et RLCN. Pourtant dans une telle situation L domine C (par 70 votes contre 30), C domine R (par 70 votes contre 30, également), mais R domine L (par 60 votes contre 40). Il y a donc intransivité collective entre ces trois termes, d'où le second paradoxe de Condorcet. On pourrait toutefois montrer qu'avec deux ordres objectifs qui sont universellement respectés, la probabilité d'un second paradoxe de Condorcet est très faible.

Ajoutons que si l'on considère les électeurs qui n'expriment que des ordres partiels comme ne dérogeant pas aux normes de la cohérence, c'est près de neuf ordres de préférences sur dix (88 p. cent) qui ne sont pas incohérents par rapport à NLCR ou à RLCN.

On peut se demander pourquoi c'est dans Langelier et non dans Louis-Hébert que l'axe ethnique semble inspirer autant d'ordres individuels que l'axe socio-politique, et plus généralement pourquoi un plus grand nombre d'ordres individuels sont cohérents, par rapport aux deux axes, dans Louis-Hébert que dans Langelier.

Pour répondre d'abord à la deuxième interrogation, disons que, de façon générale, les caractéristiques sociales des électeurs de Louis-Hébert inclinent davantage à la cohérence que celles des électeurs de Langelier, comme nous le verrons dans la prochaine section. Quant à l'importance de l'axe ethnique, qui semble relativement plus grande dans Langelier que dans Louis-Hébert, on peut l'expliquer par la présence de candidats plus fortement marqués sur le plan ethnique. Notons à ce propos qu'après le niveau de la constitution, et le niveau global des partis, c'est le niveau des candidats où l'ordre objectif RLCN a le degré de généralité qui se rapproche le plus de celui de l'ordre objectif NLCR. Le candidat libéral Jean Marchand et le candidat conservateur Rodrigue Pageau, dans Langelier, évoquaient fortement par leur passé et par leur campagne des préoccupations ethniques[18], ce qui n'était pas le cas des candidats dans Louis-Hébert. Cette différence pourrait expliquer que l'axe ethnique ait eu presque autant d'importance dans Langelier que l'axe socio-politique. D'où certains traits qui se dégagent de la comparaison des tableaux 4 et 5.

Il est en effet très significatif qu'aux niveaux de la constitution et des hommes, l'ordre objectif RLCN ait, dans Langelier, une plus grande généralité que l'ordre objectif NLCR, et qu'au niveau des chefs et des candidats les deux ordres objectifs aient à peu près la même généralité. Tous ces niveaux,

---

[18] Nous avons noté plus haut que ces deux candidats avaient un passé « ethnique » assez marqué. De plus, une bonne partie de leur campagne électorale a porté sur les problèmes constitutionnels et plus généralement sur les relations entre les deux principaux groupes ethniques du pays.

en effet, donnent une plus grande prise que d'autres aux préoccupations ethniques, ce qui explique leur importance dans Langelier à cette élection de 1968 où la personnalité des candidats et le caractère de la lutte électorale ont valorisé le critère ethnique d'évaluation des partis.

Revision de certaines analyses

L'existence d'un deuxième ordre objectif selon lequel les électeurs composeraient leurs préférences partisanes nous oblige à réviser certaines analyses que nous avons faites dans les développements précédents. C'est ainsi que la référence à un double ordre objectif peut expliquer pourquoi la proportion des ordres cohérents varie d'un niveau d'évaluation à l'autre. Le seul ordre objectif NLCR ne nous avait pas permis de rendre compte de ces variations, mais la co-présence des ordres NLCR et RLCN nous fournit une explication plausible. Le tableau 6 présente le nombre et le pourcentage des ordres individuels, à chacun des niveaux, qui sont cohérents par rapport aux deux ordres objectifs. Si l'on s'en tient aux nombres absolus, qui sont plus significatifs, ici, que les pourcentages, on voit qu'un niveau donné a un degré de cohérence d'autant plus élevé qu'il donne prise aux deux ordres objectifs à la fois. Inversement, les niveaux dont le degré de cohérence est le plus faible sont ceux qui ne donnent prise à aucun des deux ordres objectifs, ou à l'un d'entre eux seulement.

Le niveau des programmes et celui des partis apparaissent non seulement comme les niveaux les plus généraux des huit, mais aussi comme des niveaux qui donnent prise à la fois aux préoccupations socio-politiques et aux préoccupations ethniques. Par opposition, le niveau des candidats, parce qu'il est plus personnalisé, mais aussi parce que les électeurs y manquent d'information (dans Louis-Hébert surtout), donne une prise moins grande à ces préoccupations. Quant aux niveaux des mesures et de la constitution, ils apparaissent plutôt unidimensionnels : le premier renvoyant surtout aux préoccupations socio-politiques et le second aux préoccupations ethniques. Il n'est pas étonnant, en particulier, que l'ordre objectif RLCN donne de meilleurs résultats au niveau constitutionnel que l'ordre objectif NLCR. Enfin, les niveaux du gouvernement, des hommes et des chefs ont un degré de cohérence assez voisin l'un de l'autre. La supériorité de l'ordre NLCR sur l'ordre RLCN est aussi la même, ou à peu près, aux trois niveaux (comme le montrent les tableaux 4 et 5, la différence des ordres cohérents est de 20, 20 et 24 respectivement). Ces trois niveaux qui renvoient assez précisément à l'action politique — observée ou présumée — des dirigeants des partis semblent donner une prise assez égale aux préoccupations socio-politiques et aux préoccupations ethniques.

L'hypothèse voulant qu'un deuxième ordre objectif inspire l'évaluation des partis nous oblige aussi à revenir sur certaines explications que nous avons proposées plus haut, en termes de stratégie des partis. Nous montrions, en particulier, comment certains partis avaient avantage à prendre des distances vis-à-vis leurs voisins dans l'ordre objectif, et comment cela pouvait rendre compte de « parentés » à première vue aberrantes entre partis non voisins.

La stratégie du Parti Libéral et du Ralliement Créditiste ne se trouve pas modifiée par l'existence du deuxième ordre objectif. La distance qui sépare le Ralliement des autres partis semble de toute façon trop grande pour qu'il accorde de l'importance à ces phénomènes de voisinage et, encore une fois, la force du Parti Libéral le rend plutôt indifférent à la loi stratégique du multipartisme. Toutefois, le Parti Conservateur et le N.P.D. se trouvent voisins dans l'ordre RLCN, ce qui semble devoir annuler, en partie tout au moins, l'espèce de complicité entre eux que nous avons tenté de démontrer plus haut.

Mais, outre que l'ordre socio-politique NLCR domine généralement l'ordre ethnique RLCN, les deux partis n'ont pas grand avantage, quand c'est l'ordre ethnique qui domine, à se distinguer l'un de l'autre et à se rapprocher ainsi d'un parti non voisin. Le Parti Conservateur n'a qu'un choix, le rapprochement avec les Créditistes, mais ceux-ci sont trop éloignés des autres partis pour que ce rapprochement se fasse. Le N.P.D., en plus du rapprochement avec le Ralliement, pourrait aussi faire comme s'il était plus près du Parti Libéral que du Parti Conservateur. Mais cette stratégie risque de profiter bien plus au Parti Libéral qui est un parti fort, qu'au N.P.D. qui est un parti faible. C'est pourquoi l'existence de l'ordre RLCN ne peut pas avoir un bien grand effet d'annulation de la tendance au rapprochement stratégique entre le Parti Conservateur et le N.P.D.

Notons enfin que si l'on confronte les deux ordres objectifs, il n'y a que deux partis qui ne sont voisins ni dans l'un ni dans l'autre, soit le N.P.D. et le Ralliement Créditiste. Ce fait objectif se traduit dans nos données en ceci qu'il n'y a que 207 ordres complets sur 1,603 où nos sujets donnent N et R comme voisins, du premier au deuxième rang, ou encore du deuxième au troisième rang, alors qu'il y en a 297 où C et R sont perçus comme voisins, et 289 où L et R sont perçus comme voisins. Si le hasard seul jouait, ce nombre serait de 534 (le tiers de 1,603) dans chaque cas.

Les autres caractéristiques sociales des sujets

La division des électeurs par circonscription nous a permis de dégager un deuxième ordre objectif qui, associé au premier, rend compte d'environ cinq ordres complets sur six, parmi ceux qui ont été exprimés par nos sujets. Si ces ordres apparaissaient au hasard, seulement trois sur six seraient cohérents par rapport aux deux ordres objectifs. La proportion des ordres cohérents est d'environ neuf sur dix dans Louis-Hébert, et d'environ trois sur quatre dans Langelier. Il nous reste maintenant à voir les relations qu'entretiennent d'autres caractéristiques sociales de nos sujets avec la cohérence ou non de leurs évaluations par rapport aux ordres objectifs NLCR et RLCN.

Il serait trop long d'établir ces relations à chacun des niveaux d'évaluation. Nous avons choisi de nous limiter au niveau des partis, qui était présenté à nos sujets comme le niveau le plus global, et qui dans l'ensemble présente des résultats qui sont assez médians par rapport à ceux des niveaux extrêmes (voir le tableau 1). De plus, nous avons constaté que les ordres objectifs semblent jouer tous deux avec une intensité relativement grande à ce niveau.

On trouvera dans le tableau 7 des chiffres qui dessinent les relations entre l'âge, la scolarité, l'occupation, la partisanerie, l'identification aux partis et l'évaluation de ces partis. Le tableau indique une relation curvilinéaire entre l'âge et la cohérence. On est plus cohérent de 30 à 49 ans que de 21 à 29

Tableau 7
Relations entre certaines caractéristiques personnelles et l'évaluation des partis

Caractéristiques	Évaluation cohérente par rapport à NLCR %	N	Évaluation cohérente par rapport à RLCN %	N	Évaluation partielle seulement %	N
Âge						
21-29 ans	42	35	46	39	19	16
30-39 ans	56	36	50	32	22	14
40-49 ans	56	32	49	28	28	16
50-59 ans	46	21	37	17	33	15
60 ans et plus	42	14	42	14	39	13
Scolarité						
moins de 10 ans	32	25	29	22	51	39
10-14 ans	53	61	50	58	18	21
15 ans et plus	58	52	56	50	14	12
Occupation						
Professionnels, cadres et techniciens	60	49	63	51	11	9
Vendeurs et commerçants	38	7	28	5	39	7
Employés	63	29	54	25	22	10
Ouvriers et manœuvres	30	9	33	10	43	13
Ménagères	46	36	38	30	44	21
Partisanerie						
«Chauds» partisans	32	8	28	7	52	13
Partisans modérés	52	86	48	78	25	41
Neutres	46	39	54	45	19	16
Identification partisane						
Au Parti Conservateur	48	14	52	15	34	10
Au Parti Libéral	64	73	48	55	25	28
Au N.P.D.	20	3	47	7	13	2
Au Ralliement Créditiste	3	1	9	3	56	18
À aucun parti	48	47	53	51	19	18

ans et qu'après 50 ans. D'autre part, la tendance à ne donner qu'une évaluation partielle croît avec l'âge.

On est d'autant plus cohérent qu'on est scolarisé. La différence est tout particulièrement nette entre ceux qui ont moins de dix ans de scolarité et ceux qui ont plus de dix ans de scolarité. Notons également que la moitié de ceux qui ont moins de dix ans de scolarité donnent des ordres partiels, contre 16 p. cent environ de ceux qui ont plus de dix ans de scolarité.

Parmi les groupes occupationnels, les professionnels, cadres et techniciens, ainsi que les employés, sont ceux qui se montrent les plus cohérents. Ils ont aussi moins tendance que les autres à exprimer des ordres qui ne sont que partiels. Les ménagères sont plus cohérentes que les ouvriers et manœuvres et que les vendeurs et commerçants, mais elles ont aussi un peu plus tendance à exprimer des ordres partiels.

Plus d'un « chaud » partisan sur deux s'en tient à un ordre partiel, contre un partisan modéré sur quatre, et un « neutre » sur cinq. D'autre part, il y a environ un « modéré » ou un « neutre » sur deux qui donne un ordre complet cohérent par rapport à l'un des deux ordres objectifs, contre trois « chauds » partisans sur dix environ.

Enfin, ceux qui s'identifient au Parti Libéral sont les plus cohérents. Viennent ensuite ceux qui s'identifient au Parti Conservateur et ceux qui ne s'identifient à aucun parti, suivis de ceux qui s'identifient au N.P.D. et de ceux qui s'identifient au Ralliement. Ces derniers expriment plus d'une fois sur deux un ordre partiel, ce qui est beaucoup plus que ceux qui s'identifient aux autres partis, et en particulier au N.P.D.

Ainsi, l'électeur le plus cohérent par rapport à l'un ou l'autre des deux ordres objectifs apparaît comme celui qui a de 30 à 50 ans, qui a plus de quinze ans de scolarité, qui a une occupation dans le secteur tertiaire, qui est un neutre ou encore un partisan modéré et qui s'identifie au Parti Libéral. Quant à l'électeur qui s'en tient le plus fréquemment à une évaluation partielle des partis, il a plus de 60 ans, moins de dix ans de scolarité, c'est une ménagère ou encore un ouvrier ou un manœuvre, c'est aussi un « chaud » partisan et il s'identifie au Ralliement Créditiste[19].

Le profil de l'électeur cohérent, par rapport à l'un ou l'autre des deux ordres objectifs, permet de comprendre pourquoi plus d'électeurs sont cohérents dans Louis-Hébert que dans Langelier. On constatera, en effet, si on se reporte à la note 11, que les caractéristiques sociales de l'électeur cohérent sont plus fréquentes dans la première circonscription que dans la seconde.

Conclusion

Black a noté avec raison toute l'importance qu'ont les ordres de préférences des agents dans une théorie des comités. Il en va de même dans l'étude plus générale des mécanismes de l'agora. Mais les ordres individuels de préférences vis-à-vis les partis sont eux-mêmes structurés par des ordres dits objectifs qui établissent les positions respectives des partis sur quelques grands axes significatifs, définis par l'histoire et plus immédiatement par l'action des partis face aux principaux problèmes politiques de l'heure. Ces ordres restreignent chez la plupart des votants la gamme des ordres individuels de préférences qu'ils peuvent avoir vis-à-vis les partis. C'est ainsi que par rapport à un ordre objectif donné, établissant les positions de trois partis, il n'y aura que six ordres théoriques sur huit qui

---

[19] Ces deux profils nous amènent à noter un phénomène assez inquiétant. Les catégories d'électeurs qui ne sont ni très cohérents, ni très portés à n'avoir que des évaluations partielles sont les plus jeunes, les vendeurs et les commerçants, ceux qui ne s'identifient pas à un parti politique, ou encore, parmi ceux qui s'identifient, les partisans du N.P.D. Or, les études électorales tendent à montrer que ce sont là généralement des catégories d'électeurs instables qui se portent facilement d'un parti à l'autre. Le risque apparaît grand qu'à l'intérieur de ce sous-ensemble, souvent décisif quant au résultat d'une élection, se produise le second paradoxe de Condorcet. Contrairement à certains auteurs américains, comme Gordon Tullock (dans *Toward a Mathematics of Politics*, Ann Arbor, The University of Michigan Press, 1967, pp. 37–49), qui ont actuellement tendance à minimiser l'importance de ce paradoxe, nous estimons que celui-ci pose de sérieux problèmes au bon fonctionnement des mécanismes de l'agora, par la forte probabilité qu'il a de se produire chez les catégories d'électeurs dont l'instabilité même leur assure un pouvoir souvent décisif dans la prise de décision collective.

seront cohérents. Avec quatre partis, il n'y aura que huit ordres théoriques sur vingt-quatre qui seront cohérents par rapport à un ordre objectif donné, etc.

L'analyse des résultats d'un sondage fait dans Langelier et dans Louis-Hébert, à la veille de l'élection fédérale de 1968, semble indiquer que deux ordres objectifs ont guidé l'évaluation de la plupart des électeurs : un ordre socio-politique (NLCR), correspondant aux notions de gauche et de droite, où l'échelonnement des partis va du N.P.D. au Ralliement Créditiste, en passant par le Parti Libéral et le Parti Conservateur ; et un ordre ethnique (RLCN) où les partis sont échelonnés cette fois du plus canadien-français au moins canadien-français (soit : Ralliement Créditiste, Parti Libéral, Parti Conservateur et N.P.D.).

Ces deux ordres objectifs rendent compte de 84 p. cent des ordres individuels complets qui ont été exprimés, et 88 p. cent des ordres complets ou partiels n'y dérogent pas, ce qui est beaucoup plus élevé que le voudrait le hasard. De plus, la valeur heuristique des deux ordres objectifs incline à penser qu'ils sont bien réels chez les électeurs.

Les deux ordres permettent de rendre compte, en particulier, du degré de cohérence de chacun des huit niveaux d'évaluation que nous avons suggérés à nos sujets : ce degré est d'autant plus élevé que le niveau donne prise aux deux axes, le socio-politique et l'ethnique, et il est d'autant plus bas qu'aucun des deux axes n'y a une prise suffisante. Quant à l'importance respective des deux axes, d'une circonscription à l'autre, elle semble tenir principalement à la personnalité et à l'action des candidats en lice.

Les ordres individuels qui demeurent incohérents par rapport aux deux axes s'expliquent par la combinaison de plusieurs facteurs. C'est ainsi que les électeurs dont le premier choix se porte vers le Ralliement Créditiste, et qui hiérarchisent également les autres partis, ont tendance à confondre « les deux vieux partis », le Parti Conservateur et le Parti Libéral, plaçant le N.P.D. avant ou après cette paire pour eux indissociable. Cette tendance a pour effet de faire apparaître assez fréquemment les ordres RNCL et RNLC, qui sont incohérents par rapport à l'un ou l'autre des deux axes. Nous avons aussi observé une tendance à faire comme si le Parti Conservateur et le N.P.D. étaient voisins « objectivement », alors qu'ils ne le sont pas, dans l'axe le plus important tout au moins (l'axe socio-politique, NLCR). Cette tendance est sans doute produite, en partie tout au moins, par la stratégie des deux partis impliqués, qui va en ce sens. Enfin, la mise en relation des caractéristiques sociales des sujets avec l'ordre qu'ils ont exprimé au niveau le plus global d'évaluation des partis montre un degré relative-ment faible de cohérence, sans une bien forte tendance à exprimer un ordre partiel seulement, chez les électeurs les plus jeunes, chez les vendeurs et commerçants, chez ceux qui ne s'identifient pas à un parti politique, et, parmi ceux qui s'y identifient, chez les partisans du N.P.D.

Nous avons indiqué au début de cet article qu'une véritable science des choix politiques devrait tenir compte, en plus des procédures de l'agora et des ordres de préférences des agents, des ressources et de la stratégie de ceux-ci. On peut ajouter que même l'étude des ordres de préférences individuels suppose celle des ordres objectifs qui donnent une significa-tion aux ordres individuels, qu'on les respecte ou non. Tout comme les ordres individuels, ces ordres objectifs sont les données de la science des choix politiques dans les mécanismes de l'agora.

*Les positions
des partis* *
(1972)

Dans les études sur les partis et les élections une technique et
une méthode dominent actuellement : la technique des sondages et la méthode « causale ». La technique des sondages n'a pas
besoin de présentation, puisque par les journaux elle a atteint
le « grand public ». La méthode causale par contre exige
quelques précisions, car les méthodologues pas plus que les
chercheurs n'arrivent à s'entendre sur la notion de causalité.

De façon très générale, on entendra par méthode causale
toute méthode qui pose des liens de dépendance entre
variables, que cette dépendance soit temporelle ou non,
qu'elle soit unilatérale ou bilatérale (dans ce dernier cas, on

* Les remarques de Maurice Pinard et d'André Blais m'ont aidé à réviser une
première version de cette étude. Je les en remercie très sincèrement.

parle d'effets d'interaction, de *feedback*, etc.). Les termes mêmes de variable indépendante et de variable dépendante illustrent bien le parti pris de ce que nous nommons la méthode causale.

Deux genres d'explication

On ne discutera pas ici des différentes techniques d'analyse de la méthode causale, mais plutôt de l'épistémologie sous-jacente[1]. Dans un article fort éclairant, Miguelez[2] l'a désignée comme une épistémologie qui formule des explications en termes de *régularités*. Il lui oppose une épistémologie nouvelle, qui formule plutôt des explications en termes de *position*.

Qu'elle procède de façon déductive ou inductive, la méthode causale recherche des lois générales qui seront confirmées dans la vérification d'hypothèses ou qui seront induites d'un certain nombre de généralisations empiriques. Miguelez résume cette démarche au moyen d'une équation qui relie trois termes : une loi, **L** ; une cause, **C** ; un fait ou un ensemble de faits, **F**. Dans sa forme déductive l'explication en termes de régularités pose :

$$L + C \rightarrow F$$

De la conjonction d'une loi (**L**) et d'une proposition causale (**C**) découle une explication des faits (**F**). Par exemple, dans le domaine des études électorales, si on a une loi voulant que le choix partisan des pères et des fils soit d'autant plus semblable qu'ils demeurent près l'un de l'autre (**L**) ; et qu'une enquête montre que la distance moyenne entre eux (**C**) a augmenté de l'élection E_1 à l'élection E_2, on en déduira qu'à cause de cela leur choix partisan différera davantage à la seconde élection qu'à la première (**F**).

---

[1] On pourra lire au sujet de l'analyse causale le livre de H. M. Blalock, *Causal Inference in Non-Experimental Research*, Chapel Hill, The University of North Carolina Press, 1961. Pour une brève présentation des techniques, voir S. Carlos, « Les cheminements de la causalité », *Sociologie et Sociétés*, nov. 1970, pp. 189-201.

[2] R. Miguelez, « L'explication en ethnologie », *Information sur les Sciences sociales*, juin 1969, pp. 27-58.

La démarche inductive, quant à elle, peut être exprimée ainsi :

$$F + C \rightarrow L$$

De la conjonction d'un ensemble de faits (**F**) et d'une cause (**C**), on induit une loi générale (**L**).

Dans son article, Miguelez montre par un exemple précis qu'on peut fournir deux explications tout à fait différentes et même contraires d'un même ensemble de faits, en suivant de façon pourtant rigoureuse la méthode causale d'explication en termes de régularités. La divergence se fonde sur les présupposés initiaux : choix d'*une* théorie et de *certaines* variables indépendantes, de *certains* indicateurs de ces variables et de *certaines* techniques d'analyse. Ces choix sont rarement sinon jamais justifiés par le domaine de recherche considéré — et encore moins par la façon dont les hommes «vivent» ce domaine — mais plutôt par des raisons de commodité, de tradition scientifique ou de simple caprice du chercheur. On pourrait donner de multiples exemples de ces présupposés divergents dans le domaine des études électorales, mais c'est là matière à une autre étude... Notons plutôt pour le moment la forte conclusion de Miguelez au sujet des explications en termes de régularités :

> ... l'impossibilité où nous nous trouvons de pouvoir décider empiriquement entre les divers présupposés, le fait que leur plausibilité dépend exclusivement de l'unité explicative dont ils font partie, amène à un véritable cercle vicieux : d'une part, ils créent la cohérence de l'unité explicative, mais, d'autre part, c'est cette cohérence qui, en retour, fait leur plausibilité.
>
> Comment pourrait-on échapper à ce cercle vicieux ? Il y a, nous semble-t-il, deux et seulement deux possibilités :
>
> — Ou bien formuler des hypothèses causales authentiques, c'est-à-dire des hypothèses où le rapport légal qui relie les variables ne dépende pas d'un présupposé quelconque, mais alors la recherche comparative s'avère impuissante à vérifier de telles hypothèses ;
>
> — Ou bien partir d'un nouveau présupposé et construire un nouvel agencement ou, peut-être, reformuler d'une façon intégrale l'ensemble des propositions qui composent l'unité explicative. Mais nous ne rencontrerons pas alors de processus de raffinement graduel et systématique d'un ensemble d'hypothèses légales, mais un ensemble d'explications indépen-

dantes des mêmes faits élaborées avec des propositions plus ou moins générales qu'on ne peut pas appeler des « lois », sinon abusivement[3].

En face de cette impasse, Miguelez propose un autre genre d'explication qu'on trouve illustré dans certains travaux des structuralistes et en particulier dans l'œuvre de Lévi-Strauss. Ce sont les explications en terme de *position* dont il résume ainsi la démarche :

> Premièrement, les faits constituent le point de départ de la réflexion, autrement dit *aucun présupposé n'est décelable à sa base ;* deuxièmement, les faits constituent un ensemble complet, autrement dit *aucun découpage n'est pratiqué* sur l'ensemble de faits ; troisièmement, *ces faits apparaissent classés* d'une manière quelconque à l'observation ethnologique : c'est la pensée indigène qui pratique le découpage dans l'univers des faits et ce découpage suppose un principe d'abstraction et de classement.
>
> Si ce principe était formulé et son action transparente, l'ensemble de faits découpés par la pensée indigène apparaîtrait comme un ensemble cohérent, à moins de taxer d'incohérence la pensée indigène elle-même. Or, les éléments forment un ensemble que l'observation immédiate peut qualifier d'hétéroclite. Il faut donc supposer l'existence d'un principe d'organisation, et l'explication des faits ne sera alors que *l'explication de leur agencement particulier par la mise en lumière du principe qui commande cet agencement.* Nous appellerons «explication en termes de position» ce genre particulier d'explication[4].

Si on veut l'appliquer au domaine des études, électorales ou autres, sur les partis, ce genre d'explication exige une rupture radicale avec les façons habituelles de procéder, tributaires des explications en termes de régularités. La technique du sondage doit être écartée puisqu'elle pratique au départ un découpage indu sur l'ensemble des faits, et encore plus parce que le découpage qu'elle propose est celui de l'observateur et non pas de la «pensée indigène», entendez : les agents sociaux qui vivent et conçoivent dans leurs propres termes le domaine d'action étudié.

Il faut plutôt retenir tous les faits d'un domaine donné d'action, et chercher le ou les principes d'organisation de ces faits tels qu'ils ont été produits dans l'action elle-même, et non plus tels qu'ils sont constitués ou reconstitués par le découpage de l'observateur. On voudrait faire ici l'essai de cette méthode, dans l'étude des rangs ou positions respectives occupés par les partis lors des élections provinciales de 1970, au Québec.

---

[3] R. MIGUELEZ, *op. cit.*, pp. 43-44.
[4] R. MIGUELEZ, *op. cit.*, p. 50. L'italique est dans le texte.

Les rangs à l'échelle des circonscriptions

On entend par rangs des partis, leur place dans un ordre qui va du parti ayant obtenu le plus de votes au parti ayant obtenu le moins de votes. Si on symbolise les partis ainsi : L, Parti Libéral ; Q, Parti Québécois ; C, Ralliement Créditiste ; U, Union Nationale, l'ordre entre eux à l'échelle de l'ensemble du Québec, lors des élections provinciales de 1970, fut : LQUC. Il s'agit de l'ordre des *votes*, et non de l'ordre des *sièges* qui fut plutôt LUCQ.

Les rangs des partis à cette échelle ne présentent aucun intérêt puisqu'on ne peut les comparer à rien. Il n'y a là qu'un fait et non pas un ensemble de faits. Il n'en va plus de même à l'échelle des circonscriptions où on a déjà une plus grande variété de faits, comme le montre le tableau 1. L'échelle des circonscriptions apparaît significative du point de vue des agents eux-mêmes du domaine qui nous intéresse. L'élection des candidats se fait à cette échelle, et avec un mode de scrutin qui veut qu'un seul parti remporte toute la victoire, c'est-à-dire

Tableau 1
**Les différents ordres définis par les positions des partis
à l'échelle des circonscriptions**

CLQU (3)	CLUQ (6)	CULQ (3)
Abitibi-Est	Abitibi-Ouest	Beauce
Richmond	Dorchester	Frontenac
Rouyn – Noranda	Lévis	Mégantic
	Lotbinière	
	Portneuf	
	Saint-Sauveur	
LCQU (3)	**LCUQ (6)**	**LQUC (38)**
Chauveau	Arthabaska	Ahuntsic
Drummond	Compton	Beauharnois
Sherbrooke	Laviolette	Bourassa
	Montmorency	Chambly
	Stanstead	D'Arcy-McGee
	Témiscamingue	Dorion
		Duplessis
		Fabre
		Hull
LUCQ (8)	**LUQC (17)**	Jacques-Cartier
		Jeanne-Mance
Brome	Argenteuil	Jean-Talon
Champlain	Bonaventure	Jonquière
Charlevoix	Châteauguay	
Kamouraska	Deux-Montagnes	

Tableau 1
Les différents ordres définis par les positions des partis
à l'échelle des circonscriptions

Limoilou	Gaspé-Sud	Lac-St-Jean
L'Islet	Gatineau	L'Assomption
Papineau	**Huntingdon**	Laurier
Rivière-du-Loup	Îles-de-la-Madeleine	Laval
	Joliette	Louis-Hébert
QLUC (7)	Pontiac	Marguerite-Bourgeois
	Richelieu	Matane
Bourget	Roberval	Matapédia
Gouin	Rouville	Mercier
Lafontaine	Saint-Hyacinthe	Napierville – Laprairie
Maisonneuve	Trois-Rivières	Notre-Dame-de-Grâce
Saguenay	Vaudreuil – Soulanges	Olier
Sainte-Marie	Yamaska	Outremont
Saint-Jacques		Rimouski
		Robert-Baldwin
		Sainte-Anne
		Saint-Henri
ULCQ (7)	**ULQC (9)**	Saint-Jean
Bagot	Berthier	Saint-Laurent
Bellechasse	Chicoutimi	Saint-Louis
Maskinongé	Dubuc	Taillon
Montmagny	Gaspé-Nord	Terrebonne
Shefford	Iberville	Verchères
Témiscouata	Labelle	Verdun
Wolfe	Missisquoi	Westmount
	Montcalm	
	Nicolet	
UQLC (1)		
Saint-Maurice		

obtienne un siège au Parlement ; les résultats obtenus au niveau des circonscriptions ont une forte signification, conférée par les règles mêmes du jeu.

Le vote des électeurs a produit 12 ordres différents, sur une possibilité de 24 (4 ! = 24). Avant de s'interroger sur les permutations absentes, notons les traits les plus apparents des permutations réalisées :

1) Cinq des six ordres possibles où les libéraux viennent en tête se réalisent. Dans le cas de l'Union Nationale et du Ralliement Créditiste trois sur six des ordres qu'ils dominent se réalisent. Quant au Parti Québécois, il ne vient en tête que d'un seul ordre possible sur six.

2) Cet ordre unique est QLUC. Quand le Parti Québécois arrive en tête, les libéraux sont toujours deuxièmes; les unionistes, troisièmes; et les créditistes, quatrièmes. Cet ordre se réalise aussi bien dans Saguenay que dans les circonscriptions de la région montréalaise.

3) Inversement, les libéraux ne viennent jamais au dernier rang et l'Union Nationale n'y vient que dans 2 permutations sur 12, tandis que le Parti Québécois et le Ralliement Créditiste sont derniers dans 5 permutations sur 12.

4) Les circonscriptions qui réalisent une même permutation ont parfois des caractéristiques communes apparentes. Ainsi Beauce, Frontenac et Mégantic, qui donnent l'ordre CULQ, sont voisines. D'autres séquences territoriales se retrouvent dans une même permutation, même si elles ne l'épuisent pas : Dorchester – Lévis – Lotbinière (CLUQ); l'Islet – Kamouraska – Rivière-du-Loup (LUCQ); Chicoutimi–Dubuc (ULQC); etc.

Douze permutations n'ont pas été réalisées, soit :

CQLU	LQCU	QCLU	UCLQ
CQUL		QCUL	UCQL
CUQL		QLCU	UQCL
		QUCL	
		QULC	

Reste à savoir pourquoi ces douze permutations sont absentes ou, ce qui revient au même, pourquoi les douze aut,es sont apparues. Autrement dit, dans les termes mêmes de Miguelez, quel est le principe d'organisation pouvant expliquer l'agencement particulier de ces résultats qui apparaissent hétéroclites à l'observation immédiate ? Pourquoi CULQ a-t-il été réalisé (trois fois), et non pas CQLU ? Pourquoi ULQC (neuf fois), et non pas UCLQ ? Un observateur attentif de la scène politique trouvera, bien sûr, une explication. Il vous dira que CQLU ne pouvait se réaliser parce qu'il était impensable, en 1970, que les deux tiers partis arrivent aux deux premiers rangs; que UCLQ n'était pas possible parce que là où l'Union Nationale est demeurée forte, les créditistes ne pouvaient pas être très forts... Pourtant CULQ a été réalisé trois fois !

Une suite même intelligente d'explications parcellaires ne peut permettre d'elle-même d'accéder au principe d'organisation des faits observés. Il faut suivre une autre voie qui peut d'abord apparaître plus abstraite, mais qui, comme on le verra, a l'avantage de rendre compte de tous les faits ou presque, avec une grande économie d'explications.

Cette voie consiste, selon la méthode même énoncée par Miguelez, à poser que les faits observés, c'est-à-dire les 12 ordres particuliers qui ont été réalisés, s'expliquent par un ou quelques ordres sous-jacents, qui commandent en quelque sorte ces ordres particuliers. Autrement dit on suppose que les unités électorales — ici les circonscriptions — établissent un ordre en se fondant sur une espèce d'échelle ou d'axe communément admis où les partis sont disposés l'un par rapport à l'autre. Ces axes ne « causent » pas les ordres particuliers, ils sont leur commune mesure. Plus exactement les ordres particuliers sont pensables par les axes, mais les axes à leur tour ne peuvent être pensés que par les ordres particuliers.

Deux objections

Avant de poursuivre il faut répondre à deux objections qui peuvent être formulées à ce moment-ci contre cette idée d'axes sous-jacents au choix collectif des unités électorales. La première porte sur la notion de choix collectif, et la seconde sur celle d'axes sous-jacents.

En considérant les circonscriptions comme des unités électorales, au même titre que les individus, on assimile l'ordre des votes obtenus par les partis à l'ordre de préférence qu'un électeur établit entre ces partis. Contre cela, on pourrait objecter que s'il est acceptable de parler de préférences individuelles, et d'un choix dicté par ces préférences, il ne l'est pas de parler d'un choix collectif, puisque ce choix est fondé sur une grande variété de préférences individuelles. Il peut même arriver qu'aucune d'entre elles ne corresponde au choix collectif, alors tout à fait artificiel.

Mais est-ce bien sûr que les préférences d'un individu ne sortent pas elles-mêmes de l'agrégation d'un grand nombre de préférences partielles ? Leur sublimation en un ordre présumément « individuel », au niveau de la conscience, peut être

encore plus artificielle que l'agrégation des préférences individuelles en une préférence collective, qui, elle, au moins se fait
selon des règles fixes. Le mathématicien Barbut a bien montré
la fragilité des préférences individuelles et des choix qu'elles
commandent, quand on les voit dans cette perspective :

> [Soit] le cas d'un individu qui [...] est placé devant plusieurs options entre
> lesquelles il veut déterminer son ordre de préférence ; mais ces options, il
> pourra en général les classer au moyen de plusieurs critères, ou, si l'on
> veut, en se plaçant de plusieurs «points de vue» : le classement qui lui
> semblera le meilleur du point de vue de sa profession, par exemple, sera
> très différent de celui auquel il aboutira en tant que père de famille, ou
> comme homme politique ou membre d'une certaine religion. Si l'on
> assimile ces diverses personnalités aux votants du problème de Condorcet
> on est ramené à la même situation de décision collective ; dans cette
> hypothèse, chacun de nous serait, en face d'une décision à prendre, une
> assemblée délibérante où s'affrontent des individualités aux intérêts
> divergents [5].

Les objections à la notion d'un choix collectif reposent en fait
sur un individualisme idéologique et par là méthodologique
qui postule que l'individu est la réalité première, dont est faite
ensuite la collectivité, alors que d'autres cultures et d'autres
civilisations postulent plutôt que la collectivité est la réalité
première, où se découpent ensuite des individus [6]. Ce «collec-
tivisme» vaut bien, méthodologiquement, notre individualisme
qui survit encore. Quoi qu'il en soit, la relativité qu'il établit
dans les sciences de l'homme nous permet de maintenir, au
même titre que celle de choix individuel, la notion d'un choix
collectif qui, comme l'autre, est composé des «individualités»
dont parle Barbut.

La seconde objection porte sur la «réalité» d'axes sous-
jacents qui réduiraient le nombre des ordres réalisables. Elle
vise en somme l'existence même des principes d'organisation
dont parle Miguelez, et pose plus généralement un problème
épistémologique fondamental dans toutes les sciences. Si on
croit en celles-ci, une réponse s'impose : pour expliquer une
disposition non aléatoire des faits, il faut dégager l'ordre ou la

---

[5] M. BARBUT, «Quelques aspects mathématiques de la décision rationnelle»,
les Temps modernes, oct. 1959, p. 736.

[6] Cette primauté du collectif sur l'individuel a été fortement montrée dans les
travaux de Paul MUS sur l'Asie. Voir, par exemple, son ouvrage posthume, *Hô
Chi Minh, le Vietnam, l'Asie*, Paris, Seuil, 1971.

structure la plus simple possible, qui permette de rendre compte de tous les faits et qui fasse sens par rapport aux explications voisines — dont la nouvelle explication pourra fort bien, d'ailleurs, exiger la reformulation.

On voit de quelle « réalité » relèvent les axes sous-jacents. Ce n'est pas uniquement de celle qui est perçue par les individus confrontés à un questionnaire. Elle est plutôt sous-jacente à tout ce qu'ils expriment dans leurs actions comme dans leurs représentations, mais ils ne parviennent jamais à se la représenter tout à fait à eux-mêmes. Car selon la forte affirmation de Marx, dans *le Capital,* « toute science serait superflue si l'apparence et l'essence des choses se confondaient ».

Quant à la constitution même des axes sous-jacents, nous postulons que dans un système de partis qui fut longtemps dualiste, ils continuent de s'organiser autour de dualismes opposant d'abord deux partis *modaux,* puis ensuite les partis *marginaux* à l'un ou l'autre des partis modaux. Les positions des partis modaux correspondent à de plus fortes concentrations d'électeurs que celles des partis marginaux. Donnons tout de suite un exemple qui fera comprendre ce postulat. On peut penser qu'au Québec, avant les élections générales de 1970, le dualisme *premier* opposait l'Union Nationale et le Parti Libéral, partis « modaux ». Mais à ce dualisme premier s'ajoutaient deux dualismes *seconds,* celui entre le Ralliement Créditiste et l'Union Nationale d'une part, et celui entre le Parti Québécois et le Parti Libéral d'autre part. Sur le plan du gouvernement interne du Québec, en effet, c'est le Parti Libéral qui s'opposait principalement à l'Union Nationale, le Parti Québécois étant au Parti Libéral ce que celui-ci était à l'Union Nationale, et le Ralliement Créditiste étant à l'Union Nationale ce que celle-ci était au Parti Libéral [7]. On a ainsi un axe qu'on peut représenter de la façon suivante,

PQ/PL/UN/RC (ou RC/UN/PL/PQ, peu importe)

---

[7] On peut tirer cette interprétation de certaines données présentées dans A. BLAIS, M. GILBERT et V. LEMIEUX, « The Emergence of New Forces in Quebec Electoral Politics », dans W. E. MANN (éd.), *Canada : A Sociological Profile,* Toronto, Copp Clark, 1971, pp. 537–544. Voir aussi une autre étude de cet ouvrage, « Les élections provinciales au Québec de 1936 à 1970 ».

ou plus simplement, selon les symboles qu'on a utilisés depuis le début,

$$Q/L/U/C \text{ (ou } C/U/L/Q)$$

Si ce postulat est exact, les résultats d'une élection dans une circonscription devront se conformer d'une certaine façon à un axe donné. Nous supposons, à cet effet, que l'un des deux partis modaux doit arriver en tête, ce qui va de soi, et que le deuxième rang doit être occupé ou bien par l'autre parti modal, ou bien par le parti marginal opposé au parti modal dominant (parce qu'il profite de la forte «visibilité» de ce parti). Plus explicitement :

1) Si un axe est opérant dans une circonscription, l'un des deux partis modaux arrivera au premier rang.

2) Le parti qui arrivera au deuxième rang sera ou bien l'autre parti modal, ou bien le parti marginal opposé au parti modal qui arrive le premier[8]. Par contre, il faut exclure la possibilité qu'un parti marginal arrive avant le parti modal avec lequel il est en opposition première.

3) Si l'autre parti modal arrive au deuxième rang, l'un ou l'autre des deux partis marginaux pourra arriver au troisième rang ; si par contre le parti marginal opposé au parti vainqueur arrive au deuxième rang, le second parti modal arrivera au troisième rang.

Ces trois règles entraînent que six ordres particuliers sont cohérents par rapport à un axe donné, dans le cas où quatre partis s'affrontent. Par rapport à l'axe $Q/L/U/C$ (ou $C/U/L/Q$), les six ordres particuliers cohérents sont les suivants :

LUCQ LQUC ULQC
LUQC ULCQ UCLQ

On voit en quoi cette notion d'un axe des oppositions, ou

---

[8] Soit, pour prendre un exemple simple, un axe A/B/C/D et 10 électeurs. Un premier groupe de six électeurs hésite entre B et C, un deuxième groupe de trois hésite entre A et B, et un troisième groupe d'un seul électeur hésite entre C et D. Cinq électeurs du premier groupe votent pour B et un pour C ; deux électeurs du deuxième groupe votent pour B et un pour C ; deux électeurs du deuxième groupe votent pour A et un pour B ; l'électeur du troisième groupe s'abstient. Le choix collectif qui en résulte est BACD.

des positions respectives, se distingue de la notion d'ordre objectif ou sous-jacent qu'on trouve dans la littérature sur l'agrégation des préférences[9]. Les partis ne sont pas disposés selon le contenu de leurs positions sur une dimension allant d'une position *extrémiste* à l'autre, en passant par une ou des positions *centristes*. Les positions respectives s'organisent plutôt, au plan de leur *expression*, autour d'un dualisme premier auquel s'ajoutent un ou des dualismes seconds. Les partis qui s'opposent dans le dualisme premier sont dits *modaux*, en ce sens que leurs positions correspondent à celles des plus fortes concentrations d'électeurs, tandis que les partis qui n'entrent que dans des dualismes seconds sont dits *marginaux*, parce que leurs positions sont plus éloignées de celles des plus fortes concentrations d'électeurs.

Ajoutons que d'autres types d'axes d'oppositions sont concevables, mais nous n'y aurons toutefois pas recours ici. On pourrait imaginer par exemple deux oppositions premières et une seule opposition seconde entre quatre partis, ce qui reviendrait à un « triadisme » auquel s'accrocherait une opposition seconde. Ou encore il y a possibilité d'une opposition première, d'une opposition seconde, et d'une opposition tierce comprenant le parti marginal de l'opposition seconde et un autre parti encore plus marginal. On aura l'occasion d'évoquer la possibilité de quelques-uns de ces types d'axes d'oppositions.

Les axes d'oppositions

On a noté que six ordres particuliers sont cohérents par rapport à un axe comprenant quatre partis disposés l'un par rapport à l'autre en une opposition première et deux oppositions secondes. Il en découle qu'un seul axe d'oppositions ne peut rendre compte des 12 ordres particuliers qui ont été réalisés lors des élections générales de 1970.

Comme point de départ, on peut chercher l'axe d'oppositions qui « explique » le plus grand nombre d'ordres particuliers et surtout le choix du plus grand nombre de circonscriptions.

---

[9] Sur la notion d'ordre objectif, ou sous-jacent, et sur l'utilisation qu'on peut en faire pour l'étude des préférences partisanes, voir une autre étude de cet ouvrage : « La composition des préférences partisanes ».

C'est l'axe Q / L / U / C (ou C / U / L / Q) que nous avons utilisé comme exemple un peu plus haut. On l'emploie pour disposer les partis de « gauche » à « droite », ou de « droite » à « gauche », ou mieux pour les ranger selon le degré d'intervention gouvernementale qu'ils proposent, ou qu'ils ont réalisé, s'ils ont déjà gouverné. Cet axe oppose principalement le Parti Libéral et l'Union Nationale, le Parti Québécois apparaissant plus à gauche que les libéraux, et le Ralliement Créditiste plus à droite que les unionistes. Il est possible également que l'Union Nationale et le Parti Libéral soient apparus, en 1970, comme les deux principaux partis de gouvernement, les deux autres partis n'étant auprès d'eux que de pâles répliques.

Par rapport à cet axe, 5 ordres particuliers sur 12 et 79 circonscriptions sur 108 sont cohérents, comme le montre le tableau 2.

Tableau 2
Ordres particuliers qui sont cohérents et non cohérents
par rapport à l'axe Q / L / U / C (ou C / U / L / Q)

Ordres cohérents	Ordres non cohérents
LQUC = 38 circonscriptions	CLQU = 3 circonscriptions
LUCQ = 8 '' ''	CLUQ = 6 '' ''
LUQC = 17 '' ''	CULQ = 3 '' ''
ULCQ = 7 '' ''	LCQU = 3 '' ''
ULQC = 9 '' ''	LCUQ = 6 '' ''
	QLUC = 7 '' ''
	UQLC = 1 '' ''
Total = 79 circonscriptions	Total = 29 circonscriptions

Ajoutons qu'un autre ordre particulier serait cohérent, mais qu'il ne s'est pas réalisé, soit UCLQ.

À l'examen, les ordres non cohérents présentent au moins deux traits remarquables : 5 fois sur 7 le Ralliement Créditiste y vient aux deux premiers rangs[10], et 6 fois sur 7 il est voisin du Parti Libéral. Dans les ordres cohérents le Ralliement ne vient jamais aux deux premiers rangs et il n'est voisin du Parti Libéral que 1 fois sur 5.

Comme il y a sept ordres particuliers qui sont incohérents par rapport à Q/L/U/C, il n'existe pas un axe qui rende compte d'eux tous. La présence fréquente des libéraux et des créditistes aux deux premiers rangs des ordres restants nous invite à poser un deuxième axe où ils occupent les positions modales. Des deux axes ainsi constitués, c'est Q/L/C/U (ou U/C/L/Q) qui donne les meilleurs résultats. Il rend compte de 5 ordres particuliers (CLQU, CLUQ, CULQ, LCQU et LCUQ) et du choix de 21 circonscriptions, tandis que U/L/Q/C (ou C/Q/L/U) ne rend compte que de 4 ordres particuliers (il ne rend pas compte de CULQ) et du choix de 18 circonscriptions seulement.

Cet axe Q/L/C/U (ou U/C/L/Q) comporte aussi une transformation plus simple par rapport à notre premier axe Q/L/U/C (ou C/U/L/Q). Le Ralliement Créditiste y remplace tout simplement l'Union Nationale comme parti modal, en opposition première avec l'autre parti modal, le Parti Libéral, tandis que les oppositions secondes demeurent les mêmes. Les 21 cas où cet axe commande le choix des circonscriptions se trouvent presque tous dans les trois régions du Nord-Ouest, de l'Estrie et de Québec, où l'on reconnaît généralement que les créditistes ont supplanté l'Union Nationale comme opposition principale aux libéraux.

On arrive donc à la conclusion provisoire que deux axes rendent compte de tous les ordres particuliers, moins huit, qui ont été exprimés, au niveau des circonscriptions, aux élections générales de 1970. Là où les créditistes viennent aux deux derniers rangs les choix collectifs semblent reposer sur un axe où le Parti Libéral et l'Union Nationale occupent les positions modales, avec le Parti Québécois contigu au Parti Libéral et le Ralliement Créditiste contigu à l'Union Nationale. Là où le

---

[10] Ce trait correspond à un phénomène que nous avons déjà observé, au niveau des individus, dans deux circonscriptions fédérales. Là où la ferveur créditiste est grande, les axes qui rendent compte ailleurs des choix partisans semblent peu opérants. Voir à ce sujet, dans cet ouvrage, « La composition des préférences partisanes ».

Ralliement Créditiste n'arrive pas troisième ou quatrième, un axe où c'est lui qui s'oppose avant tout au Parti Libéral, les deux autres partis maintenant les mêmes voisinages que dans le premier axe, rend compte de tous les ordres particuliers qui ont été exprimés.

Ces deux axes renvoient, selon nous, à ce qu'on peut désigner très généralement comme l'intervention du gouvernement dans la société. Dans les deux axes, le Parti Libéral, en opposition dualiste à un autre parti, est identifié à la position modale la plus interventionniste, le Parti Québécois apparaissant plus interventionniste que lui, en une position électoralement plus faible. Le dualisme fondamental du premier axe aurait comme autre protagoniste l'Union Nationale, alors que dans le deuxième axe c'est le Ralliement Créditiste qui serait identifié à cette position. Ces deux partis apparaîtraient, de ce point de vue, comme la solution de rechange l'un de l'autre dans la partie la moins interventionniste de l'axe[11].

On peut maintenant se demander si notre analyse n'est pas tout à fait irréaliste en ce qu'elle néglige un axe « national », dont on a pourtant le sentiment qu'il sous-tendait lui aussi, en 1970, les choix collectifs des circonscriptions du Québec. La distinction entre positions modales et positions centristes prend ici tout son sens. Car si on établit un axe « national » qui va du parti le plus indépendantiste, le Parti Québécois, au parti le plus fédéraliste, le Parti Libéral, en passant par l'Union Nationale et le Ralliement Créditiste, on constate que cet axe a un très faible pouvoir d'explication, et qu'en particulier il ne peut rendre compte des 38 ordres LQUC et des 7 ordres QLUC. On peut pourtant estimer que ces ordres ont été déterminés en bonne partie par l'opposition constitutionnelle entre le Parti Québécois et le Parti Libéral.

Mais justement, si dans ces circonscriptions et dans d'autres l'expression de ce dualisme opposait surtout ces deux partis, il faut, selon notre postulat, les situer au milieu de l'axe et non aux positions extrêmes, même si sur le plan du contenu ils tenaient bien des positions extrêmes par rapport à celles de l'Union Nationale et du Ralliement Créditiste. Ce qui importe,

---

[11] Le Parti Libéral et le Parti Québécois ayant obtenu ensemble près de 70 p. cent des votes exprimés, on peut croire qu'aux élections générales de 1970 la tendance interventionniste avait une plus grande force que l'autre.

c'est la «visibilité» électorale des positions, au plan de leur expression, plutôt que leur sens, au plan du contenu. Dans cette perspective on peut présumer un axe constitutionnel U/Q/L/C (ou C/L/Q/U), au lieu de l'axe Q/U/C/L (ou L/C/U/Q) qu'on serait porté à présumer au plan du contenu.

L'axe U/Q/L/C (ou C/L/Q/U) rend compte du choix des sept circonscriptions qui ont donné une majorité au Parti Québécois et qui ont toutes exprimé l'ordre QLUC. De plus il rend compte de deux autres ordres particuliers dont le choix a déjà été expliqué : LCQU qui a été réalisé trois fois et que l'axe Q/L/C/U explique également; LQUC qui a été réalisé trente-huit fois et que l'axe Q/L/U/C explique également. Par contre, il n'explique pas — pas plus que les deux autres axes — le choix de Saint-Maurice, soit UQLC, qui apparaît aberrant[12].

Le cas de Chauveau, Drummond et Sherbrooke, qui ont choisi LCQU, semble révélateur. Ce sont les trois seules circonscriptions où le Parti Québécois et le Ralliement Créditiste se suivent aux deuxième et troisième rangs. On pourrait dire, de façon imagée, que la vague créditiste vient mourir dans ces circonscriptions (situées dans des régions qui lui sont favorables) qui sont un peu trop urbanisées pour la porter au premier rang, tandis que la vague péquiste ne trouve pas dans ces milieux de banlieue ou de villes moyennes un souffle suffisant pour porter le parti au premier rang. On comprend alors que les axes Q/L/C/U et U/Q/L/C semblent se rencontrer pour rendre compte, aussi bien l'un que l'autre, du choix collectif des trois circonscriptions.

Quant aux 38 circonscriptions dont le choix semble commandé par Q/L/U/C (ou U/Q/L/C), elles sont trop nombreuses et trop variées pour qu'on puisse en dégager des traits communs. Notons toutefois que la plupart appartiennent à la région métropolitaine ou encore à la grande région de Montréal (29 sur 38). Font exception : Duplessis ; Hull ; Jean-Talon et Louis-Hébert dans la région de Québec ; Jonquière et Lac-St-

---

12 Dans Saint-Maurice, le Parti Québécois n'a dépassé le Parti Libéral que de quelques votes (19 votes). Un ordre ULQC aurait été cohérent par rapport au premier axe Q/L/U/C. Mais on ne tient pas compte ici de ces différences quantitatives entre les partis. Si on prend l'ordre UQLC tel quel, trois axes peuvent en rendre compte : C/L/U/Q, C/U/Q/L et L/U/Q/C.

Jean dans la région Saguenay – Lac-St-Jean ; Matane, Matapédia et Rimouski dans la région du Bas-du-Fleuve.

On a tout lieu de croire que lorsque l'axe « gouvernemental »
Q/L/U/C a prédominé, le Parti Québécois n'a pas obtenu
plus de votes que l'Union Nationale et le Ralliement Créditiste
réunis, tandis que dans les circonscriptions où l'axe « national »
U/Q/L/C a prédominé le contraire s'est produit. Si on divise
de cette façon les 38 circonscriptions qui ont choisi LQUC on
arrive aux résultats du tableau 3.

Tableau 3
Les 38 circonscriptions qui ont choisi LQUC selon que
Q < C + U ou que Q > C + U

Q < C + U (9)	Q > C + U (29)
Hull	Ahuntsic
Jean-Talon	Beauharnois
Lac-Saint-Jean	Bourassa
Matane	Chambly
Napierville – Laprairie	D'Arcy-McGee
Rimouski	Dorion
Sainte-Anne *	Duplessis
Saint-Jean	Fabre
Terrebonne	Jacques-Cartier
	Jeanne-Mance
	Jonquière
	L'Assomption
	Laurier
	Laval
	Louis-Hébert
	Marguerite-Bourgeois
	Matapédia
	Mercier
	Notre-Dame-de-Grâce
	Olier
	Outremont
	Robert-Baldwin
	Saint-Henri
	Saint-Laurent
	Saint-Louis
	Taillon
	Verchères
	Verdun
	Westmount

* On a compté les votes du candidat indépendant Hanley avec ceux du
Ralliement Créditiste et de l'Union Nationale.

Les résultats indiquent que l'axe «national» U/Q/L/C aurait prédominé dans 29 cas sur 38, l'axe «gouvernemental» ne prédominant que 9 fois sur 38, dans des circonscriptions qui sont toutes, à l'exception du cas spécial de Sainte-Anne, hors de l'Île de Montréal.

Notons ici que si nous modifions la deuxième règle concernant la façon dont les axes d'oppositions opèrent sur les ordres particuliers, en excluant la possibilité qu'un des partis marginaux dans l'axe vienne au deuxième rang, l'ordre LQUC ne serait cohérent que par rapport à l'axe «national», U/Q/L/C. Par contre, les choix de Chauveau, Drummond et Sherbrooke (LCQU) ne seraient cohérents que par rapport à Q/L/C/U; et trois autres circonscriptions, Beauce, Mégantic et Frontenac qui ont choisi CULQ s'ajouteraient à Saint-Maurice dans la catégorie des cas inexpliqués. Les trois axes, ainsi restreints dans leur opération sur les ordres particuliers, expliqueraient 104 cas sur 108. Avec nos trois axes, définis de telle façon qu'un parti marginal peut arriver au deuxième rang, on explique 107 cas sur 108 — 41 cas étant expliqués deux fois.

Une explication en termes de position

On voit peut-être mieux maintenant en quoi une explication en termes de position se distingue d'une explication en termes de régularités. Nous sommes partis d'un ensemble complet de faits, à leur échelle : les rangs ou positions respectives des partis provinciaux du Québec, dans toutes les circonscriptions, lors des élections générales d'avril 1970. Aucun découpage n'est donc pratiqué, au départ, si ce n'est celui, nécessaire, qui retient une échelle plutôt qu'une autre. Nous n'avons pas cherché à vérifier des hypothèses dans cet ensemble, c'est-à-dire à faire découler une explication de la conjonction d'une loi et d'une proposition causale extérieures aux faits. Nous n'avons pas emprunté non plus la voie inductive qui aurait consisté à «essayer» diverses propositions causales extérieures aux faits et à retenir finalement, pour en dégager ou non des lois, celles qui auraient donné les meilleurs résultats. Nous sommes plutôt restés à l'intérieur de l'ensemble des faits pour tenter d'en dégager le principe d'organisation.

Les rangs des partis et les ordres particuliers qu'ils définissent ont alors été vus comme des permutations qui manifestent la présence de ce que nous avons appelé des axes, faits d'oppositions entre les partis. Nous avons vu là les principes d'organisation dont parle Miguelez. Comme les ordres particuliers, les axes se définissent par les positions respectives des partis. Mais pour qu'ils organisent ou contraignent les ordres particuliers, il faut qu'il y ait application des axes dans un certain nombre d'ordres. Nous inspirant de notre propre expérience de la politique au Québec et de ce que nous connaissons des électeurs, nous avons présumé que les axes se construisaient d'abord autour de deux partis *modaux* en dualisme *premier* l'un avec l'autre. Chacun des deux partis modaux a ensuite été posé en dualisme *second* avec l'un ou l'autre des deux autres partis, dits *marginaux*. Rappelons que d'autres types d'oppositions sont possibles, mais celles-ci suffisent à notre propos.

Nous avons ensuite proposé trois règles qui nous semblent commander l'application d'un axe dans des ordres particuliers. L'axe Q/L/U/C (ou C/U/L/Q) appliqué selon ces règles rend compte du choix collectif de 79 circonscriptions sur 108. Si on lui ajoute une variante Q/L/C/U (ou U/C/L/Q), qui s'applique là où les créditistes sont forts, on rend compte du choix de 100 des 108 circonscriptions. Enfin, un axe U/Q/L/C (ou C/L/Q/U) permet de rendre compte de 7 des 8 autres cas, tout en fournissant une explication supplémentaire de 41 cas déjà expliqués par l'un ou l'autre des deux axes précédents.

Le premier et le deuxième cas, où le Parti Libéral a une position modale, en dualisme second avec le Parti Québécois — l'Union Nationale et le Ralliement Créditiste passant du modal au marginal — nous ont semblé renvoyer à des oppositions de nature gouvernementale, touchant surtout le degré d'intervention du gouvernement dans la société. Le troisième axe nous a semblé renvoyer plutôt à des oppositions de nature nationale, avec une grande opposition entre le fédéralisme du Parti Libéral et l'indépendantisme du Parti Québécois, doublée d'oppositions secondes entre Parti Libéral et Ralliement Créditiste d'une part, Parti Québécois et Union Nationale d'autre part.

Dans cette perspective le choix collectif de toutes les circonscriptions du Québec, moins une, aux élections provinciales de 1970, s'explique par référence à ces trois axes significatifs pour elles. Le premier se retrouve dans un peu toutes les régions du Québec, avec toutefois une « visibilité » moins grande dans Montréal et sa région métropolitaine, dans le Nord-Ouest, dans l'Estrie et dans la région de Québec. Le deuxième axe semble en concurrence avec le premier dans toutes ces régions, sauf celles du Montréal métropolitain et du grand Montréal, prédominant nettement dans le Nord-Ouest. Le troisième a sa plus grande visibilité dans la région métropolitaine et dans celle de Montréal, s'étendant aussi à quelques autres circonscriptions de la zone urbaine de Québec, ou qui reposent sur des villes moyennes.

Les trois axes : rétrospective et prospective

Les trois axes qui sous-tendent le choix collectif des circonscriptions, en 1970, se caractérisent en ce que le Parti Libéral y occupe une position modale dans tous les cas, chacun des trois autres partis y occupant tour à tour l'autre position modale. Il s'ensuit que ces trois partis occupent une position marginale dans deux axes sur trois, à la différence du Parti Libéral qui n'occupe jamais cette position.

Ces phénomènes sont évidemment reliés au fait que les libéraux ont remporté la victoire dans 72 circonscriptions, tandis que les unionistes n'ont gagné que dans 17 circonscriptions, les créditistes dans 12, et les péquistes dans 7. On notera toutefois que l'axe national U / Q / L / C, où le Parti Québécois occupe une position modale, rend compte du choix de 48 circonscriptions, contre 21 seulement qui sont expliquées par l'axe Q / L / C / U où le Ralliement Créditiste occupe une position modale. Là où l'axe national semble s'appliquer, le Parti Québécois, en plus de ses 7 victoires, vient au deuxième rang 38 fois et au troisième rang 3 fois. Le Ralliement Créditiste l'emporte 12 fois sur 21 là où l'axe Q / L / C / U semble s'appliquer, et vient au deuxième rang dans les 9 autres cas. L'explication de cette différence réside dans la plus grande force de la position modale du Parti Libéral en U / Q / L / C qu'en Q / L / C / U. Le tableau 4 montre que là où les trois axes s'appliquent, un des deux partis modaux domine l'autre, plus ou moins nettement.

Tableau 4
Nombre de victoires remportées par chacun des deux partis modaux dans les trois axes d'oppositions

Axe Q/L/U/C	victoires de L : 62	victoires de U : 17
Axe Q/L/C/U	victoires de L : 9	victoires de C : 12
Axe U/Q/L/C	victoires de L : 41	victoires de Q : 7

Le Parti Libéral domine nettement l'Union Nationale et le Parti Québécois respectivement, dans le premier et dans le dernier axe, mais il est dominé par le Ralliement Créditiste dans le deuxième axe. En poussant plus loin l'examen des résultats on voit que, là où les deux axes gouvernementaux s'appliquent, le parti marginal accolé au parti modal dominant arrive plus souvent avant l'autre, alors que le contraire se produit là où l'axe national s'applique.

Ces données nous semblent éclairer le problème qui se pose à chacun des partis provinciaux du Québec, à l'approche des prochaines élections provinciales. Remarquons d'abord que seulement deux d'entre eux ne se trouvaient pas opposés, ni dans un dualisme premier ni dans un dualisme second, en 1970 : le Parti Québécois et le Ralliement Créditiste. Encore actuellement leurs positions apparaissent trop différentes les unes des autres pour donner lieu à une opposition première ou seconde. À l'autre extrême, le Parti Libéral et le Parti Québécois sont opposés dans les trois axes : une fois dans un dualisme premier et deux fois dans un dualisme second.

Dans une vue prospective, il n'est pas dit que les axes, leur extension territoriale et la force respective des partis en chacun d'eux seront, au moment des prochaines élections provinciales, les mêmes qu'en 1970. Tous les partis, sauf peut-être le Parti Libéral, ont avantage à modifier la situation.

Le Parti Libéral a joui, en 1970, d'une situation très favorable, affrontant en dualisme premier chacun des trois autres partis et les dominant tous, sauf le Ralliement Créditiste qu'il affrontait toutefois dans un champ restreint de 21 circonscriptions. Il s'agit donc pour lui de maintenir cette situation en se renforçant aux dépens des créditistes dans l'axe Q/L/C/U ou encore en diminuant la portée territoriale de cet axe. Il lui faut aussi maintenir sa position forte dans les deux autres axes, ce qui suppose, en particulier, que les partis marginaux opposés au parti modal adverse gardent une certaine force. On peut penser en effet que si l'Union Nationale déclinait au profit du Parti Québécois dans l'axe U/Q/L/C, et le Ralliement Créditiste au profit de l'Union Nationale dans l'axe Q/L/U/C, les chances du Parti Libéral deviendraient moins bonnes.

Cette deuxième modification est moins probable que l'autre. Pour l'Union Nationale le problème consiste plutôt à faire en sorte que, malgré la réforme de la carte électorale et le peu d'intérêt que le parti suscite actuellement, l'axe Q/L/U/C se maintienne dans un nombre assez grand des nouvelles circonscriptions, évitant ainsi un glissement trop accentué vers les deux autres axes.

Le Ralliement Créditiste, au contraire, a tout avantage à ce glissement, s'il se fait vers Q/L/C/U où il se trouve en position de force. Par contre un glissement vers l'axe « national » U/Q/L/C ne lui apporterait rien de bon ; 45 fois sur 48 il est arrivé dernier, en 1970, là où cet axe semble avoir soustendu le choix des circonscriptions.

Le Parti Québécois, enfin, a tout à gagner d'un glissement de plus en plus accentué vers l'axe national. Il peut même espérer que les deux autres axes évolueront de telle façon qu'il en viendra à constituer un parti modal, en opposition première avec le Parti Libéral, les deux autres partis, ou ce qu'il en restera, ne constituant plus qu'un parti marginal en opposition seconde avec le Parti Libéral — ou encore deux partis marginaux, dont l'un sera en opposition seconde avec le Parti Libéral et l'autre en opposition tierce avec le premier[13]. Selon notre approche, c'est seulement quand ce réalignement sera achevé que le Parti Québécois pourra obtenir une majorité des sièges, à moins que l'axe national n'en vienne à occuper presque toute la place, et que le Parti Québécois n'y renforce sa position.

---

[13] Il ne serait toutefois pas de bonne guerre pour un parti marginal d'être repoussé dans une position de dualisme tierce avec un autre parti marginal. Mieux vaudrait pour lui, tout probablement, se déplacer tout à fait, pour entrer en dualisme second avec le parti modal qui ne connaîtrait pas de tel dualisme.

Conclusion

On a exploré dans cet article un nouveau genre d'explication des phénomènes sociaux, qui se fait en termes de *position* plutôt qu'en termes de *régularités*. On est parti d'un ensemble complet de faits, les rangs des partis dans les 108 circonscriptions du Québec, aux élections générales de 1970. Pas plus qu'on n'a découpé dans cet ensemble de faits, on n'a découpé dans d'autres univers des facteurs qui auraient agi comme des causes sur les phénomènes observés. Un seul présupposé a été fait : puisque les phénomènes n'apparaissent pas au hasard il doit y avoir un principe d'organisation — logique et non méta-logique — du même ordre que ces phénomènes. Ce principe nous l'avons cherché dans des axes où les partis sont disposés les uns par rapport aux autres, comme dans le choix collectif des circonscriptions, à cette différence près que les axes sont fondés sur des oppositions qui s'appliquent à un certain nombre d'ordres particuliers et les expliquent du même coup.

En plus d'être fidèle au précepte de Durkheim voulant qu'on explique un phénomène par un phénomène du même ordre — et non par des causes «méta-logiques» qui renvoient à d'autres ordres — cette méthode nous semble correspondre davantage que l'autre à ce qui est vécu et conçu par les agents sociaux eux-mêmes, qui sont les «physiciens» du monde où ils se trouvent pris, plutôt que des «métaphysiciens» qui vivraient ou concevraient un monde par d'autres mondes extérieurs au premier. Les explications en termes de positions refusent d'expliquer les faits par des causes qui se trouveraient *avant* eux et qui les produiraient à titre d'effets, elles cherchent plus modestement à montrer comment ces faits s'organisent *entre* eux, en métaphore les uns des autres.

Conclusion

La réforme électorale :
l'équivalence contre
la prévalence *

Les études qui ont été rassemblées dans cet ouvrage ne préparent pas spécialement à discuter de la réforme électorale. Mais leur préoccupation commune, qui a été dégagée dans l'introduction, conduit à s'interroger sur les règles électorales. Les élections générales doivent être l'occasion de remettre en

---

* On trouvera dans cette conclusion des idées qui ont été exposées dans plusieurs articles, et en particulier dans « Les effets imprévus de la carte et de la loi électorales nouvelles », *Socialisme 66*, octobre-décembre 1966, pp. 107–118.

question les prévalences habituelles dans une société, et tout particulièrement celles du gouvernement sur la communauté. On peut se demander si les règles du jeu électoral permettent vraiment cette remise en question.

Afin de répondre à cette question et de proposer s'il le faut des voies de réforme, il est utile de distinguer deux types de mécanismes qui sont mis en œuvre dans nos sociétés pour parvenir à la coordination sociétale, ceux de la *cité* et ceux de l'*élection*.

Dans la cité, les forces politiques (gouvernements, administrations, partis, groupes d'intérêt, publics) s'affrontent, exercent du pouvoir les unes sur les autres. Il en résulte des décisions qui, on le sait bien, ne sont pas toujours appuyées par une majorité d'électeurs. Ces décisions sont généralement plus précises et plus limitées que celles qui résultent d'une élection et elles mettent le plus souvent en jeu un nombre assez restreint d'unités politiques. Le nombre n'y donne pas toujours le pouvoir, si bien que les coalitions gagnantes ne recouvrent à peu près jamais de larges secteurs de la société politique, même si la diversité des « élites » parmi les victorieux, ainsi que la non-dominance des unes sur les autres, sont parfois plus grandes que ne le laisse croire une mythologie facile.

Tout se passe alors comme si les mécanismes de l'élection avaient pour fonction non pas tellement de rétablir l'équilibre en faveur de ceux qui exercent peu de pouvoir dans la cité, mais d'égaliser radicalement les chances en donnant une voix à chaque électeur et la possibilité à chacun des partis de former le gouvernement, ou encore d'y participer, c'est-à-dire d'occuper le poste d'autorité qui demeure prédominant dans nos sociétés politiques. Bien sûr ces mécanismes fonctionnent imparfaitement, le premier surtout. C'est la rançon, dit-on souvent, d'une plus grande efficacité de nos systèmes politiques. Bien que ce soit généralement là une opinion un peu courte, il est sûr que l'analyse reste encore à faire des contradictions entre démocratie et efficacité. Mais ce n'est pas ce qui doit nous arrêter ici. Il s'agit plutôt de se demander comment les mécanismes de l'élection pourraient être rectifiés pour que dans leur complémentarité ou mieux dans leur alternance avec les mécanismes de la cité, ils permettent d'arriver à la plus grande équivalence possible dans la société politique.

Les mécanismes de l'élection sont nécessaires pour donner non seulement une voix et un poids égal à chacun, un jour sur mille, mais aussi pour soumettre constamment les forces politiques, et d'abord les partis, à la possibilité du «verdict populaire», et donc à la confrontation de ce que Paul Mus appelait le «quotient politique vrai», c'est-à-dire le simple individu équivalent à tout autre, quels que soient ses intérêts et sa puissance[1].

Cette alternance d'une logique de la prévalence et d'une logique de l'équivalence, qu'on retrouve sous d'autres formes dans des sociétés différentes des nôtres, commande qu'au moment de l'élection les chances soient d'autant plus égales entre les forces en présence qu'elles ne le sont pas selon les mécanismes de la cité. Toute intrusion inutile de la logique de la prévalence, propre à la cité, et au «marché» sur laquelle elle repose bien souvent, doit être combattue et refoulée au moment des élections.

Si les règles électorales pouvaient être isolées tout à fait du fonctionnement habituel des sociétés politiques, en dehors du temps des élections, la direction constante de la réforme électorale serait facile à définir : elle devrait tendre à une équivalence de plus en plus grande entre les partis et les électeurs. Mais on sait bien que cet isolement ne peut être réalisé tout à fait, même si on peut le rendre plus grand qu'on ne le pense généralement. Une carte électorale subsiste aux élections et fournit un cadre aux relations entre les électeurs et les élus. Un mode de soutien ne fait pas que de transformer des votes en sièges, il impose des contraintes à l'organisation du gouvernement et à celle des partis. Ces mécanismes peuvent ne pas obéir uniquement à une loi stricte de l'équivalence, qui est celle de l'élection isolée de son contexte sociétal. En plus d'obéir d'abord à la logique de l'*élection*, ils peuvent obéir aussi à la logique de la *cité*, qui, selon les situations, appelle une équivalence parallèle à celle de la logique de l'élection, ou une

---

[1] Paul Mus, «Le métier de Cassandre», *Les Cahiers de la République*, n° 1, 1956, pp. 8-17.

prévalence gouvernementale nécessaire pour réaliser la plus grande équivalence possible dans la société.

C'est à partir de ces quelques idées que seront discutés ici les problèmes de la réforme électorale. Comme dans toutes les études qui précèdent, le Québec constituera notre champ de réflexion, mais sans que soit fermée pour autant la dimension comparative. De façon précise trois principes guideront la discussion qui va suivre :

1) la logique de l'élection, quand elle est isolée de celle de la cité, doit en être une d'équivalence radicale entre les électeurs et les partis ;

2) autant que possible les mécanismes de l'élection doivent être isolés de ceux de la cité ;

3) quand cet isolement n'est pas possible, la logique de l'élection doit être tempérée par la logique de la cité, de façon à donner le plus de chances possible à l'équivalence dans la société.

Quant aux règles électorales elles seront divisées en trois grandes catégories : celles qui ont trait aux participants : électeurs, partis et officiers d'élection, ainsi qu'aux relations entre eux ; celles qui ont trait à la carte électorale ; et celles qui ont trait au mode de soutien.

Les participants et les relations entre eux

Si l'on commence par les électeurs, ce n'est plus tellement l'universalité du droit de vote qui fait problème au Québec, mais plutôt l'inscription sur les listes électorales et donc l'exercice du droit de vote.

Les énumérateurs sont encore choisis par le parti gouverne-mental et le parti de l'opposition officielle, d'où une contagion injustifiée et d'ailleurs aucunement nécessaire de la logique de l'élection par la logique de la cité. On pourrait noter de nombreuses entorses à l'universalité du droit de vote dues à cette énumération partisane et souvent peu compétente — que ces entorses aient consisté à éliminer des citoyens aptes à voter, selon la loi, ou à inscrire au contraire des gens qui n'ont pas droit de vote. Nous ne rapporterons qu'un cas qui, par son ridicule, montre bien les défauts du système actuel. On nous a affirmé de source absolument sûre qu'un ancien ministre de l'Union Nationale n'avait pas été inscrit sur les listes, au moment de l'énumération de 1970, parce qu'un énumérateur nommé par ce parti croyait que les députés n'avaient pas droit de vote !

Rien ne justifie que l'énumération soit faite par des partisans, ou plus généralement par des personnes nommées par des partisans. Il s'agit là d'une intrusion arbitraire dans le processus électoral de la logique de la cité. Selon les deux premiers principes que nous avons posés, cette intrusion n'a pas sa raison d'être. Comme cela se pratique ailleurs l'énumération pourrait être faite par des fonctionnaires municipaux, ou mieux, on devrait établir administrativement une liste électorale permanente, qui pourrait servir non seulement aux élections provinciales et fédérales, mais aussi aux élections municipales et scolaires.

S'il est inadmissible que les partis désignent les énumérateurs, il l'est encore plus que le parti gouvernemental désigne les présidents d'élection, dont les fonctions sont plus importantes que celles des énumérateurs. Ce choix devrait être laissé au président général des élections, ou encore il devrait se faire avec l'accord de tous les partis reconnus (nous définissons un peu plus loin ce que nous entendons par «parti reconnu»). Il est inconcevable, selon nos principes, que le parti dominant selon la logique de la cité prolonge cette domination dans la logique de l'élection, en imposant au palier des circonscriptions une espèce d'arbitre dont la neutralité est plus que douteuse.

De même tous les partis reconnus, et non seulement les deux principaux, celui du gouvernement et celui de l'opposition officielle, devraient avoir droit à des représentants officiels dans chacun des bureaux de scrutin, à condition, bien sûr, que le parti présente un candidat dans la circonscription où se trouve situé le bureau de scrutin. Au moment de l'élection, il n'y a plus de parti ministériel et de parti de l'opposition officielle, il n'y a que des partis reconnus qui ne seront départagés qu'au soir du scrutin, selon les votes et les sièges qu'ils auront obtenus.

Il faut, dès lors, proposer une définition du «parti reconnu». Selon nous, ce devrait être tout parti qui a des chances, si minimes soient-elles, de former seul le gouvernement de la société politique. Faute de critère sûr, celui que nous proposons a au moins le mérite d'être moins arbitraire que les autres, étant donné que les élections générales servent finalement à former un gouvernement. En pratique serait donc «parti reconnu» tout parti qui a des candidats à la moitié des sièges plus un.

Entre les partis reconnus la loi électorale doit assurer une équivalence stricte, là où ils présentent des candidats ainsi que dans l'ensemble de la société.

On peut distinguer d'une société politique à l'autre trois méthodes employées pour assurer cette équivalence.

On peut d'abord contrôler les contributions financières qui sont faites à la caisse électorale des partis. On peut ensuite contrôler l'utilisation électorale par les partis de ces ressources financières. On peut enfin contrôler les activités électorales des partis, et en particulier leur utilisation des moyens de communication. En France on pratique surtout cette dernière méthode, tandis qu'on a appliqué sans trop de succès, aux États-Unis, la première méthode. En Grande-Bretagne c'est la deuxième méthode qui est suivie, de même que dans les démocraties scandinaves, où la limitation des dépenses électorales résulte non pas d'une loi mais d'un accord entre les partis[2].

C'est également cette méthode du contrôle des dépenses électorales qui a prévalu au Québec, quand on a refait la loi électorale en 1964, puis au début de 1966. De plus il y a remboursement d'une partie des dépenses électorales, ce qui s'inspire de la première méthode (on espère ainsi diminuer l'importance des contributions à la caisse électorale).

La loi électorale du Québec a eu d'heureux effets, mais elle demeure imparfaite en plus d'un point si on l'évalue d'après les principes que nous avons établis au départ.

D'abord on peut facilement échapper aux limites et aux contrôles prévus par la loi. Sans parler des dépenses gouvernementales (travaux de voirie, travaux mécanisés, etc.) que le parti au pouvoir peut toujours utiliser à ses fins, les partis

---

[2] Sur ces différentes méthodes, on pourra lire avec profit les études qui font suite au *Rapport du Comité des dépenses électorales* (ou Comité Barbeau), Ottawa, Imprimeur de la Reine, 1966.

peuvent s'entendre avec des travailleurs d'élection pour les rémunérer après la campagne, à un moment où les contrôles ne s'exercent plus sur les dépenses des partis.

Ensuite, même si on a pu constater que la limitation des dépenses électorales avait forcément éliminé nombre d'abus des partis dans leur utilisation des moyens de communication (affichage, journaux, radio et télévision), des injustices demeurent, du côté des postes privés de radio et de télévision. Ainsi, le parti gouvernemental, qui sait avant les autres quelle sera la date de l'élection, peut se réserver les meilleures périodes ; de même certains propriétaires de postes privés peuvent favoriser le parti qu'ils soutiennent dans l'attribution des périodes.

Enfin, la loi électorale actuelle est bien sévère pour les tiers partis. Il faut à leurs candidats, pour avoir droit au remboursement partiel des dépenses électorales, obtenir au moins 20 p. cent des votes validement donnés, ou s'être classés aux deux premiers rangs dans la circonscription, à l'élection précédente. Cette clause de la loi est tout à fait inéquitable : mieux vaudrait ne rembourser qu'une plus petite partie des dépenses électorales (on pourrait aussi, avec une liste électorale permanente, limiter la période électorale à un mois), mais les rembourser à tous les candidats, à condition qu'ils soient d'un parti reconnu. Autrement, les partis qui dominent dans la cité font en sorte de perpétuer leur prévalence quand on passe aux mécanismes de l'élection, ce qui est inacceptable selon les principes qui doivent inspirer, selon nous, les règles du jeu électoral.

La méthode du contrôle des activités nous semble préférable à celle du contrôle des dépenses électorales. De façon générale, les activités sont plus facilement identifiables que les dépenses. L'utilisation de la radio et de la télévision est une activité qui coûte cher et une bonne façon d'en réduire le coût, tout en égalisant les chances entre les partis reconnus, serait d'adopter une législation un peu semblable à celle qu'avait recommandée le Comité Barbeau [3] et qui a été suggérée à nouveau par le Comité spécial de la Chambre des communes sur les dépenses électorales [4]. Le temps mis à la disposition des

---

[3] *Rapport du Comité des dépenses électorales.*

[4] LE COMITÉ SPÉCIAL SUR LES DÉPENSES ÉLECTORALES, *Deuxième rapport,* Chambre des communes, fascicule n° 13, juin 1971 (troisième session de la vingt-huitième Législature).

partis reconnus par les postes privés de radio et de télévision serait limité, et l'État rembourserait ces postes de la moitié du coût. Les postes privés de radio et de télévision pourraient accorder, en plus, du temps d'antenne gratuit aux partis reconnus, à condition qu'une quantité égale de temps soit accordée à tous. Si le temps pour lequel ces postes pourraient être remboursés de la moitié du coût était assez limité, on pourrait faire pression sur eux pour qu'ils accordent suffisamment de temps d'antenne gratuit. On pourrait ainsi évoluer graduellement vers une situation, normale selon nous, où ces postes privés exploitant un service public seraient amenés à ne fournir que du temps d'antenne gratuit aux partis reconnus.

Toujours dans une perspective de contrôle des activités, plutôt que des dépenses, on pourrait limiter également l'espace à utiliser dans les journaux ainsi que l'affichage et le nombre de lettres et de feuillets publicitaires pouvant être envoyés aux électeurs.

Cette utilisation limitée des media et des autres sources de propagande, si elle était doublée d'une durée plus courte de la campagne électorale, permettrait de restreindre les dépenses électorales, et donc leur remboursement par l'État. On pourrait utiliser les économies ainsi réalisées pour subventionner, entre les campagnes électorales, les frais d'organisation des partis reconnus, selon un partage entre eux qui correspondrait au partage des votes, aux dernières élections générales[5]. Ces subventions suivraient ainsi la logique de la cité, issue elle-même de celle de l'élection, où les partis ne sont plus équivalents, mais départagés entre eux selon l'appui que leur ont donné les électeurs.

Enfin, même si la méthode du contrôle des sources de financement est moins efficace, parce que plus facile à contourner que les deux autres, il importe d'amener les partis reconnus et leurs candidats à informer le public de la provenance de leurs fonds. Évidemment la limitation des dépenses, et encore plus celle des activités, a pour effet de rendre plus ou moins inutiles les caisses électorales, mais tant qu'on ne fera pas un peu de lumière sur la provenance des fonds qui s'y trouvent, on court le risque que, dans l'esprit des citoyens tout au moins,

---

[5] Cette méthode est utilisée en Allemagne de l'Ouest, notamment.

les partis apparaissent prisonniers de leurs souscripteurs. Les partis devraient se rendre compte que ces croyances, fondées ou non, finissent par les desservir davantage que ne les sert le caractère secret des caisses électorales. La contestation grandissante contre les «vieux partis» vise surtout ce caractère secret, qui laisse croire que des intérêts économiques dominent les partis «derrière un léger voile d'hommes politiques». Les dénégations des hommes de partis ne réussiront pas à convaincre les contestataires, tant qu'on n'aura pas fait un peu de lumière sur les caisses électorales.

Le Comité Barbeau et le Comité spécial de la Chambre des communes ont recommandé à ce propos des mesures valables, qu'on aurait intérêt à adopter au Québec. Les deux comités, après avoir signalé les nombreux inconvénients qu'il y aurait à dévoiler le nom de chaque souscripteur à la caisse des partis, proposent plutôt que les partis déposent chaque année un rapport détaillé des revenus qu'ils ont tirés des catégories suivantes : les particuliers, les sociétés privées, les sociétés publiques, les syndicats ouvriers et les associations. De plus le rapport devrait indiquer le nombre total de souscripteurs de chaque catégorie, et le montant total d'argent de quelque provenance que ce soit.

Quant aux candidats, le Comité Barbeau recommandait qu'ils soient tenus de faire connaître, dans les trente jours qui suivent celui de l'élection, un rapport qui indique les noms et prénoms ainsi que l'adresse de chaque contribuant, de même que le montant de la contribution. Au palier de la circonscription, les inconvénients de la divulgation totale sont moins grands : les souscripteurs sont souvent connus de toute façon, et ils sont moins sujets qu'au palier national, à être harcelés par d'autres partis.

Si on ajoutait à ces mesures le dégrèvement d'impôt sur le revenu des particuliers pour les contributions faites aux candidats, on pourrait non seulement augmenter le nombre et la quantité totale des contributions, mais aussi amener les électeurs à une attitude plus positive vis-à-vis le financement des partis politiques et de leurs candidats.

La carte électorale

La réforme de la carte électorale a reçu un début de solution lorsque l'Assemblée nationale a approuvé la formation d'une commission permanente de la réforme des districts électoraux, en lui imposant de découper une carte où les écarts de la population électorale des circonscriptions, par rapport à la circonscription moyenne de 32,000 électeurs, ne doivent pas dépasser 25 p. cent en plus ou en moins. Autrement dit, il ne doit plus y avoir, sauf dans des cas exceptionnels, de circonscriptions de moins de 24,000 électeurs, ou de plus de 40,000 électeurs.

Toutefois, la prudence de la commission dans son premier projet, où plusieurs circonscriptions avaient tout près de 24,000 ou de 40,000 électeurs[6], ainsi que les réactions négatives de nombreux députés vis-à-vis ce projet indiquent que l'idée d'une équivalence la plus grande possible des électeurs dans la carte électorale rencontre encore de fortes résistances. Trop de députés ont tendance à croire que la carte électorale doit servir principalement aux mécanismes de la cité, alors qu'elle doit être faite pour servir d'abord aux mécanismes de l'élection.

Il reste que les députés, une fois élus, ont à représenter les électeurs de leur circonscription, et qu'au moment même de l'élection les candidats ont à prendre contact avec des électeurs non pas abstraits, mais pris dans un territoire plus ou moins homogène ou intégré, avec des moyens de communication plus ou moins bons. C'est pourquoi on doit tolérer des écarts par rapport à la circonscription moyenne, de façon à ce que, sans que soit trop menacée l'équivalence des électeurs d'une circonscription à l'autre, on puisse du même coup ne pas trop menacer une certaine équivalence des candidats puis des députés dans les efforts à déployer par eux pour rejoindre leurs électeurs. De plus, le travail du député, dans les mécanismes de la cité, sera d'autant plus cohérent qu'il représentera des

---

6 Ces nombres, ne l'oublions pas, ont été établis d'après les chiffres des élections générales de 1970. Il se peut fort bien qu'aux prochaines élections générales plusieurs circonscriptions dépassent les limites de 24,000 et de 40,000 électeurs, d'autant plus que les circonscriptions les moins populeuses ont été découpées, généralement, dans les zones où la population progresse le moins ou décroît, alors que les circonscriptions les plus populeuses ont été découpées dans des zones où la population progresse davantage.

milieux suffisamment homogènes entre eux, ou encore suffisamment intégrés autour d'un ou de quelques pôles dans la circonscription. Le découpage de la carte électorale doit permettre ces concessions à la logique de la cité, à condition justement qu'elles ne soient jamais que des concessions. La contrainte démographique d'un écart limité doit demeurer la norme qui l'emporte sur toutes les autres, car une carte électorale obéit à la logique de l'élection avant d'obéir aux mécanismes de la cité.

Il est inadmissible, par exemple, qu'on veuille découper la carte selon le principe qu'elle doit surreprésenter les milieux défavorisés dans les mécanismes de la cité. Outre que l'application de ce principe soit fort risquée, il faut rappeler que, dans notre perspective, une élection n'est pas faite pour opposer des prévalences à d'autres, habituelles dans la cité. Elle est faite pour ramener toute puissance à son «quotient politique vrai», c'est-à-dire pour donner une voix égale à chacun.

Il est tout aussi inacceptable qu'on justifie l'immobilisme dans le redécoupage de la carte électorale pour une soi-disant nécessité de ne pas modifier des frontières qui en viennent à prendre une signification administrative. Le député ne doit pas se substituer aux administrations mais constituer un recours contre elles, et il n'est pas besoin pour cela que le découpage des circonscriptions soit fixé une fois pour toutes. Toutefois, il serait désirable, le jour où le Québec aura de véritables régions administratives, observées par tous les ministères, que les circonscriptions électorales ne chevauchent pas deux régions. On pourrait instituer alors une conférence régionale des députés dans chacune des régions administratives.

Le mode de scrutin

Le mode de scrutin n'a pas que des conséquences électorales, ou conséquences primaires : il détermine aussi dans une certaine mesure l'organisation gouvernementale, l'organisation des partis et la représentation des gouvernés par les gouvernants. Par rapport au scrutin majoritaire à un tour ou à deux tours, la représentation proportionnelle a plus de chances de produire des gouvernements de coalition, une direction

forte à l'intérieur des partis, et une représentation plus secto-
rielle que territoriale des gouvernés par les gouvernants. On
peut ajouter que son mécanisme a moins de chances d'être
compris par les électeurs[7].

Si l'on tient pour négligeables ces conséquences secondaires
de la représentation proportionnelle, ou encore si l'on estime
qu'elles vont dans le sens d'une plus grande équivalence dans
l'ensemble de la société, le choix de ce mode de scrutin semble
s'imposer, car dans la stricte logique de l'élection, c'est-à-dire
de l'équivalence, il apparaît supérieur au scrutin majoritaire à
un tour ou à deux tours. Ceux-ci sous-représentent généralement le parti le plus faible dans une lutte à deux, et lorsque plus
de deux partis importants s'affrontent au niveau des circonscriptions les scrutins majoritaires peuvent donner des résultats
aberrants. Ainsi aux élections provinciales de 1970, au Québec,
le Ralliement Créditiste, avec 11 p. cent des votes exprimés, a
obtenu 12 sièges ; le Parti Québécois, avec 24 p. cent des votes
exprimés, n'en a obtenu que 7. Des calculs ont montré que
même dans la nouvelle carte, proposée par la Commission
permanente de réforme des districts électoraux, cette injustice
n'aurait été que très partiellement corrigée. Le Ralliement
Créditiste a profité non seulement de sa forte concentration
régionale, mais aussi du fait que cette concentration, contrairement à celle du Parti Québécois, existait là où trois et parfois
même quatre partis importants s'affrontaient[8].

Avant de revenir sur les conséquences primaires du mode de
scrutin, on peut se poser la question suivante : qu'en est-il, au
Québec, des conséquences secondaires ainsi que de leur
convenance au système des partis, et dans quelle mesure doit-
on en tenir compte, à côté des effets primaires, dans le choix
d'un mode de scrutin ?

L'étude de Rae sur les systèmes électoraux et les systèmes de
partis a bien montré les conséquences différentes des formules
majoritaires et des formules proportionnelles sur la formation

---

[7] Sur ces aspects et plus généralement sur les critères qu'on peut utiliser pour
évaluer un mode de scrutin, voir W. J. M. MacKenzie, *Free Elections*, George
Allen and Unwin, Londres, 1958.

[8] Pour plus de détails, voir une autre étude dans cet ouvrage : « Les élections
provinciales au Québec de 1936 à 1970 ».

des gouvernements. Alors que les premières formules produisent dans l'échantillon de Rae des gouvernements tenus par un parti, en moyenne (1.15 plus exactement), les secondes produisent des gouvernements tenus par deux partis, en moyenne (1.96 plus exactement) [9].

Dans certaines sociétés (l'Italie, la France de la IVe République), les gouvernements de coalition issus de la proportionnelle sont instables, mais dans d'autres (pays scandinaves, Suisse, Autriche, Pays-Bas), ils sont plutôt stables et certains d'entre eux (en Suède, par exemple) ont travaillé avec succès à une plus grande équivalence dans la communauté. Le trait décisif à cet égard ne réside peut-être pas tellement dans le nombre de partis qui forment le gouvernement que dans les modes de résolution des conflits. Plusieurs auteurs ont noté comment les forces politiques suédoises finissaient toujours par se plier au compromis, alors qu'en France ou en Italie tout compromis apparaît comme une faiblesse de la part de partis, qui sont d'opinion plutôt que de jugement [10]. On peut s'interroger sur notre habileté, au Québec, à parvenir à des compromis. Ce trait de civilisation semble relié à la culture religieuse, catholique ou protestante, la première inclinant peu au compromis, contrairement à la seconde.

La mécanique même du scrutin proportionnel implique également que les équipes dirigeantes des partis aient tendance à dominer le choix des candidats, ou plus précisément l'ordre selon lequel ils apparaîtront sur la liste du parti. Étant donné que cet ordre départage finalement ceux qui sont élus et ceux qui ne le sont pas, ce pouvoir des dirigeants des partis a d'importantes conséquences. Alain s'opposait à la proportionnelle surtout à cause de cela :

> Quand ils ont dit que la Proportionnelle est juste, ils croient avoir tout dit. Et je vois bien une espèce de justice au premier moment, c'est-à-dire quand on nomme les députés ; mais encore faudrait-il y regarder de près. Si l'électeur est moins libre et moins éclairé dans son choix, est-ce juste ? Si les comités départementaux ont tout pouvoir pour imposer tel candidat, et surtout pour éliminer un autre, est-ce juste ? [...] Si un ferme et libre esprit

---

[9] Douglas RAE, *The Political Consequences of Electoral Laws*, New Haven, Yale University Press, 1967, p. 99.

[10] On trouve cette distinction dans l'article de Paul Mus, « Le métier de Cassandre », *loc. cit.*, p. 15.

ne peut être élu qu'en traitant avec un parti, est-ce juste ? Si les partis ainsi organisés ont presque tout pouvoir pour échapper à la pression des électeurs, et tromper leurs espérances, est-ce juste ? Si l'élite déjà si puissante, se trouve fortifiée encore par ce nouveau système électoral, est-ce juste ? Et enfin si l'écrasement des minorités est injuste dans la circonscription, par quel miracle devient-il juste au parlement ? Car il faut bien que l'on décide enfin, et que la majorité l'emporte. En somme quand vous dites que la Proportionnelle c'est la justice, j'ouvre bien les yeux, car j'aime la justice, mais je ne perçois rien de ce que vous annoncez[11].

Il n'est pas impossible de restreindre l'emprise des équipes dirigeantes sur les candidats à être élus à la proportionnelle. On peut penser, par exemple, à un système d'élections primaires où tous les membres d'un parti, ou même l'ensemble de ses électeurs, seraient appelés à départager les aspirants-candidats. Ceux qui obtiendraient le plus de votes seraient retenus, dans l'ordre, afin de constituer la liste du parti. Même avec ce système, s'il était applicable au Québec, la possibilité de manœuvre des dirigeants du parti resterait sans doute grande. Tout compte fait, la représentation proportionnelle semble bien aller dans le sens d'un renforcement des équipes dirigeantes des partis, aux dépens des simples parlementaires, ou plus généralement des simples membres. On ne sait pas trop bien si ce renforcement est désirable ou non : la plupart des critiques de nos partis se plaignent à la fois de leur caractère trop pragmatique et de la domination que subissent les «back benchers» au palier parlementaire, et les simples membres dans le parti considéré comme un tout. Ils ne s'aperçoivent pas qu'une plus grande démocratisation accroîtrait tout probablement le caractère pragmatique des partis ; ou, inversement, que le caractère plus idéologique des partis accroîtrait tout probablement leur caractère oligarchique.

Il n'y a pas de bonnes études, à notre connaissance, des différences entre le scrutin majoritaire et le scrutin proportionnel, quant à la représentation des gouvernés par les gouvernants. Toutefois Mackenzie note qu'avec la proportionnelle un député ne représente pas une circonscription dans son entier, mais plutôt des personnes qui ont le même « esprit » partisan[12]. Plusieurs députés, le plus souvent de partis différents, représentent une circonscription, forcément plus populeuse que ne

---

[11] ALAIN, *Politique*, Paris, Presses universitaires de France, 1951, pp. 41-42.

[12] W. J. M. MacKENZIE, *Free Elections*, *op. cit.*, p. 83.

le seraient les circonscriptions du scrutin majoritaire. La réélection du député dépend de la décision de son parti, elle dépend aussi d'une fraction du corps électoral, plus minoritaire que celle dont a généralement besoin le député en scrutin majoritaire à un tour ou à deux tours.

Enfin, même les partisans les plus farouches de la représentation proportionnelle doivent reconnaître que les formules d'attribution des sièges sont beaucoup plus compliquées que celles du scrutin majoritaire. Il ne faut cependant pas grossir cette difficulté. Il se peut qu'une éducation populaire bien faite permette, après quelques expériences, de faire comprendre la formule, quelle qu'elle soit, à la très grande majorité des électeurs.

On voit donc que le jugement à porter sur les effets secondaires des modes de scrutin est loin d'être simple. De plus, il ne peut être qu'artificiel dans une société qui n'a fait l'expérience que du scrutin majoritaire. De toute façon, il ne s'agit là que d'effets secondaires qui sont mesurés dans les mécanismes de la cité. Ils ne s'imposeraient que pour départager les deux grands modes de scrutin, s'ils avaient un égal mérite dans les mécanismes de l'élection.

Dans ces mécanismes la représentation proportionnelle semble toujours plus juste, ou tout au moins aussi juste que le scrutin majoritaire, en ce qu'elle accorde à un parti, dans une circonscription, un pourcentage de sièges à peu près proportionnel à son pourcentage de votes. Ce n'est pas l'équivalence des électeurs qui est en cause : dans le scrutin majoritaire comme dans le scrutin proportionnel chacun des électeurs peut avoir le même poids. C'est plutôt le vote qu'ils ont donné, qui sera fait équivalent ou prévalent, selon le principe qui guide la transformation du choix des individus en choix de la collectivité. Or, de ce point de vue il y a non pas deux, mais au moins quatre solutions possibles, selon qu'on considère ces deux choix comme simple ou plural. Le scrutin *majoritaire* part d'un choix simple de l'électeur et transforme ces choix en un choix simple, également, de la collectivité. À l'inverse le *vote unique transférable* (selon la méthode de Hare) demande aux électeurs de faire un choix plural, c'est-à-dire d'établir un ordre de préférence entre les partis, et il aboutit à un choix plural, également, de la circonscription, qui élit plusieurs députés. Le *scrutin préférentiel* et la *proportionnelle ordinaire* représentent deux méthodes mixtes : la première est plurale au palier des individus et simple au niveau de la circonscription, tandis que la seconde est simple au niveau des individus, et plurale au niveau des circonscriptions.

Dans cette perspective le caractère plus ou moins équitable des modes de scrutin se relativise. La représentation proportionnelle et le vote unique transférable apparaissent plus équitables si l'on a d'abord posé que le choix d'une circonscription doit être plural. Le vote d'un électeur sera alors équivalent à celui d'un autre, s'il sert à élire à peu près la même «portion» de députés. Mais si l'on a établi au départ que le choix de la circonscription, comme celui de l'électeur, doit être simple, l'ensemble des votes équivalents se charge en quelque sorte de départager ceux qui prévaudront et ceux qui ne prévaudront pas dans ce choix simple. De même que, dans un individu, les raisons qui ont porté à choisir tel candidat ont finalement prévalu sur celles qui portaient vers un autre, dans la collectivité les votes majoritaires finissent par compter pour tout et les votes minoritaires pour rien. Autrement dit c'est l'ensemble des votes des électeurs équivalents qui détermine quels votes prévalent et quels votes ne prévalent pas, alors que si la décision collective doit être plurale, l'ensemble des votes ne change rien au poids de chacun d'eux, qui demeure à peu près équivalent à tout autre. Dans ce dernier cas, le choix de l'ensemble n'ajoute rien au choix de l'individu, alors que dans le premier il départage, comme le voulait Rousseau, ceux qui ont vu juste et ceux qui se sont trompés.

Si on traite le problème de cette façon, on ne peut plus dire que la représentation proportionnelle est plus juste que le scrutin majoritaire. On ne peut le dire qu'à partir d'un postulat individualiste, ou atomiste, selon lequel le choix de l'ensemble ne qualifie en rien le choix des parties. Si l'on part au contraire d'un postulat collectiviste, ou holistique, selon lequel le choix de l'ensemble vient qualifier le choix des parties, le scrutin majoritaire apparaît plus juste que l'autre, parce qu'il se prononce sur la justesse de certains votes et la non-justesse des autres.

Si on accepte cette vue relativiste de la «justice» des modes de scrutin, on ne peut plus se prononcer normativement sur ces modes de scrutin, considérés en eux-mêmes, mais on doit le faire par rapport à leurs conséquences secondaires, et surtout par rapport aux situations concrètes où ils s'appliquent.

Dans une situation de bipartisme les mérites du scrutin majoritaire sont nombreux. Par le jeu de sa logique collective, dans la détermination du choix des circonscriptions, il assure bien une surreprésentation du parti le plus fort, mais, toutes choses étant égales, cette surreprésentation est d'autant plus faible que l'ensemble du corps électoral est partagé à peu près également entre les deux partis. De plus, il faut bien voir que cette surreprésentation est parfois un cadeau empoisonné : le parti ministériel se voyant plus fort au parlement qu'il ne l'est dans le corps électoral, peut fort bien abuser de cette force et retourner contre lui une fraction du corps électoral, suffisante à assurer la victoire de l'opposition aux élections suivantes. Plus généralement, le mode de scrutin majoritaire, là où le bipartisme est très compétitif, surreprésente les deux partis tour à tour, comme on l'a souvent noté. Il a aussi le mérite d'être très sensible à un petit déplacement dans le temps du corps électoral, contrairement à la représentation proportionnelle qui, selon sa logique individualiste, redistribue les sièges d'une élection à l'autre de façon assez conforme à la redistribution des votes.

Mais dans une situation de multipartisme où les tiers partis sont plus que des particules, le scrutin majoritaire semble se détraquer[13]. Les célèbres paradoxes de Condorcet montrent que lorsqu'un corps électoral doit choisir entre plus de deux options, selon un choix simple, le choix également simple de la collectivité peut fort bien ne pas correspondre au choix plural des individus. Il peut même arriver — ce qui condamne tout mode de scrutin — que le choix plural de la collectivité, parce qu'incohérent, ne corresponde au choix plural d'aucun indivi-du[14]. En multipartisme, un mode de scrutin qui fabrique un choix plural des circonscriptions offre de meilleures garanties qu'un mode de scrutin qui fabrique un choix simple. C'est que le multipartisme exprime le fait qu'une part importante de la

---

[13] Voir une autre étude de cet ouvrage, « Les élections provinciales au Québec de 1936 à 1970 ».

[14] Les paradoxes de Condorcet sont discutés dans un autre article, « La composition des préférences partisanes ».

collectivité politique refuse de se laisser conduire à un choix simple. Le pluralisme dans la collectivité exige alors un mode de scrutin qui permette un choix électoral qui soit lui-même plural.

C'est pourquoi nous croyons personnellement que si les prochaines élections provinciales au Québec devaient confirmer, par la distribution des votes, le pluralisme partisan, il faudrait sans plus tarder modifier le mode de scrutin. Nous avons proposé pour cela, conjointement avec Jean Crète, une représentation proportionnelle dite modérée, dont on trouvera une présentation en appendice. Ce mode de scrutin, tout en permettant le pluralisme des choix collectifs, pourrait produire des effets secondaires qui ne soient pas trop négatifs, compte tenu de l'état actuel de la société politique québécoise : prime donnée au parti le plus fort, qui restreindrait la probabilité d'un gouvernement de coalition ; taille non excessive des circonscriptions, afin qu'elles correspondent à des réalités régionales ; formule relativement simple de distribution des sièges.

En somme, si on assure d'abord par la carte et les autres règles électorales l'équivalence des électeurs et des partis reconnus, c'est la conformité de leur jeu avec le mode de scrutin qui doit finalement déterminer le maintien ou le remplacement de celui-ci. Alors que le bipartisme semble convenir à un mode de scrutin où l'ensemble des électeurs équivalents voient leur vote prévaloir ou non selon ce que décide l'ensemble des votes, le multipartisme semble convenir davantage à un mode de scrutin où l'ensemble des votes, parce que trop divisé, ne doit rien ajouter à chacun d'entre eux.

Appendice

Les avantages d'une
représentation proportionnelle
modérée *
(1971)

On a souvent une conception simpliste de la représentation proportionnelle, en imaginant qu'elle donne nécessairement aux partis une proportion de sièges rigoureusement égale à la proportion de votes qu'ils obtiennent. En fait, pour que cette égalité stricte se réalise, il faut que soient remplies plusieurs conditions : existence d'une seule circonscription comprenant

---

* Cet article, écrit conjointement avec Jean Crète, est paru dans le Devoir du 9 mars 1971.

tous les sièges à distribuer entre les partis, ou utilisation des voix restantes au plan local pour l'attribution de sièges « nationaux » ; droit accordé à tous les partis, si petits qu'ils soient, d'obtenir des sièges locaux ou nationaux ; technique tout à fait équitable de répartition des sièges entre les partis. Là où ces conditions sont remplies, ou à peu près (en Israël, aux Pays-Bas, et dans l'ancienne Allemagne de Weimar), les partis obtiennent en effet une proportion de sièges qui se rapproche grandement de la part du vote qu'ils obtiennent. Mais ces cas demeurent exceptionnels. Il est abusif de rejeter la représentation proportionnelle, sous prétexte qu'elle entraînerait fatalement la constitution d'un gouvernement minoritaire ou d'un gouvernement de coalition, chaque fois que le parti le plus fort obtiendrait moins de 50 p. cent des votes dans l'ensemble du Québec.

Un auteur[1] qui a étudié les conséquences politiques des modes de scrutin dans 20 « démocraties occidentales » est arrivé à la conclusion que l'élément de la représentation proportionnelle qui est le plus important, pour la fidélité plus ou moins grande selon laquelle les proportions de sièges correspondent aux proportions de votes, consiste dans *le nombre moyen de sièges par circonscription*. Toutes choses étant égales, il y a plus de chances d'arriver à une proportionnelle stricte si on a, par exemple, une moyenne de 10 sièges par circonscription, que si on en a une de 5. On le comprend aisément : plus on se rapproche de la moyenne de 1, qui est celle du scrutin majoritaire uninominal à un tour, plus on a de chances, en effet, que les résultats de la proportionnelle se rapprochent de ceux de l'autre mode de scrutin.

Cette constatation ouvre des perspectives intéressantes sur la situation du Québec. Il semble exister en effet un certain accord pour que d'une part on n'emploie pas ici un mode de scrutin trop strictement proportionnel, et pour que d'autre part on tienne compte davantage des réalités régionales nouvelles dans le découpage électoral. Une proportionnelle modérée, où le nombre moyen de sièges par circonscription se situerait autour de 4 ou 5, permettrait peut-être d'atteindre ces deux objectifs à la fois.

---

[1] Douglas RAE, *The Political Consequences of Electoral Laws*, New Haven, Yale University Press, 1967.

Une illustration à partir des résultats de 1970

Pour voir ce qu'aurait pu donner, à l'occasion des dernières élections provinciales, une proportionnelle modérée, nous avons divisé au mieux le Québec en 26 circonscriptions, comprenant chacune de 2 à 5 sièges. Nous avons respecté pour cela les frontières des circonscriptions actuelles, ce qui simplifiait le calcul des votes obtenus par chacun des partis. Ensuite, nous avons distribué entre les partis les sièges de chacune de ces circonscriptions, en utilisant pour cela la technique dite d'Hondt, qui est la plus couramment employée dans les pays où s'applique la représentation proportionnelle. Cette technique consiste à diviser le nombre total de votes de chacun des partis par 1, 2, 3, 4, 5..., successivement, et d'allouer les sièges de la circonscription aux nombres les plus élevés qui sont ainsi obtenus. Par exemple, s'il y a 3 sièges à attribuer et que le parti A a obtenu 300 votes, contre 200 votes au parti B, on accordera le premier siège à A (300 ÷ 1 = 300) ; le deuxième siège à B (200 ÷ 1 = 200) ; et le troisième siège à A (300 ÷ 2 = 150, ce qui est plus grand que 200 ÷ 2 = 100).

Le tableau qui suit présente le découpage des 26 circonscriptions, le nombre de sièges qui a été accordé à chacune d'entre elles et la répartition des sièges entre les partis, à partir des votes qu'ils ont obtenus le 29 avril 1970 et de la technique d'Hondt. Afin d'arriver à un total de sièges qui se rapproche du nombre actuel de 108, nous avons accordé aux circonscriptions 1 siège par 31,000 électeurs inscrits, en tenant compte toutefois de la densité de la population. Les circonscriptions situées dans les régions éloignées des grands centres urbains ont reçu au total un peu plus de sièges que ce à quoi elles avaient droit, et celles de Montréal en ont reçu un peu moins. Mais jamais les écarts par rapport à la moyenne ne dépassent 25 p. cent.

Si on utilise pour la répartition des sièges la technique dite de Sainte-Lagüe (on divise alors les résultats des partis par 1.4, 3.0, 5.0, 7.0,...) qui s'applique dans les pays scandinaves, on arrive à des résultats un peu différents. Le Parti Libéral a alors 57 sièges, au lieu de 60 ; le Parti Québécois 25 sièges, au lieu de 23 ; le Ralliement Créditiste 11 sièges, comme avec la technique d'Hondt ; et l'Union Nationale 19 sièges au lieu de 18. Cette technique a pour effet d'avantager les partis moyens aux dépens du parti le plus fort.

Tableau 1
Résultats des élections de 1970 dans l'hypothèse d'une représentation proportionnelle modérée
(26 circonscriptions et technique d'Hondt pour la répartition des sièges)

Circonscriptions	Sièges	P.L.	P.Q.	R.C.	U.N.
1. Duplessis, Saguenay	2	1	1	–	–
2. Chicoutimi, Dubuc, Jonquière, Lac-St-Jean, Roberval	5	2	2	–	1
3. Abitibi-Est, Abitibi-Ouest, Pontiac, Rouyn-Noranda, Témiscamingue	4	2	–	2	–
4. Gatineau, Hull, Labelle, Papineau	4	3	–	–	1
5. Bonaventure, Gaspé-Nord, Gaspé-Sud, Îles-de-la-Madeleine, Matane, Matapédia	4	2	1	–	1
6. Kamouraska, L'Islet, Rimouski, Rivière-du-Loup, Témiscouata	4	2	–	1	1
7. Champlain, Laviolette, Maskinongé, St-Maurice, Trois-Rivières	5	2	1	1	1
8. Brome, Compton, Frontenac, Richmond, Sherbrooke, Stanstead, Wolfe	5	2	1	1	1
9. Beauce, Bellechasse, Dorchester, Lévis, Montmagny	4	1	–	2	1
10. Arthabaska, Drummond, Lotbinière, Mégantic, Nicolet, Yamaska	5	2	1	1	1
11. Jean-Talon, Louis-Hébert, Limoilou, St-Sauveur	5	2	1	1	1
12. Charlevoix, Chauveau, Montmorency, Portneuf	5	2	–	2	1
13. Argenteuil, Deux-Montagnes, Terrebonne, Vaudreuil–Soulanges	5	3	1	–	1
14. Berthier, Joliette, L'Assomption, Montcalm	3	1	1	–	1
15. Bagot, Rouville, St-Hyacinthe, Missisquoi, Shefford	4	2	–	–	2
16. Chambly, Richelieu, Taillon, Verchères	5	3	1	–	1
17. Beauharnois, Châteauguay, Huntingdon, Iberville, Napierville – Laprairie, St-Jean	5	3	1	–	1
18. Laval, Fabre	3	2	1	–	–
19. Robert-Baldwin, Jacques-Cartier	3	3	–	–	–
20. Marguerite-Bourgeois, Ste-Anne, St-Henri, Verdun	5	4	1	–	–
21. D'Arcy-McGee, Notre-Dame-de-Grâce, Westmount	4	4	–	–	–
22. Outremont, St-Laurent, St-Louis	4	3	1	–	–

Tableau 1
Résultats des élections de 1970 dans l'hypothèse d'une représentation proportionnelle modérée
(26 circonscriptions et technique d'Hondt pour la répartition des sièges)

Circonscriptions	Sièges	P.L.	P.Q.	R.C.	U.N.
23. Dorion, Gouin, Laurier	4	2	2	–	–
24. Maisonneuve, Mercier, St-Jacques, Ste-Marie	5	2	2	–	1
25. Bourget, Jeanne-Mance, Lafontaine	5	2	2	–	1
26. Ahuntsic, Bourassa, Olier	5	3	2	–	–
Ensemble du Québec	112	60	23	11	18
Pourcentage des sièges	100%	54%	20%	10%	16%
Pourcentage des votes	100%	45%	24%	11%	20%

Quelques avantages de ce mode de scrutin

1) Cette proportionnelle, où la moyenne des sièges par circonscription est plutôt basse, accorde une prime au parti le plus fort, mais qui n'a pas le caractère excessif de celle du scrutin majoritaire. Dans notre exemple, le Parti Libéral obtient 54 p. cent des sièges avec 45 p. cent des votes, au lieu du 67 p. cent des sièges que lui a assuré le mode de scrutin actuel.

2) Les trois autres partis obtiennent un pourcentage de sièges qui se rapproche beaucoup de leur pourcentage de votes, et surtout celui des trois qui a obtenu le plus de votes, le Parti Québécois, obtient aussi le plus de sièges, soit 23, contre 18 à l'Union Nationale et 11 au Ralliement Créditiste. Ces deux derniers partis obtiennent donc à peu près ce qu'ils ont actuellement, tandis que la sous-représentation excessive du Parti Québécois est corrigée aux dépens de la sur-représentation également excessive du Parti Libéral.

3) Contrairement au mode de scrutin de la République fédérale d'Allemagne et aux variantes qu'en proposent le Parti Québécois et d'autres groupes ou experts, cette proportionnelle modérée ne crée pas deux catégories de députés, les députés locaux et les députés régionaux. On n'a qu'une catégorie de députés, qui représentent, il est vrai, des circonscriptions beaucoup plus vastes que les circonscriptions actuelles.

4) La carte que nous avons découpée pourrait sans doute être améliorée, mais déjà elle contient des régions, petites ou moyennes, qui sont assez homogènes. De toute façon, il nous semble préférable de découper le Québec en 20 ou 30 régions plutôt qu'en se basant sur les 10 régions administratives, entre lesquelles les différences de population sont considérables. Non seulement on modère ainsi les effets de la proportionnelle, mais on respecte mieux, nous semble-t-il, les solidarités sociales et culturelles.

Évidemment, on n'aurait plus, avec ce mode de scrutin, de député qui représenterait seul sa circonscription. Mais il y a belle lurette, ne l'oublions pas, que la majorité des « démocraties occidentales » utilisent la représentation proportionnelle, et la minorité, le scrutin majoritaire à un tour.

Il y a cinq ou dix ans encore, l'argument-massue en faveur du scrutin majoritaire à un tour consistait à dire, sans plus, que les deux grandes démocraties stables et prospères, les États-Unis et la Grande-Bretagne, l'utilisaient. Le temps n'est-il pas venu de se demander si ces deux démocraties sont aussi bien équipées qu'on ne l'a cru contre les tempêtes politiques qui montent vers elles et vers nous ?

TABLE DES MATIÈRES

ACHEVÉ D'IMPRIMER
À LA COMPAGNIE DE L'ÉCLAIREUR LTÉE (BEAUCEVILLE)
LE 15 OCTOBRE 1973
POUR LES PRESSES DE L'UNIVERSITÉ LAVAL